学前教育专业新形态系列教材

本教材获浙江特殊教育职业学院教材建设基金立项资助

学前教育
综合性美术

韩舒舒　主　编
马玉洁　副主编
许则人　王盈盈　参　编

电子工业出版社
Publishing House of Electronics Industry
北京·BEIJING

内 容 简 介

《学前教育综合性美术》是为学前教育专业学生量身定制的一本深度探索学前美术教育的新形态教材，全面、系统地覆盖了美术教育和学前融合教育的实践应用。本教材内容丰富、结构严谨，旨在构建扎实的理论基础，提升学生的实践能力和创新能力，培养学生的专业技能和学前美术教学综合运用能力。

本教材以美术教育和美术治疗作为新视点，对深入理解特殊教育如何推动学前融合教育的发展具有至关重要的作用。本教材配套丰富的教学视频资源，内容直观、生动，能帮助学生更好地理解和掌握学前美术教育的知识与技能，也能为教师的教学工作提供有力的辅助和支持。通过视频与文字的有机结合，本教材极大地提升了学习的趣味性和互动性，促进了特殊教育领域内的学前融合教育的深入发展。

本教材既有理论深度，又有实践指导，是学前教育、美术教育及心理健康教育领域不可或缺的参考书目。

未经许可，不得以任何方式复制或抄袭本书之部分或全部内容。
版权所有，侵权必究。

图书在版编目（CIP）数据

学前教育综合性美术 / 韩舒舒主编 . -- 北京：电子工业出版社，2025.1. -- ISBN 978-7-121-50114-2

Ⅰ . G613.6

中国国家版本馆 CIP 数据核字第 2025CA0624 号

责任编辑：邱瑞瑾
印　　刷：河北鑫兆源印刷有限公司
装　　订：河北鑫兆源印刷有限公司
出版发行：电子工业出版社
　　　　　北京市海淀区万寿路 173 信箱　邮编 100036
开　　本：787×1092　1/16　　印张：11.75　字数：300.8 千字
版　　次：2025 年 1 月第 1 版
印　　次：2025 年 1 月第 1 次印刷
定　　价：52.00 元

凡所购买电子工业出版社图书有缺损问题，请向购买书店调换。若书店售缺，请与本社发行部联系，联系及邮购电话：（010）88254888，88258888。
质量投诉请发邮件至 zlts@phei.com.cn，盗版侵权举报请发邮件至 dbqq@phei.com.cn。
本书咨询联系方式：（010）88254173 或 qiurj@phei.com.cn。

前言

1981年10月，教育部颁布的《幼儿园教育纲要（试行草案）》中提到幼儿园的美术教育内容与要求。2001年，教育部颁布的《幼儿园教育指导纲要（试行）》对幼儿艺术教育的发展有很强的指导作用，提到让幼儿能初步感受并喜爱环境、生活和艺术中的美；喜欢参加艺术活动，并能大胆地表现自己的感情和体验；能用自己喜欢的方式进行艺术表现活动。2012年10月，教育部针对3～6岁幼儿颁布了《3-6岁儿童学习与发展指南》，把幼儿艺术教育发展放到了重要位置，重视幼儿艺术感受能力、艺术创造能力、艺术表现能力的培养。以上政策方向是学前美术教师的培养方向，教师要根据上述政策明确幼儿美术教育的核心问题和发展要求。因此，为幼儿提供有利于他们发展的美术课程，是幼儿园教育教学的一个重要部分。

本教材根据《幼儿园教师专业标准（试行）》《教师教育课程标准（试行）》及《"十四五"特殊教育发展提升行动计划》的内容，以及幼儿教师发展的理论知识和实践能力编写而成。本教材在结构上严谨、系统、紧凑，在内容上清晰、完整、新颖，参考了国内外关于幼儿美术发展的成果，借鉴了国内外幼儿美术课程的学习理念，不仅呈现出相关的美术知识，还融入了教育学和心理学的内容，使教材更具深度。本教材的特点是：突出学前美术教师对幼儿进行美术教育的目的和理念；配有大量的图片、表格，清晰地展现过程和步骤，提供完整的知识体系。本教材适应国家推动特殊教育高质量发展的需求，鼓励和支持包括特殊儿童在内的所有适龄儿童接受适合其发展的学前教育，在学前教育中融合美术教育以及美术治疗的相关内容。

本教材共九章：第一章学前美术教育概述，系统阐述了学前美术教育的基本概念和内容，介绍了学前美术教师需要掌握的教学内容；第二章学前美术教育基础绘画，分别从素描的运用、简笔画、线描画、色彩的运用这四个方面阐述了基础绘画技能；第三章学前幼儿美术教育，从欣赏课程、绘本阅读、文化方面阐述了幼儿美术教育；第四章学前幼儿创意美术绘画教育，主要阐述了怎样通过创意美术课程提高幼儿的创意能力；第五章学前美术手工教育，介绍了幼儿美术教学中的手工技能；第六章幼儿园玩/教具的设计与制作，分别从幼儿园玩/教具概述、综合材料在幼儿园的应用、幼儿园玩/教具的设计制作与种类、传统民间艺术和非遗文化作品制作等方面进行了阐述；第七章幼儿园环境创设，主要涉及幼儿园环境创设的概述、分类、主题墙设计、活动区域角设计和展板设计等内容；第八章学前融合美术教育课程的设计、调整与组织，主要从融合美术教育的价值和原则、融合美术教育课程的设计、融合美术教育课程的调整、融合美术教育课程的组织等方面进行阐述；第九章学前幼儿绘画心理治疗，从幼儿绘画心理治疗概述、幼儿绘画的心理分析技术、幼儿绘画心理辅导等方面加以阐述。

在编写过程中，编者参考了幼儿园一线教师的工作案例、图片，以及国内外专家、学者已出版的学术成果，特向相关作者致谢。本教材还配有课程教学视频，读者可通过扫描二维码观看。

由于编写时间紧、任务重，编者学识水平有限，书中疏漏之处在所难免，敬请广大读者批评指正。

编 者

目 录

第一章　学前美术教育概述

第一节　学前美术教育教师培养内容 ······ 2
一、学前美术教育的概念 ······ 2
二、学前美术教师需要具备的能力 ······ 3
三、学前美术教师自我效能感的提升 ······ 4

第二节　学前美术教育幼儿培养内容 ······ 5
一、提高幼儿的欣赏能力 ······ 5
二、提高幼儿的创造能力 ······ 6
三、提高幼儿的自我调节能力 ······ 8

第三节　综合性美术教育培养内容 ······ 9
一、综合性美术教育的概念和内容 ······ 9
二、特需幼儿的美术培养观 ······ 9
三、美术教育和美术治疗 ······ 10

第二章　学前美术教育基础绘画

第一节　素描的运用 ······ 14
一、素描基础教学要点概述 ······ 14
二、透视 ······ 16

第二节　简笔画 ······ 19
一、动、植物简笔画 ······ 19
二、人物简笔画 ······ 21
三、简笔画创作 ······ 23

第三节　线描画 26
　　一、线描画的概念和技法 26
　　二、元素的运用 28
　　三、线描画的创编 30
第四节　色彩的运用 32
　　一、色彩的种类 32
　　二、色彩的构成 33
　　三、色彩的影响 34
　　四、用马克笔上色 35

第三章　学前幼儿美术教育

第一节　幼儿美术教育概述与影响 39
　　一、幼儿美术教育 39
　　二、幼儿绘画的发展规律 40
第二节　幼儿美术欣赏课程审美教育 42
　　一、美术作品欣赏 42
　　二、提高审美 44
第三节　幼儿绘本阅读美术教育 45
　　一、绘本画面欣赏 45
　　二、表现和影响 47
　　三、提高审美能力 48
第四节　幼儿文化美术教育 52
　　一、文化、美术、教育 52
　　二、幼儿文化美术教育的种类 54

第四章　学前幼儿创意美术绘画教育

第一节　幼儿创意美术 61
　　一、幼儿创意美术的概念 61
　　二、创意性思考 63
第二节　幼儿创意性的增进 63

　　　　一、创意性增进 ·· 63
　　　　二、创意性增进美术教育内容 ·· 65
　　第三节　创意美术课程设计 ·· 66
　　　　一、创意美术 ·· 66
　　　　二、课程设计方案 ·· 66
　　　　三、课程原理 ·· 76
　　第四节　幼儿创意能力评价 ·· 77
　　　　一、教师评价 ·· 77
　　　　二、学生评价 ·· 78

第五章　学前美术手工教育

　　第一节　手工课的意义和用途 ·· 81
　　　　一、促进幼儿手部功能与内在能力发展 ·· 81
　　　　二、促进幼儿整体发展 ·· 82
　　第二节　手工材料的运用 ·· 83
　　　　一、材料准备 ·· 83
　　　　二、材料种类 ·· 83
　　　　三、材料运用 ·· 85
　　第三节　探索纸张 ·· 86
　　　　一、纸张运用 ·· 87
　　　　二、纸艺 ·· 88
　　第四节　超轻黏土的运用 ·· 95
　　　　一、材料简介 ·· 95
　　　　二、制作作品 ·· 96

第六章　幼儿园玩/教具的设计与制作

　　第一节　幼儿园玩/教具概述 ·· 102
　　　　一、幼儿园玩/教具 ·· 102
　　　　二、自制玩/教具的特点与意义 ·· 102
　　第二节　综合材料在幼儿园的应用 ·· 105

　　　　一、综合材料 ·· 105
　　　　二、综合材料应用 ·· 106
　　第三节　幼儿园玩/教具的设计制作与种类 ························ 107
　　　　一、幼儿园玩/教具的设计制作方法与案例 ··················· 108
　　　　二、五大活动领域的玩/教具制作 ···························· 115
　　第四节　传统民间艺术和非遗文化作品制作 ······················· 121
　　　　一、幼儿面具的设计制作 ···································· 121
　　　　二、幼儿皮影戏的设计制作 ·································· 124

第七章　幼儿园环境创设

　　第一节　幼儿园环境创设概述 ·································· 127
　　　　一、幼儿园环境创设的概念 ·································· 127
　　　　二、幼儿园环境创设的意义 ·································· 128
　　　　三、幼儿园环境创设的原则 ·································· 128
　　第二节　幼儿园环境创设的分类 ································ 130
　　　　一、幼儿园室内环境 ·· 130
　　　　二、幼儿园室外环境 ·· 132
　　第三节　环境创设——主体活动墙设计 ·························· 133
　　　　一、幼儿园主体活动墙创设的分类 ···························· 133
　　　　二、幼儿园主体活动墙的创设方法 ···························· 134
　　第四节　环境创设——活动区域角设计和展板设计 ················ 137
　　　　一、活动区域角设计 ·· 137
　　　　二、展板设计 ·· 140

第八章　学前融合美术教育课程的设计、调整与组织

　　第一节　融合美术教育的价值和原则 ····························· 145
　　　　一、融合美术教育对特需幼儿的独特价值 ····················· 145
　　　　二、融合美术教育的原则 ···································· 146
　　第二节　融合美术教育课程的设计 ······························· 147
　　　　一、课程设计方法 ·· 147

　　　　二、教案撰写原则 …………………………………………… 148

　　　　三、活动设计范例 …………………………………………… 150

　　第三节　融合美术教育课程的调整 …………………………………… 151

　　　　一、课程调整的基本原则 …………………………………… 151

　　　　二、课程调整的主要策略 …………………………………… 152

　　第四节　融合美术教育课程的组织 …………………………………… 156

　　　　一、有效的教学组织形式 …………………………………… 156

　　　　二、不同形式的美术活动的组织及关注重点 …………………… 158

　　　　三、针对特需幼儿的教学引导 ……………………………… 162

第九章　学前幼儿绘画心理治疗

　　第一节　幼儿绘画心理治疗概述 ……………………………………… 166

　　　　一、绘画心理治疗简介 ……………………………………… 166

　　　　二、绘画测验 ………………………………………………… 167

　　　　三、绘画心理治疗的心理学理论支撑 ……………………… 168

　　第二节　幼儿绘画心理分析技术 ……………………………………… 169

　　　　一、分析准备 ………………………………………………… 169

　　　　二、具体绘画分析 …………………………………………… 170

　　第三节　幼儿绘画心理治疗的伦理规范与实施 ……………………… 173

　　　　一、幼儿绘画心理治疗的伦理规范 ………………………… 174

　　　　二、幼儿绘画心理治疗的实施 ……………………………… 174

参考文献 …………………………………………………………………… 177

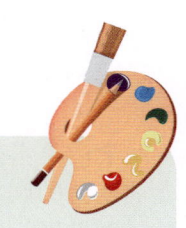

第一章 学前美术教育概述

学习目标

知识目标： 了解学前美术教师所要完成的学习目标，掌握幼儿培养所需的美术技能及综合性美术教学内容。

能力目标： 能明确学习学前美术各项基本技能的重要性，并认识到运用熟练掌握的技能，可以完成适合学前美术课程的教学设计。

情感目标： 认识到自己对学前美术教育的热爱，认识到自身价值，认识到学前美术教育对幼儿发展的重要性。

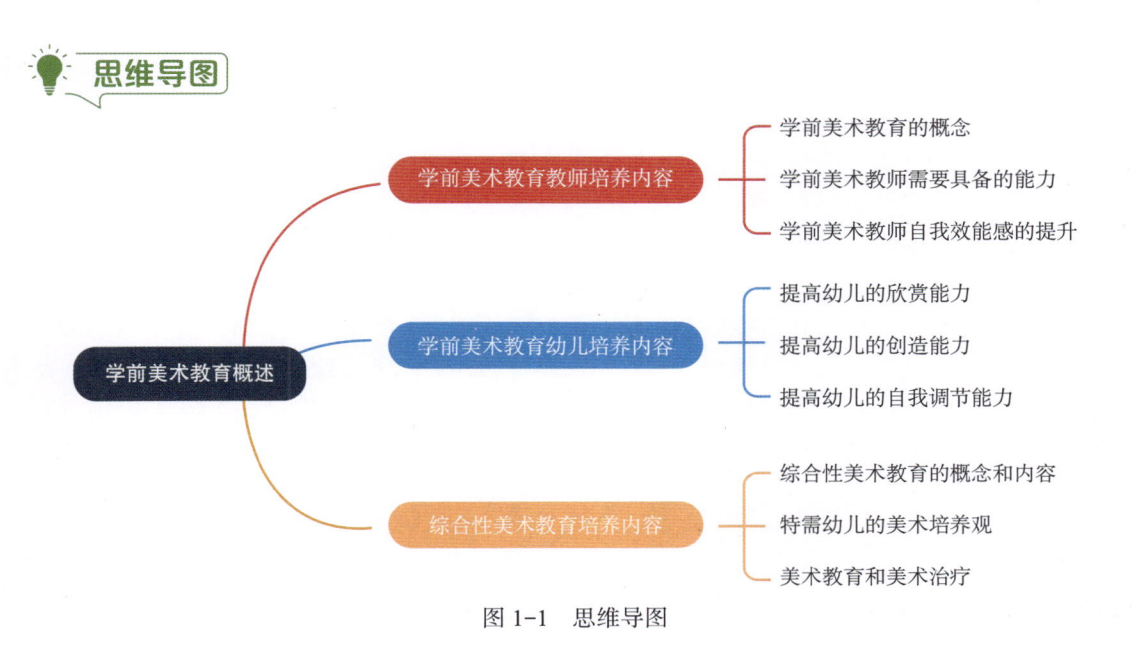

思维导图

学前美术教育概述
- 学前美术教育教师培养内容
  - 学前美术教育的概念
  - 学前美术教师需要具备的能力
  - 学前美术教师自我效能感的提升
- 学前美术教育幼儿培养内容
  - 提高幼儿的欣赏能力
  - 提高幼儿的创造能力
  - 提高幼儿的自我调节能力
- 综合性美术教育培养内容
  - 综合性美术教育的概念和内容
  - 特需幼儿的美术培养观
  - 美术教育和美术治疗

图 1-1 思维导图

第一节　学前美术教育教师培养内容

学前美术教育是学前教育的重要组成部分，其目标是通过美术活动培养幼儿的欣赏能力、创造能力和自我调节能力。同时，促进幼儿身心的协调发展，并为幼儿接受小学阶段的教育作好准备。学前美术教育应遵循幼儿发展的规律和特点，适应不同年龄段幼儿的认知能力和发展需求。学前美术教师需要掌握与学前美术相关的知识和技能，提高自身的能力。

视频1

一、学前美术教育的概念

（一）学前教育

学前教育（Preschool Education）也称幼儿教育，是对在接受小学教育前的幼儿实施的教育。学前教育是一个综合性非常强的学科，包括对幼儿的身体、心理、社会性、情感、认知和语言等多个方面的培养。学前教育的内容包含幼儿教育学、幼儿心理学、幼儿保健学、幼儿艺术学等课程。学前教育一般针对年龄为3～6岁的幼儿，是狭义的幼儿园教育。除了幼儿园教育，专业的早教机构、亲子教育机构等提供的教育都可以归为学前教育。随着社会对未来人才培养的期望的提高，学前教育已经成为国民教育体系中的重要组成部分。

（二）学前教育教师

学前教育教师应具有高尚的师德，师德包括遵守师德规范、热爱学前教育事业、具有职业理想、践行社会主义核心价值观、履行教师职业道德规范。学前教育教师的主要职责是对幼儿进行启蒙教育，帮助幼儿获得有益的学习经验，促进其身心全面、和谐发展。在教育过程中，学前教育教师要始终牢记，自己不仅仅是知识的传递者，更是幼儿学习活动的支持者、合作者和引导者。

学前教育教师的能力和素质应该有较高的标准。首先，学前教育教师要具备较强的专业能力，主要体现在舞蹈、绘画和音乐方面，以给幼儿提供学习技能上的教育；其次，学前教育教师要具备良好的心理素质，有利于发现和纠正幼儿的心理问题；最后，学前教育教师要具备较好的自我调节能力，在面对工作上的问题时能及时进行调节自我。

（三）学前美术教育

学前美术教育是一种以美术为手段、以教育为本位，向学前幼儿传授美术知识和技能，以发展和延续美术文化的早期教育。《3-6岁儿童学习与发展指南》指出，幼儿艺术活动的价值倾向是关注幼儿运用艺术形式来感受世界、认识世界和表达自我的看法，而非简单复制。这种教育方式注重幼儿对各种艺术形式的感受、体验和探索，借助对艺术的自我感悟与体验来实现对世界和生活中的艺术的自我表达与创作。学前美术教育是艺术教育的一个科目，是义务教育和高等教育中的一门重要教育课程。学前美术教育包含绘画、造型、设计等，其涉及的感受通道为视觉，通过视觉让大脑神经传输情感。学前美术教育可以提高审美情趣，表达内心的感受，促进思考和观察。学前美术教育需要在美术教育中选取适合幼儿身心发展的美术活动。为了让幼儿对学前美术课程感兴趣，激发幼儿潜在的能力，幼儿美术活动需要根据幼儿每个阶段的发展规律进行精心制作和安排。

二、学前美术教师需要具备的能力

（一）基本技能

学前美术教师要熟练掌握绘画和手工技能，还要学习怎样教授幼儿学习美术知识，包括幼儿美术课程的授课方式、研发美术课程的能力及对幼儿美术作品的解读和欣赏能力。

学前美术教师需要学习的幼儿美术课程内容有素描、色彩基础绘画、水墨画、丙烯颜料画等，手工课程内容有折纸、编织、造型、粘贴等。首先，学前美术教师通过学习这些课程内容来提高自己的美术基础能力，让自己有较好的美术功底；其次，学前美术教师需要对幼儿园进行环境创设，在布置教室的时候，需要用装饰材料来美化环境；最后，学前美术教师需要教授幼儿美术课程，让幼儿在启蒙阶段获得较好的美术教育。

（二）知识能力

学前美术教师需要熟悉幼儿每个年龄段的发展目标及学习方式。根据皮亚杰的儿童认知发展理论可知，幼儿到3岁才会画圆圈，到4岁才会画方框，到5岁才会画三角形。从手的灵活度来分析：3~4岁时能用笔涂涂画画；4~5岁时能沿边线较直地画出简单图形；5~6岁时能根据需要画出图形，线条基本平滑。学前美术教师要结合幼儿的阶段性发展特点，制作并教授适合幼儿年龄的美术课程。

（三）课程设计

学前美术教师需要具备课程设计能力。第一，要从知觉上激发幼儿的绘画兴趣，在美术课程中主要用到的感受通道是视觉，较好的视觉体验可以带给幼儿情感上的愉悦。所以，在美术课程的作品欣赏环节，学前美术教师需要精心挑选适合幼儿的作品，这能体现出学前美术教师的美术知识基本能力。第二，学前美术教师需要有创新精神，能够改变传统的模仿绘画教学模式，把美术课程设置成开放性的美术活动。第三，可以根据不同的画面效果，对幼儿的绘画作品进行比较准确的评价和指导，同时可以通过美术课程建立起与幼儿心灵沟通的桥梁。

三、学前美术教师自我效能感的提升

（一）自我效能感

　　学前美术教师需要具备教师的自我效能感。自我效能感最早出现于20世纪70年代，是美国社会心理学家班杜拉提出的社会认知理论（Social Cognitive Theory）中的一个重要概念和组成部分。自我效能感强调自我信念，它是个体对自己能力的一种主观感受，而不是能力本身。在教育领域，学前美术教师自我效能感被定义为"学前美术教师对自己在特定情景下组织和执行具体教学任务的行为能力的信念"。具体信念表现为：第一，学前美术教师的示范和行为可以影响幼儿美术活动，并产生积极的信念；第二，学前美术教师对自我教学能力的一种信念；第三，学前美术教师看见幼儿的优秀作品后，获得对自我教学的满足和肯定。

（二）建立自我效能感

　　自我效能感是学前美术教师提高自身价值、获得内在发展的重要动力。通过建立自我效能感，学前美术教师可以从专业能力、心理健康状态、工作积极性和教学行为等方面间接影响幼儿的学习状态。自我效能感较高的学前美术教师会对自己能积极、有效地教育、引导幼儿充满信心。具体表现为：在制作美术活动课件时投入更多的时间，更多地发挥创造性；经常反思自己的教育行为，对美术教学中遇到的问题展开讨论和研究；在美术活动中经常提出创设性问题，建立探索性思维。此外，自我效能感较好的学前美术教师，不仅能在美术课程上对幼儿产生积极的作用，还能在情感上为幼儿提供积极的情绪。在课堂教学中，自我效能感较好的学前美术教师更善于营造美好的氛围，克服消极的影响，有较强的解决问题的能力。而自我效能感较低的学前美术教师，会降低幼儿的绘画兴趣，在教学过程中出现氛围紧张的情况，形成不好的情感氛围。因此，学前美术教师的自我效能感，是幼儿园对学前美术教师进行评价的一个很重要的标准，是审核学前美术教师价值、工作能力、身心发展的重要内容。一名合格的学前美术教师应该积极建立自我效能感。

想一想

1. 学前美术教师怎样把所学技能运用到幼儿课堂教学中去？
2. 学前美术教师怎样提高自我效能感？

第二节 学前美术教育幼儿培养内容

学前美术教师需要帮助幼儿在幼儿园学习期间完成美术的启蒙，以幼儿的身心发展规律为依据，通过美术教育活动，完成教学内容，提高全体幼儿的美术基本素养。针对学前美术教育幼儿培养内容，学前美术教师应针对三个目标实施教学：第一，提高幼儿的欣赏能力；第二，提高幼儿的创造能力；第三，提高幼儿的自我调节能力。

视频 2

一、提高幼儿的欣赏能力

（一）美术欣赏

美术欣赏是幼儿美术教育课程的内容之一，是以美术作品、自然景物、建筑艺术等为对象的审美活动。美术欣赏课程可以提高幼儿的欣赏能力。美术欣赏是一种视觉心理活动，是从视觉对作品的直观感受开始，通过知觉与联觉、统觉转变成情感和意识的过程。幼儿美术欣赏方法主要有问答欣赏法、综合欣赏法、游戏法。学前美术教师可以通过提出问题、引导幼儿对话的方式，对美术作品的背景、内容、材料、意义等进行讲解，让幼儿逐渐形成自己欣赏作品的习惯，发挥想象力。

提高幼儿欣赏能力的具体措施包括：给幼儿创设良好的环境，如摆放艺术品、在墙面挂上美术作品等，激发幼儿对美术的兴趣；将美术与文学、音乐、科学等学科相结合，提高幼儿的审美能力和综合素质；带幼儿参观美术馆、看艺术图书等，培养幼儿的艺术兴趣。

（二）美术欣赏课课程要素

通过欣赏美术作品，可以提高幼儿的欣赏能力。通过对美术作品的欣赏行为进行有效的分析可知，方向、内容、活动关联和教学目的构成了美术欣赏课的课程要素。在美术欣赏过程中，学前美术教师要指导幼儿对美术作品进行观察和描述，从表现内容和意图、氛围感受、材料和技法、美术要素及幼儿对作品的态度几个方面分析幼儿在欣赏美术作品时的表现，目的是让幼儿在欣赏美术作品的过程中除了获得视觉上的感受，还能深入理解和思考美术作品的欣赏价值。

美术欣赏课课程要素如表 1-1 所示。

表 1-1 美术欣赏课课程要素

方向	内容	活动关联	教学目的
观察和描述	1. 对作品中事物认识的反应 2. 对作品意义的描述 3. 对作品整体的描述 4. 对作品细节的描述	印象和感觉	培养专注力和观察能力

续表

方向	内容	活动关联	教学目的
作品表达的主题内容	1. 对作品主题内容的理解 2. 对作品故事内容的想象 3. 对相关人和事物的主题联系和想象 4. 对主题的喜爱程度	形式关系	提高想象能力
作品的氛围感受	1. 与作品气氛合拍的想象 2. 对作品带来的情绪感受的描述 3. 对作品时代性感受的描述 4. 对作品场景感受的描述	情绪感受	激发情感
对作品的态度	1. 同一系列作品的比较及感受 2. 作品创作者和作品关联性 3. 对作品的兴趣和赞赏 4. 对作品的修改或补充意见	深入感受	提高表达能力
美术的要素	1. 对作品色彩的描述 2. 对作品形状的描述 3. 对作品肌理效果的描述 4. 对作品构图方式的描述	构思	掌握绘画基础要素
材料和技法	1. 对作品材料的分析 2. 对作品绘画技法的认识 3. 对材料替换的构想可行性分析 4. 对改变技法的可行性分析	表现	提高技法、技能

二、提高幼儿的创造能力

（一）创造性思维

"创造"一词源于拉丁文"creare"，意思是"做前人没有做过的事情"。在现代社会中，"创造"进一步指发明或生产，在艺术中可以表现为生产有用或有价值的作品。幼儿的创造性思维不是天生就有的，需要靠思维的发展和环境的变化慢慢形成。创造能力是一种潜在的能力，需要条件和环境激发。激发创造能力的前提是培养创造性思维。创造性思维是在原有思维的基础上产生的新想法，这种新想法可以更好或更快速地解决问题。创造性思维需要练习才能慢慢形成，幼儿的创造性思维可以通过实践和经验获得。心理学家皮亚杰认为，创造性思维是解决问题的一种手段，符合幼儿的思考过程。幼儿在解决问题的过程中，应被给予时间和机会来探索材料，以及在有意思的挑战中提高动手能力。

美术是培养创造性思维最好的工具之一。在所有哺乳动物中，只有人类在出生后的很长一段时间里需要被时刻照顾。人类在出生时没有获取食物的能力、没有行走能力、没有语言能力，要通过学习获得这些基本能力。在人类的感觉器官中，眼睛具有先天的优势。人类与其他哺乳动物的不同之处在于，人类除了可以直立行走外，还具有重叠视野。大象、长颈鹿等动物都比人类看得远，但是它们只停留在"看"的层面，并没有人类所具有的视野，人类可以通过眼睛对看见的东西进行思考和想象。人类幼儿时期的视觉体验是最

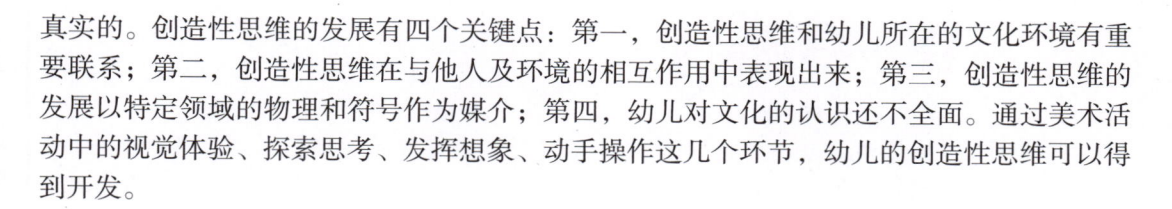

真实的。创造性思维的发展有四个关键点：第一，创造性思维和幼儿所在的文化环境有重要联系；第二，创造性思维在与他人及环境的相互作用中表现出来；第三，创造性思维的发展以特定领域的物理和符号作为媒介；第四，幼儿对文化的认识还不全面。通过美术活动中的视觉体验、探索思考、发挥想象、动手操作这几个环节，幼儿的创造性思维可以得到开发。

（二）创造能力

学前美术教师可以通过两个方面来评价幼儿在接受美术教育后的创造能力是否有所提高。第一，根据美国心理学家 Green E. I. 的理论，创造能力由知识、自学能力、好奇心、观察力、记忆力、客观性、怀疑态度、专心致志、恒心、毅力 10 个要素构成，所以学前美术教师在授课环节可以从这 10 个要素去分析和评估幼儿的课堂表现。第二，以吉尔福德的见解为基础，可将创造能力作为一种思考能力的创造性构成要素。学前美术教师在授课过程中要引导幼儿发挥想象力，展开正确的思考，从而提高幼儿的创造能力。

1. 流畅性

流畅性（Fluency）表现为针对特定问题能够产生大量想法的思考能力。虽然创造能力要求产生具有独创性的优秀想法，但是学前美术教师在这一方面可以不设定思考的界限，让幼儿尽可能多地产生想法。其理由是，要想得到高质量的创造结果，幼儿要在尽可能多的创造过程中出现。学前美术教师可以采用一定的认知策略和方法，帮助幼儿整合和联结不同的概念、经验和知识，从而形成相互关联的思维网络。在情感上，当幼儿对事物感到疑惑或好奇时，通过思维游戏引导幼儿凭直觉感受事物的发展。

2. 灵活性

灵活性（Flexibility）表现为打破固定的思考框架、转换想法、灵活应对的能力。打破固定的思考框架是提高幼儿创造能力的第一步，通过改变固定的思考方式和视角，找出多样的解决对策，来追求尽可能多的想法或思考能力，或者对画面或作品中的问题进行不同的解释，用不同的观点表达，用不同的立场思考等。

对幼儿灵活性的指导可以归为两种能力的提升：自发灵活性（Spontaneous Flexibility）是让幼儿摆脱观念和固执、产生多种想法的能力；适应灵活性（Adaptive Flexibility）是促进解决非日常问题的因素，是一种如果问题得不到解决，就转向其他方向去解决问题的能力。

3. 独创性

独创性（Originality）是能让问题摆脱常规，具有独特、崭新想法的思考能力，是创造能力的理想和最终目标。独创性是一种摆脱传统的、现有的思考方式，产生新颖、独特的想法，创造出独立想法的思考能力。具体表现为对事物以独特的方式理解，让事物和想法以新的方式表现。例如，幼儿在听故事或欣赏作品之后，以完全不同的新方式回答问题，表现为喜欢追求新颖的回答，而不是和谐的回答，或追求与别人的思考方式相反的思考能力。

4. 精巧性

精巧性（Elaboration）是将没有经过推敲的现有想法进行更加细致的分析的思考能力。具有这种能力的幼儿在绘画时，会更加详细地描述内容、完善细节，努力完成自己的作品。

三、提高幼儿的自我调节能力

自我调节（Self-regulation）能力是在 3 岁以后形成并开始发展的，对于 3~6 岁幼儿的发展来说是非常重要的。在幼儿具有自我调节能力后，学前美术教师可以用合适的美术教学方式更好地开发幼儿的综合能力。幼儿的自我调节能力是幼儿早期关键性、标志性的能力。自我调节包括认知自我调节、情绪自我调节、行为自我调节和动机自我调节。

1. 认知自我调节

幼儿的认知自我调节表现为控制，通过对自己行为的控制，达到认知的目标。认知是幼儿获得知识和解决问题的能力。

2. 情绪自我调节

情绪自我调节是幼儿对自己情绪的表达和对他人情绪的理解。幼儿在 3 岁时已经具有区分表面情绪和真实情绪的能力；幼儿在 4 岁时能理解消极情绪中的外部情绪与内部情绪的差异；幼儿在 6 岁时可以理解积极情绪中的内外部情绪差异。

3. 行为自我调节

行为自我调节对幼儿情绪的作用可以分为认识情绪、理解情绪、表达情绪。其中，幼儿表达情绪的方式除了语言和动作外，还有对绘画作品的欣赏。行为自我调节与幼儿的自我控制能力有关，自我控制能力强的幼儿可以在美术活动中不受他人的影响，始终坚持完成自己的任务。3~4 岁幼儿的自我控制能力发展缓慢；4~5 岁幼儿的自我控制能力迅速发展，从缺乏自我控制能力到有自我控制能力；大多 5~6 岁幼儿已具有一定的自我控制能力。因此，学前美术教师要根据幼儿的年龄段去提高幼儿的自我控制能力。

4. 动机自我调节

动机自我调节是幼儿的一种自我调节能力，可以理解为延迟满足。延迟满足是让幼儿放弃当前利益，抑制即时需要的冲动，为实现未来目标而付出努力的等待过程。在学前美术教学中，学前美术教师可以通过对幼儿的课堂观察，延迟材料、工具、奖励发放时间，提高幼儿的动机自我调节能力。因此，学前美术教师不仅要让幼儿掌握美术基础学习内容，还要从幼儿的心理发展出发，结合美术教学内容去提高幼儿的动机自我调节能力。

? 想一想

1. 学前美术课程的主要目标是什么？
2. 在美术教学过程中，通过哪些方面可以提高幼儿的创造能力？

第三节 综合性美术教育培养内容

美术教育需要从幼儿开始，每个幼儿都应该在不同的年龄段学习相关的美术知识和技能，提高欣赏能力、创造能力和自我调节能力，提高艺术修养。这对特需儿童来说也不例外，学前美术教师需要认识到美术教育对所有幼儿培养的重要性。

视频 3

一、综合性美术教育的概念和内容

（一）概念

"综合性美术教育"一词来自 20 世纪 90 年代初艾斯纳提出的"DBAE（Discipline-Based Art Education）"，是以学科为基础的美术教育理念。综合性美术教育对美术各个领域（绘画、手工、装饰等）的综合与美术活动内容的探索、表现、欣赏活动的综合进行统合。通过点、线、面、空间、颜色、质感等美术要素的统合，幼儿可以通过美术课程体验课程之间的联系。美术的综合性体现在美术活动中。

（二）内容

综合性美术教育要进行美术活动内容的探索、鉴赏，以及美术领域的绘画、制作、装饰，还要具备体验美术要素的形状、空间、颜色、质感概念的总体性质，是音乐、舞蹈、戏剧、影视等跨学科的综合。学前美术教育以健康生活、社会生活、表现生活、语言生活、探索生活等生活主题为中心。

二、特需幼儿的美术培养观

（一）正确观

对于特需幼儿的美术教育来说，综合性美术教育能够有效提供特需幼儿所需的美术培养活动，能够对特需幼儿的自我形成和团结意识塑造作出贡献。学前美术教师应该正确认识美术教育和美术治疗的区别。综合性美术教育可以在一定程度上解决特需幼儿美术教育中存在的问题。在现代社会中，学前美术教师在审视特需幼儿美术教育时，应当认识到特需幼儿是拥有个性和价值的。传统意义上的"正确"和"错误"的评价标准，将"不同"视为错误，而不是看作一种独特且有价值的表达方式。在这样的视角下，特需幼儿美术教育的必要性和重要性无法得到认可。特别是中等视觉障碍的特需幼儿和精神障碍幼儿，"他们完全不能进行美术活动"的偏见已经普遍化。因此，人们对特需幼儿美术教育的关注首先应该集中在治疗立场上，而不是特需幼儿的语义表现和享受。

（二）教育观

我们要建立一种能够包容特需幼儿内在团结和外在社会活动的教育观。受到从心理学和医学领域发展起来的特殊教育学的影响，一提到特需幼儿美术教育，人们就会想到美术治疗。美术教育除了以心理学为基础，还以哲学和社会学等学科为基础。从整体的观点来看，幼儿发展的重点是内在融合和外在融合的均衡成长。如果只思考对特需幼儿的治疗，就会疏忽根本的美术教育。比起以外形、形式、机能方面为中心进行观察，特需幼儿美术教育更强调与对象的深刻交感的教育观。美术和社会文化环境相结合的教育是指特需幼儿摆脱教室和学校的美术教育，在多样的社会文化环境中进行美术体验和表现。

目前，特需幼儿美术教育内容与特需幼儿的需要有很多不相符的地方，特需幼儿美术教育以制作活动为中心，缺少对沟通和理解的学习，在多样的社会文化环境中参与文化艺术活动的机会不多。例如，参观博物馆和美术馆，欣赏作品。通过这样的活动，特需幼儿在博物馆、美术馆等社会文化环境中与作家或作者直接或间接交流，不仅可以欣赏作品，还可以直接参与制作、展示，这样的综合性美术教育是更有效的美术教育。

（三）融合

通过综合性美术教育建立特需幼儿与社会融合的桥梁，可以给特需幼儿提供一定的帮助。通过综合性美术教育形成感觉的统合、精神和身体的统合、理性和感性的统合，帮助特需幼儿全面发展，全面看待人生，正确认识世界，形成主体的自觉性和灵活的社会性。综合性美术教育对特需幼儿的身体、情绪、认知、语言、社会性等发展有一定的帮助，能在一定程度上让他们感受到作为人的存在感，将沟通和关系的形成、价值、反省及自尊心等主题有机地结合在一起。

特需幼儿美术教育的重要性在于帮助特需幼儿认识到生活的价值并珍惜自己，通过对事物的深刻感受，提高他们的沟通能力，以深入观察世界。普通幼儿喜欢的，特需幼儿也可能喜欢。例如，视觉障碍幼儿中也有想成为设计师的，精神障碍或自闭儿童中也有想成为画家的。如果与特需幼儿一起进行美术活动，就会发现与普通幼儿相比，特需幼儿更善于倾听从自己的内心深处传来的声音。因此，特需幼儿在享受美术活动本身的同时，会全身心地投入美术活动中，包括投入自己的精神世界和身体中。综合性美术教育对于特需幼儿来说是一门重要的课程。

三、美术教育和美术治疗

（一）美术教育和美术治疗的区别

正确理解美术教育和美术治疗的区别，有助于我们更好地开展有意义的针对特需幼儿的美术教学活动。对于特需幼儿来说，美术具有超越其作为治疗手段的意义。大部分针对特需幼儿进行的美术教育不是从美的表现和享受的立场出发，而是从治疗的立场出发。将特需幼儿和普通幼儿区别开来，将特需幼儿的美术教育的焦点集中在治疗立场上，会忽视特需幼儿的美术能力的发展。美术治疗以存在心理障碍和情绪问题的幼儿为对象，美术治疗虽然不能根治原有的心理障碍和情绪问题，但可以作为辅助手段促进心理健康发展。因此，我们要清楚地认识到，没有特别心理问题的特需幼儿不能成为美术治疗的对象。如果只从治疗的立场看待特需幼儿美术教育，就会引发对特需幼儿的歧视，还会出现限制特需幼儿全面发展的问题。

（二）文化艺术教育

有人认为所有特需幼儿都需要美术治疗，比起美学表现和享受，美术教育更应该从治疗的立场出发。这种观点是不全面的。通过对文化艺术教育和社会融合的内容进行分析可以发现，文化艺术教育对于特需幼儿很重要。因为美术教育能让特需幼儿和普通幼儿一样，了解他们生活的时代，与社会融合。美术教育的目标是帮助特需幼儿在社会中顺利沟通与融合。学前美术教师需要明确，美术治疗不能代替美术教育。特需幼儿到底是需要美术教育，还是需要美术治疗？对于没有特别的心理问题的特需幼儿，他们更需要美术教育。一些幼儿园已开展适合特需幼儿的综合性美术教育，举办一些将美术和社会文化环境相结合的美术活动，如"青蛙们的郊游""树林游戏仓库""树林游乐场"等主题活动。以上美术活动的目标如下：第一，大自然和任何事物都有可能成为美术教育的因素，特需幼儿可以靠自己来打开思路；第二，特需幼儿能感受到世界的美丽，具有发现美的能力；第三，特需幼儿能感受到审美的乐趣，具有创意、想象的能力。美术活动内容体现美术和生活、社会的统合及文化环境的融合。

（三）关系表现

美术治疗和美术教育的关系如下：美术治疗是一种把美术作为媒介的治疗方法，虽然与美术教育不同，但是在治疗过程中同样运用了美术教育的一些专业知识。美术治疗不仅对需要治疗的特需幼儿具有治疗的效果，而且可以满足普通幼儿心理健康发展的需求。美术治疗和美术教育在教学中的位置如下：第一，美术治疗与情绪和心理有关，美术教育注重功能性、表现性及作品完成度；第二，美术治疗是补偿语言表达方式的治疗，美术教育是以游戏为中心形成的；第三，虽然美术教育和美术治疗不同，但有时需要以美术治疗的名义进行美术教育；第四，美术治疗是专门领域，因此需要设置专用教室；第五，学前教师都要接受美术治疗教育培训，从而在需要的时候给予特需幼儿帮助。

（四）合适教学

学前美术教师在对特需幼儿进行美术教学的过程中，应根据特需幼儿自身个性制定合适的治疗方案。如果对特需幼儿进行不恰当的美术治疗，则有可能限制特需幼儿的主体意识。美术教育的构成不仅包括学习美术知识和享受对美术的整体认知过程，还包括创作美术作品。因此，美术教育需要幼儿能够自主地享受美术，自然地创作美术作品。美术教育可以帮助特需幼儿从被教育者自然地成长为具有能动性的学习者。在美术教育中，特需幼儿应被视为正常幼儿，即他们不是有缺陷的存在，而是具有独特个性的存在。因此，在为特需幼儿准备的美术活动中，需要把集中进行的美术治疗活动转变为以综合性美术教育为中心的活动。

想一想

1. 怎样将综合性美术教育运用到特需幼儿的美术活动中？
2. 美术教育和美术治疗的教学目的分别是什么？

第二章 学前美术教育基础绘画

学习目标

知识目标：理解构图，正确认识明暗关系，了解色彩的基本概念。

能力目标：熟练掌握绘画基本技能，熟练运用各种工具绘画作品，学会对线条的粗、细、浓、淡进行控制，学会调色。

情感目标：体会到绘画学习和训练的乐趣，能主动地临摹、探索绘画方法。

思维导图

学前美术教育基础绘画
- 素描的运用
  - 素描基础教学要点概述
  - 透视
- 简笔画
  - 动、植物简笔画
  - 人物简笔画
  - 简笔画创作
- 线描画
  - 线描画的概念和技法
  - 元素的运用
  - 线描画的创编
- 色彩的运用
  - 色彩的种类
  - 色彩的构成
  - 色彩的影响
  - 用马克笔上色

图 2-1　思维导图

第一节　素描的运用

素描练习是美术学习的基础，可以提高对线条、结构、形状、空间的把握能力，认识明暗关系、透视知识，理解构图法则和比例关系，以及不同视角下的物体的变化形式和近大远小的规律。

视频 4

一、素描基础教学要点概述

（一）认识素描

素描是一种运用线条来表现事物的形式，包括用铅笔、木炭、钢笔等画出的线条表现的艺术形象，以及单色水彩画和单色油画。中国传统的白描画和水墨画都可以称为素描。素描起步学习用到的材料有铅笔（HB、4B、6B等）、橡皮、素描纸、画板。素描分为石膏、静物、人物素描等。学前美术教师需要掌握立体几何石膏模型和简单静物的画法。立体几何石膏模型有立方体、圆球、圆柱、三棱锥等，简单静物有水果、陶罐、日常生活用品等。素描练习分为三个阶段：第一个阶段，用铅笔进行排线练习；第二个阶段，临摹作品；第三个阶段，写生练习。

（二）构图

练习素描，首先要对画面进行构图，构图是绘画的重点。构图分为横构图和竖构图，根据物体的外形来确定横构图、竖构图。横构图和竖构图的定位图如图2-2所示。

(a) 横构图定位图　　(b) 竖构图定位图

图2-2　横构图和竖构图的定位图

一般情况使用横构图，如果所画的主体是细长的，可以选择竖构图。用黑色短线定位，用红色虚线表示，需要把整幅作品的内容画在框内，黑色的四条定位短线分别表示画面内容的最高处、最低处、最左处和最右处，这样画出来的作品构图饱满。在构图时需要注意，不能上面空余多而下面空余少，这样会导致整幅画的画面下沉。横构图和竖构图都遵循左右均等、上少下多的原则。

（三）明暗关系

练习素描要理解并掌握明暗关系。光线的方向和强弱，是突出画面氛围感的关键因素。练习素描要掌握五个要素：亮部、暗部、明暗交接线、反光、阴影，缺一不可。亮部是光线照到物体的地方，是最亮的；暗部是物体背对光线的地方，是最暗的；明暗交接线是亮部和暗部交接的位置，它在棱角分明的物体上会显得黑而突出；反光是在暗部的反射光，比较微弱，藏于暗部，由光线受到其他物体反射形成；阴影是物体的影子，在光的照射下，每个物体都有自己的影子。以几何石膏立方体为例，其明暗关系和素描五要素如图 2-3 所示。

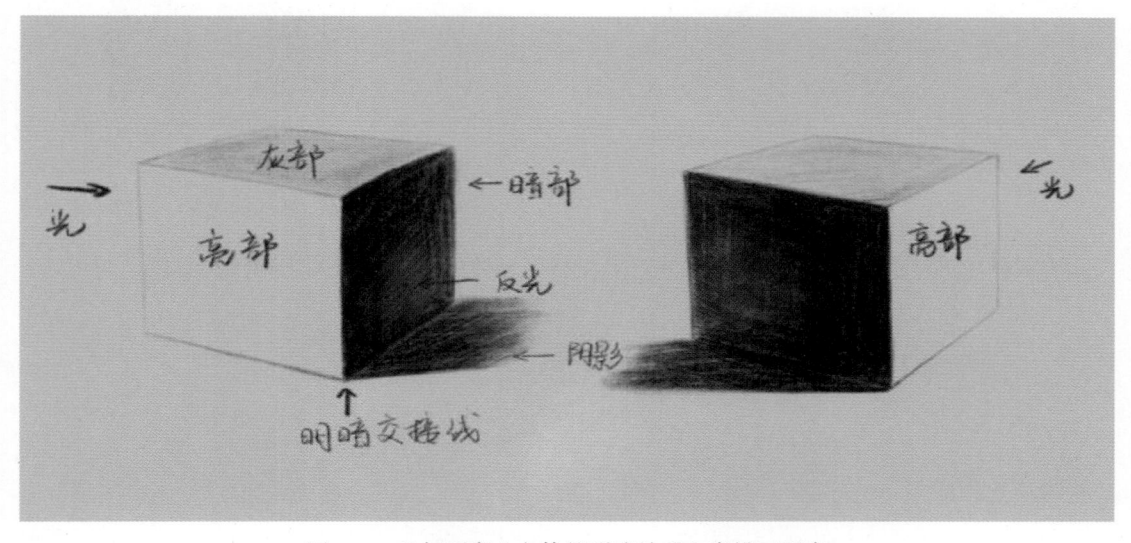

图 2-3　几何石膏立方体的明暗关系和素描五要素

（四）排线

练习素描的基本步骤为：先构图，画出物体的形体，再上明暗。在上明暗之前需要先学会排线。排线练习的第一步是画直线，在练习时手臂要保持平稳滑动，线条要直且平行。直线排列在一起，形成一个面，线的疏密程度会影响面的明暗。排线练习是对线条的疏、密、浓、淡的控制练习。要注意拿笔的姿势，手心向上而非向下。在排线运笔过程中挥动手臂拉线，可以让线条更直、更长。平行线分为横向平行线、竖向平行线、斜向平行线 1、斜向平行线 2，如图 2-4 所示。

在上明暗的过程中，我们还会用到弧线。弧线就是弯曲有度的线条，如图 2-5 所示。弧线可以用来画有弧度的物体、有纹理的物体，比起直线，弧线画起来速度更快也更轻松。此外，进行弧线练习有助于提升对静物素描的把握。

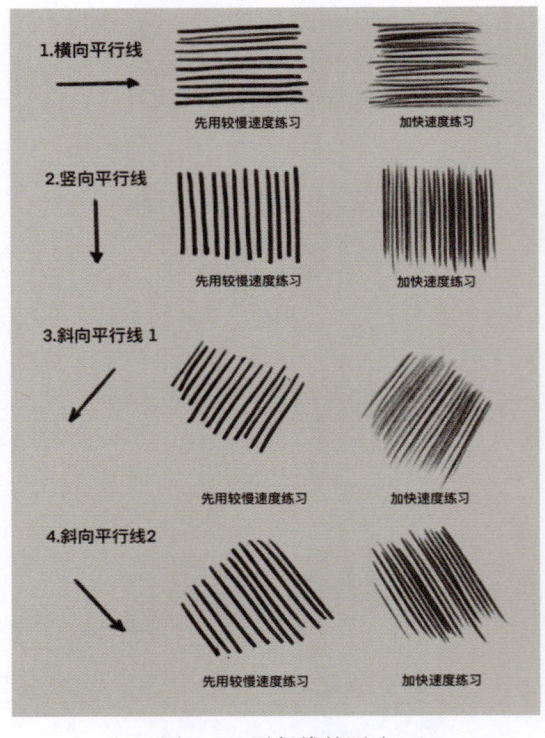

图 2-4　平行线的画法

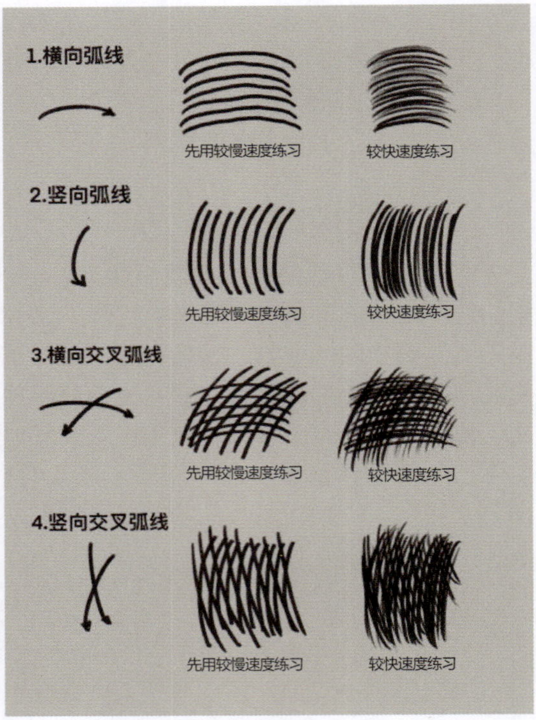

图 2-5　弧线的画法

静物素描是石膏素描的延伸和发展，是在石膏形体的基础上勾画出物体的具体形体。

二、透视

（一）概念

透视是在观察物体时，由于距离、角度等因素的影响，使物体的大小、形状、线条等产生视觉上的变化。在绘画中，运用透视画法，可以让画面看起来具有空间感和立体感。

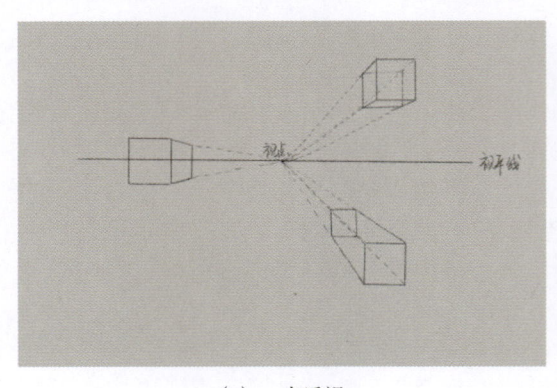

透视在绘画中是非常重要的视觉效果表现画法，它能够让画面上的物体呈现出远近、大小、虚实等的立体感。根据观察角度和视线的不同，透视可以分为一点透视（平行透视）、二点透视（成角透视）、三点透视（倾斜透视）。透视的要素包括视点、视平线、消失点和灭点等。视点是观察者的眼睛所在的位置；视平线是与眼睛平行的水平线；消失点和灭点是物体在透视中消失的点，通常位于视平线上。图2-6所示的透视图表现了几何体在不同视角、

（a）一点透视

图 2-6　透视图

方位的透视画法。

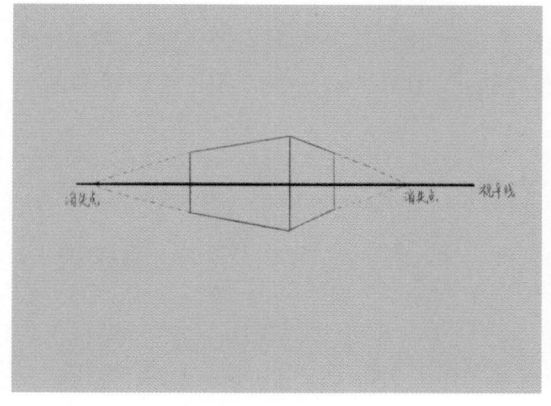

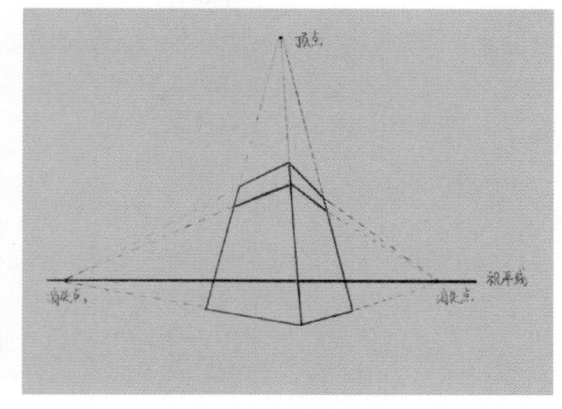

(b) 二点透视　　　　　　　　　　(c) 三点透视

图 2-6　透视图（续）

（二）运用范围

透视在绘画中运用普遍，如风景画中的树木遵循近大远小的规律；桌椅等物品可以用一点透视，让物体变得更加立体，如图 2-7 所示；建筑物、室内设计可以用二点透视和三点透视，如图 2-8、图 2-9 所示。为了使外观和内部布局看起来更合理，符合视觉习惯和审美要求，通常利用透视原理来设计建筑物。在其他领域（如摄影和游戏布局）中利用透视原理来增加场景的真实性。透视原理还可以用于设计玩具，帮助设计师更好地展示产品的结构和功能。

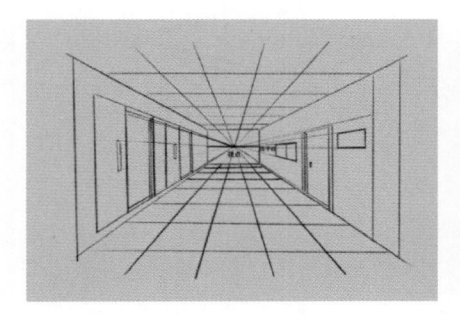

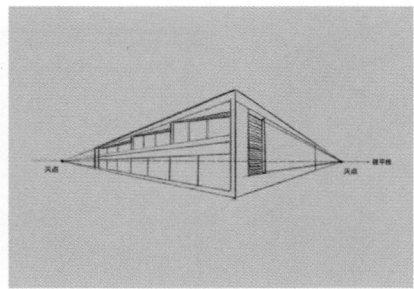

图 2-7　一点透视运用场景　　　图 2-8　二点透视运用场景　　　图 2-9　三点透视运用场景

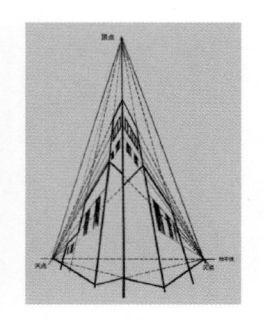

（三）近大远小

近大远小是透视中重要的表现手法，被称为透视缩减法则。遵循近大远小的规律，可以使画面看起来更具有真实感。例如，画一幅校园风景画，需要将远处的教学楼画得比近处的教学楼小，从而更好地表现画面的空间关系和深度。在绘画时，近处的物体需要画得较大、较详细，而远处的物体则需要画得较小、较模糊。近处的阴影和光线要清晰、强烈，而远处则只有淡淡的阴影。在画近处的物体时应使用较短、较密集的线条，而在画远处的物体时则应使用较长、较稀疏的线条。上述对比可以在画面中体现物体之间的空间关系，增强空间感和立体感。此外，可以让近处的物体全部或部分遮挡远处的物体，以增强空间感；也可以通过颜色来体现近大远小的规律，近处的颜色较鲜艳、较丰富，明度和纯度要高一些；而远处的颜色相对于近处颜色较暗淡、较单一。通过调整颜色饱和度和明暗度可以达到近大远小的视觉效果。

（四）视角

在绘画中，需要从不同的视角确定物体的角度，可以根据视线方向确定绘画对象的视角，不同的视角会有不同的画面效果。一般分为三个视角：平视视角、俯视视角、仰视视角。平视视角是我们日常中最常用的视角（平视要处于一个非常平稳的位置），与视平线一致，给人一种平静、安宁、稳定的感觉。俯视视角是一种站高远望的视角（俯视可以看见更多的信息），在视平线的上方，给人一种居高临下、眺望远方、尽收眼底的感觉。仰视视角与俯视视角相反，会将视平线区域的信息集中体现。仰视视角集中用于人物绘画、室内设计和室外场景设计。在人物绘画中，仰视视角能表现出人物雄伟、孤傲、尊贵的感觉。在室内设计中，仰视视角表现出严肃、威严的感觉。在室外场景设计中，仰视视角表现出渺小、紧张、压迫的感觉。在绘画中，运用好画面的视角，可以给画面增加氛围，达到预期的效果。图2-10为不同视角的餐桌透视图，表现的是同一物体在不同视角下的效果。

仰视图　　　　　平视图　　　　　俯视图

图2-10　不同视角的餐桌透视图

练一练

1. 石膏几何体临摹：5个几何体组合。

2. 石膏几何体写生：4个几何体组合。

3. 根据透视知识，完成风景素描和室内环境临摹。

第二节 简笔画

简笔画是运用简单的线条，将复杂的形象进行归纳、概括的绘画方法。简笔画具有简洁、直观、易懂的特点，被广泛运用于学前美术教学中。简笔画是学前美术教师需要掌握的一项基本绘画技能。

视频 5

一、动、植物简笔画

（一）画法

简笔画是用简单的线条画物体。简笔画的图形构造简单、易懂，可运用封闭、流畅的线条，表现出物体的特点。简笔画的难点在于对线条比例的把握。学习简笔画可以按照从单线组合到对称图形、从单个物体到组合图形的顺序进行训练。简笔画分为植物、动物、生活用品、风景、人物等。学前美术教师需要掌握常见类型的简笔画的画法，会默写、创编主题性简笔画，并在简笔画中表现出流畅的线条和准确的形体结构。

（二）练习方法

简笔画是从点、线、面、结构、空间来构成画面的。在练习初期，先从画面中最容易画的点开始，在仔细观察画面中点的大小、方向、疏密后再进行绘画。画线的时候要注意线条的长短、粗细、线与线之间的距离。简笔画中最常用的一种绘画方法是中心对称画法，花卉、树叶、树、动物的耳朵等都可以用此画法，以使画面中的物体看起来稳定、整洁、规范、形象、准确、结构合理。简笔画练习遵循由简到难的原则，可以按照植物、动物、人物及其组合的顺序进行。练习示例如图 2-11 至图 2-18 所示。

图 2-11　线条练习示例

图 2-12　树叶练习示例

图 2-13　树木练习示例

图 2-14　花卉练习示例

图 2-15　风景练习示例

图 2-16　海洋动物练习示例

图 2-17　陆地动物练习示例

图 2-18　物品练习示例

二、人物简笔画

（一）人物画法

人物简笔画是简笔画中最难的。人物包括男人、女人、小孩、老人及各种职业人士，此外还包括动物的拟人化形象。人物简笔画由头、身体、四肢三个部分组成，在进行人物简笔画默写的时候需要注意突出人物的比例、特征、形象。人物简笔画的头部绘画步骤如图 2-19 所示。

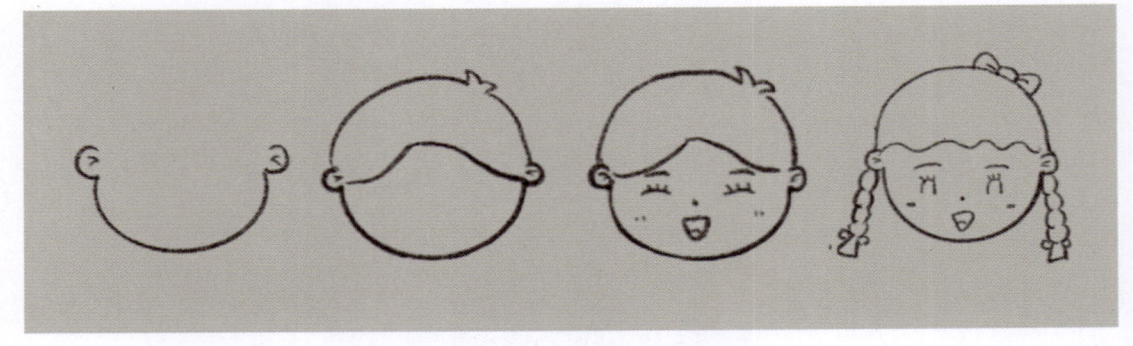

图 2-19　头部绘画步骤

人物简笔画中的人物多为卡通形象。为了便于识记，我们把人物分为三个部分，它们之间的比例为 1∶1∶1，即头顶到脖子、脖子到上衣底部、上衣底部到鞋底这三个部分是等比例的，这样我们在默写的时候可以快速地画出整个人物形象，图 2-20 所示是正面简笔画人物的基本比例。

图 2-20　正面简笔画人物的基本比例

（二）人物默写

在默写人物简笔画时，人物大多是正面形象。为了让人物动作多样化，可以对手和脚的动作作一些调整。可以将手画成单手举高或双手举高，将脚画成蹦跳的样子，这样，人物就显得不那么呆板，会更生动活泼，如图 2-21 所示。此外，动物拟人化是在默写中经常用到的方法。按照简笔画主题创作的内容，如"森林里面开大会"，这种关于动物的主题就会用到动物拟人化的方法，只要在人物的身体上画上动物的头即可。

图 2-21　人物动作

三、简笔画创作

(一) 主题画内容

简笔画主题创作是根据一个主题创作一幅简笔画,画面内容包含人物、动物、植物、场景等元素。画面要求元素丰富、内容饱满,有前后遮挡关系,主体物比例适当,突出主题。简笔画主题创作通常使用勾线笔进行绘画,如图 2-22 所示。

视频 6

图 2-22 简笔画主题创作示例

(二) 主题画构图

主题创作的第一步是构图,把画面横向分为三个部分,分别代表地面、地面与天空连接的部分、天空。第二步是把主体物和人物放于画面的正中间,需要占画面横向的三个部分。通过横向线条定位,我们可以在绘画过程中找到主体物和人物的正确位置,有利于快速默写和起形,如图 2-23、图 2-24 所示。

在绘画过程中,要区分好几个区域的具体表现内容。我们通常将植物、装饰物构成的区域作为前景,这样可以把主题中涉及的植物场景绘制于前景区域中。中景和后景是人物的头和身体占据的区域,中景区域和后景区域之间的线为画面的地平线。地平线的后面是后景区域,在后景区域可以根据画面的情况增加草丛、树木、房子等装饰物,用于丰富画面。远景区域的具体表现内容以天空、山的场景为主,用于表现远处的景象。构图要有清晰的布局,这样画面才具有从近到远的层次分布关系,如图 2-25 所示。

23

图 2-23　构图定位

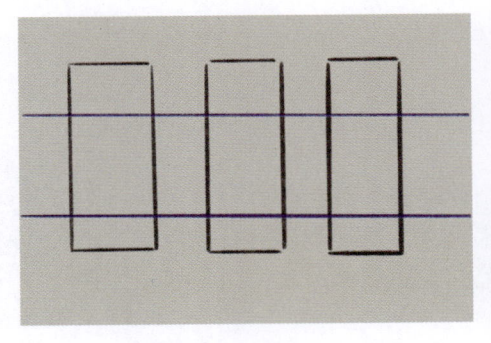

图 2-24　横向线条定位

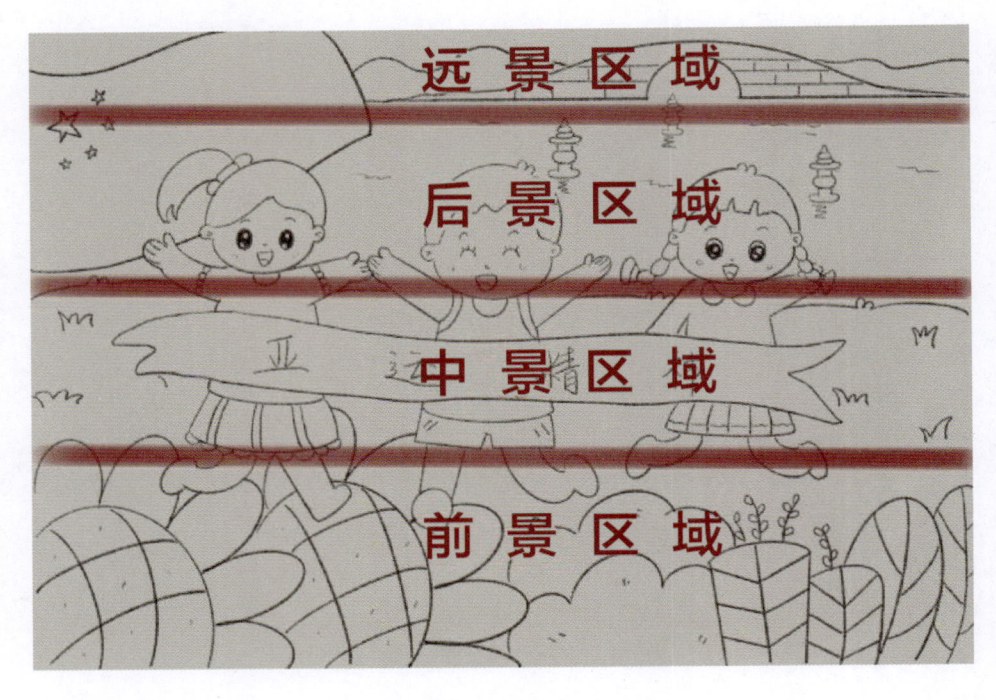

图2-25　区域分布

（三）创意简笔画

创意简笔画是在简笔画的基础上增加自己想象的内容，把画面变成更有趣的形式。可以在原有的物体上添加笔画，使其变成另一种物体；也可以加入拼贴元素，让画面活泼有趣，是一种创意性课程。学前美术教师可根据不同年龄段的幼儿生长或发育特点，以游戏导入的形式设计创意简笔画教学课程。创意简笔画可以活跃课堂气氛，调动幼儿的绘画兴趣，提高幼儿的想象力和创造力。

创意简笔画具有简洁性、创新性、生动性、符号化、装饰性、多元性等特点。创意简笔画教学课程的特点：不拘泥于传统的绘画技巧和构图规则，通过独特的视角和创意展现别具一格的画面效果；注重画面的装饰效果，通过线条和图形及丰富的色彩搭配，使画面具有强烈的装饰性和视觉美感；可以利用不同的材料和媒介进行立体呈现，如布料、陶瓷、生活用品等创意简笔画示例，如图 2-26、图 2-27 所示。

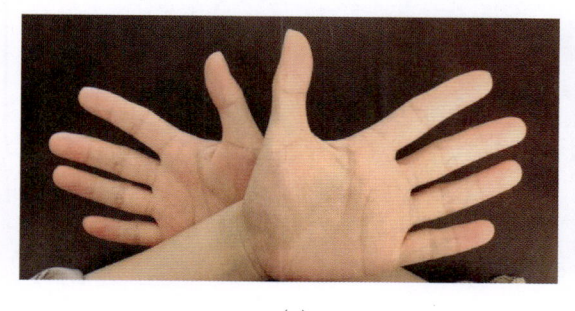

(a)　　　　　　　　　　　　　　　　(b)

图 2-26　创意简笔画示例 1

图 2-27　创意简笔画示例 2

1. 针对简笔画进行从简单到复杂的图形练习。

2. 进行创意简笔画创作练习。

3. 进行简笔画人物、动物练习。

4. 简笔画主题画练习。

第三节　线描画

线描画是以点、线、面等基本元素构成的画面。线描画具有细致、工整的特点，又称装饰画。线描画通过对黑、白、灰关系的处理，表现出画面的立体效果。通过对线描画的学习，可以提高幼儿的观察能力、想象能力、表现能力和创意能力。

视频 7

一、线描画的概念和技法

（一）概念

线描画是用各种不同形状的线条进行创作的一种绘画形式。线描画所用的材料简单，通常用勾线笔或记号笔勾画或粗或细的线条。进行线描画练习有助于提高对线条的把控能力。线条作为最基本的美术造型手段，是构成画面形象最基本的一种元素。

线描画的学习分为三个步骤：第一，对线条进行基本技法的训练，能用线条画出不同的花纹；第二，在线描画中利用线条的粗细、紧密合理布局黑、白、灰的关系；第三，用线描画创作美术作品。

（二）技法

线条是由无数个点连接而成的，线描画基本技法可以归纳为点、线、点与线的组合、线与线的组合、有规则的组合、无规则的组合。线描画基本技法的练习参考图如图2-28至图2-33所示。

图2-28　点的练习示例

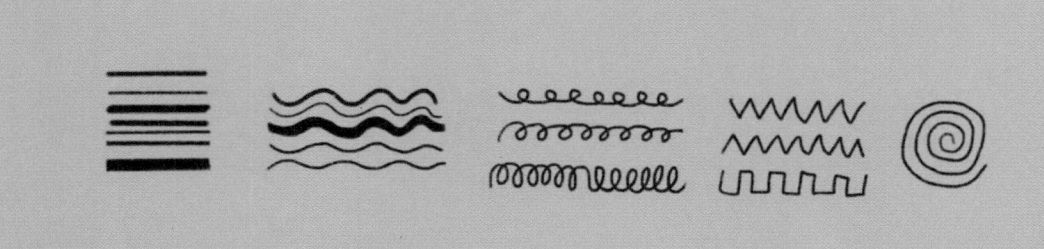

图 2-29　线的练习示例

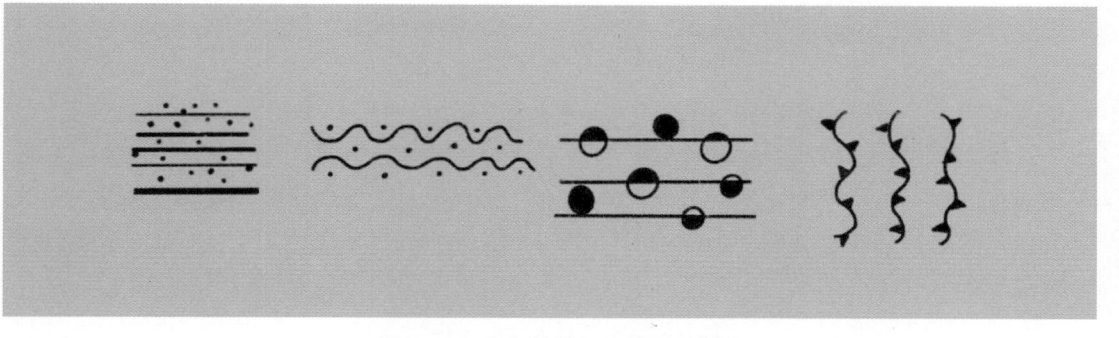

图 2-30　点与线的组合练习示例

图 2-31　线与线的组合练习示例

图 2-32　有规则的组合练习示例

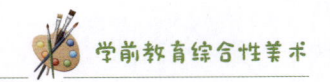

图 2-33　无规则的组合练习示例

二、元素的运用

（一）元素

把线描画元素运用于具体的一幅线描画中，需要练习元素的搭配和运用。练习线描画要选择合适的元素并将其用于画面中。如果想让画面中出现外形像木头的元素，可以选择木纹的元素进行深入绘画。一幅画可以选择五六种元素，把元素进行内容统一。

线描画元素的运用：

线条的粗细可以表现物体的立体感和空间感，如图 2-34 所示。粗线条通常用于表现物体的主要轮廓和重要部分，细线条则用于描绘细节和辅助部分。通过合理运用粗细不同的线条，可以使画面更具有层次感和韵律感。

线条的弯曲度与直度可以表现物体的形状和特点。直线通常用于表现物体的规则形状和稳定感，曲线则通常用于表现物体的柔和感和动态感。通过合理运用不同弯曲度与直度的线条，可以使画面更具有生动感和表现力，如图 2-35 所示。

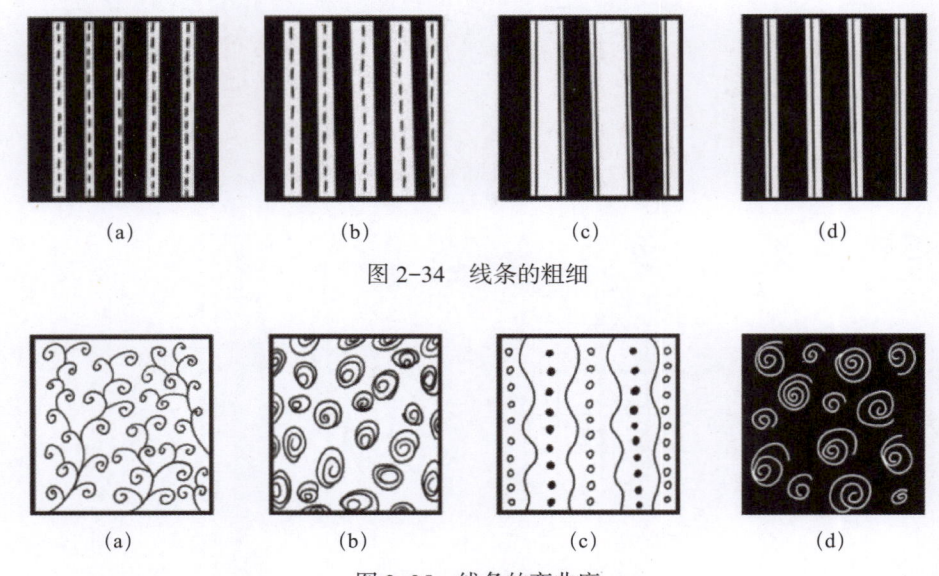

(a)　　(b)　　(c)　　(d)

图 2-34　线条的粗细

(a)　　(b)　　(c)　　(d)

图 2-35　线条的弯曲度

元素的密度与间距可以表现出质感和光影效果。密集的元素通常用于表现物体的粗糙质感和黑部，稀疏的元素则用于表现物体的光滑质感和光部。通过合理运用元素的密度与间距，可以使画面更具有真实感和立体感，如图 2-36 所示。元素中线条的平行与交叉可以表现物体的运动趋势和结构关系。平行线通常用于表现物体的水平方向或垂直方向，交叉线则用于表现物体的倾斜方向和透视关系，如图 2-37 所示。通过合理运用线条的平行与交叉，可以使画面更具有动态感和空间感。

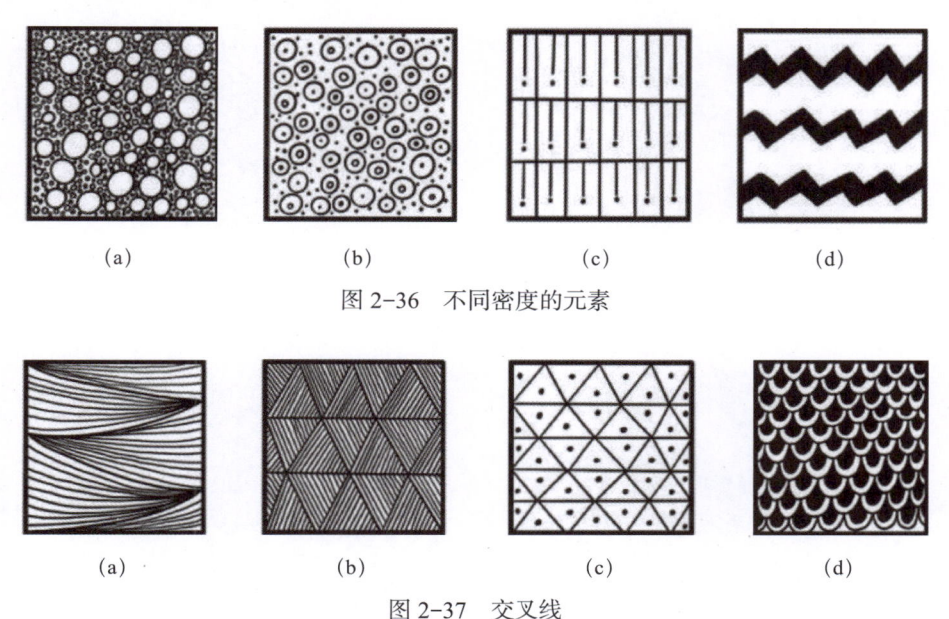

(a)   (b)   (c)   (d)

图 2-36 不同密度的元素

(a)   (b)   (c)   (d)

图 2-37 交叉线

线描画元素是线描画创作的关键，通过对线条的粗细、弯曲度、直度、密度、间距、平行、交叉等的综合运用，可以使线描画作品更具有表现力和艺术价值。

（二）过程与步骤

线描画使用的是单色——黑色，可以通过线条的粗细来增加画面的层次感，通过线条的疏密分布来区分画面的空间块面关系。元素的排列要遵循黑、白、灰的分布，我们通常在一幅画中选取黑、白、灰元素各两种，以达到画面的平衡。首先，绘制线描画需要仔细观察对象，了解它的形状、结构、比例和光影效果；其次，把握对象的基本结构，将复杂的形状简化为基本的几何形状，如圆、正方形、三角形等，使用铅笔或细线笔轻轻绘制对象的轮廓线；最后，用勾线笔进行描画，确保线条流畅、清晰，尽量避免重复描线，使用橡皮擦去除多余的线条和污点，使画面干净整洁。

绘制完对象的轮廓线后，根据对象的结构和光影效果，确定轮廓线的粗细。粗线可以表示阴影部分或靠近视觉的部分，细线可以表示远离视觉的部分或细节部分。在轮廓线内绘制内部线条，需要将其和准备好的元素相结合，以表现对象的细节、纹理、光影效果。我们可以使用元素不同的表现类型，如弯曲、交叉、密集等，以增强画面的表现力。确定光源的位置，绘制对象的阴影部分。在阴影部分，可以用密集的元素或较粗、较黑的线和面来表现对象的立体感和空间关系。图 2-38 至图 2-41 所示为学生作品。

图 2-38　学生作品 1（赵晶晶）

图 2-39　学生作品 2（邵薇）

图 2-40　学生作品 3（李文）

图 2-41　学生作品 4（张陈婷）

三、线描画的创编

（一）虚实关系

线描画除了要处理好黑、白、灰的关系，还要注意虚实关系。在图 2-42 至图 2-44 所示的学生作品中，全黑的部分属于画面实的表现，虚的部分往往表现为松散线条。只有一虚一实、虚实结合，画面才会有层次感，呈现出立体的效果。

图 2-45 和图 2-46 为线描画创编作品，画面所表达的主题明确，效果强烈，黑、白、灰的关系处理恰当。在主体物上都进行了精心描绘，运用的装饰图案多种，纹样协调。在黑色区域采用的是粗线条的用笔，黑色块面积增加，可以将其看作整个画面的暗部。画面其余部分是一个灰部和亮部的处理结果。整幅画面看起来主体物突出，有细节可看，黑色区域给人爽朗明快的感觉。

30

图 2-42 学生作品 1（林贞男）　　图 2-43 学生作品 2（胡丽丽）　图 2-44 学生作品 3（褚平平）

图 2-45 学生作品 4（黄琳淇）　　　　　　　图 2-46 学生作品 5（于凡洋）

（二）表现方式

线描画的表现方式可以分为写实、抽象、超现实主义，不同的表现方式给人不一样的感受，被用于不同的场景。

写实是一种以现实生活为题材，力求真实再现物体形态、结构和质感的艺术表现手法。写实线描画注重对物体轮廓、结构、光影等方面的精细描绘，以达到高度逼真的效果。写实线描画具有很强的视觉冲击力和感染力，能够直观地展现现实生活的美好和丰富多彩。

抽象是一种非具体形象的艺术表现手法，它不直接描绘现实中的物体形象，而是通过线条、图形、符号的组合、交叉、弯曲等手法来表达情感和思想。抽象线描画强调线条的节奏、韵律和动态，注重形式感和空间感的创造，具有很高的艺术价值和审美价值。

超现实主义是一种将现实与幻想相结合的表现手法，通过对物体形象的夸张、变形和重组，创造出一种超越现实的艺术境界。超现实主义线描画往往具有较强的视觉冲击力和表现力，能够引发观者的思考和联想。通过超现实的场景、形象和元素，表现梦境、幻觉等超越现实的感觉和想象。

练一练

1. 线条、基本线条技法练习。

2. 单个物体线描练习。

3. 线描画主题练习。

第四节　色彩的运用

在学前美术教学中，色彩的运用是在单色绘画完成的基础上进行的。色彩可以丰富画面的内容和表现形式。色彩学习在绘画中起着重要的作用，掌握色彩的运用原理可以提高绘画的技能，更进一步地感受绘画带来的乐趣。

视频 8

一、色彩的种类

色彩主要分为无彩色系和有彩色系。色彩可以按照色相、纯度和明度来描述其特性。色相是色彩的主要特征，决定了色彩的基本属性，如红色、绿色等是不同的色相。纯度是指颜色的饱和度，即颜色的纯净程度。明度是指颜色的明暗程度。常见的分类方式是十二色相环，包括红、橙红、橙、橙黄、黄、黄绿、绿、蓝绿、蓝、蓝紫、紫和紫红十二种颜色。

（一）颜色

颜色是由物体表面选择性反射的光的波长种类来决定的，分为红色、朱红色、黄色、绿色、蓝色、紫色等。颜色越纯粹，表现得就越明显，越容易被感知。如果把颜色进行混合，混合后的颜色相对来说就不太明显。除了纯色，还有无彩色的白色、黑色、灰色。当物体的表面吸收所有的光时，物体看起来就是黑色的，我们会觉得它很暗。由此得出明度的定义，即根据光线反射的量，能够感受到颜色的明亮和黑暗。我们从明度的定义可以认识到，黄色是最亮的，其次是橙色、红色和绿色，紫色和蓝色比较暗。颜色可分为光源色和物体色，物体的颜色是由光源色和物体色综合决定的。由于人的感光特性是综合在一起的，因此物体不是由一种颜色决定的，而是根据不同的情况，由无数种颜色决定的。

（二）色彩情感

色彩情感是人对于不同颜色的心理反应和情感体验。不同的颜色会给人带来不同的感受和象征意义，如红色代表热情、力量和勇气，蓝色代表平静、稳重和信任，绿色代表自然、生机和平衡，等等。在视觉文化中，颜色不仅是美学的要素，也承载了深刻的寓意与情感影响。

具体来说，蓝色可以代表大海和天空的颜色，给人以清爽、洗练的感觉，可以使人集中精力、明察善断、理性沉着。黄色给人以充满阳光的感觉，是较为精神、欢快的颜色，有朝气，可刺激神经和消化系统，加强逻辑思维能力，可以代表警告和危险。黑色多被人视为消极的颜色，象征夜晚、死亡，也可以代表权威和力量。橙色是暖色系中最温暖的颜色，给人以快乐而幸福的感觉。绿色可以营造放松、从容、积极、自然的气氛，对好动的人能起到镇静作用，给人以宁静和放松的感觉。红色具有生机，给人以刺激、兴奋的感觉，人一旦接触过多就会产生焦虑和身心受压迫的感觉，可以象征危险、暴力和愤怒。白色给人以明亮、纯粹、洁净、简洁的感觉。

二、色彩的构成

（一）三原色

色彩是通过光谱与眼睛感光细胞相互作用产生的视觉感知效应来定义的。色彩对画面来说可以起到锦上添花的作用。色彩可以丰富画面，突出物体鲜明的形象，增加画面的立体效果和环境气氛。色彩三原色是指红色、黄色、蓝色三种颜色（图2-47），是一切色彩的基础，这三种颜色不能通过其他颜色调和出来。

图2-47　三原色

（二）间色

间色是指任意两个原色混合所得的颜色。三间色通常是指橙色、绿色、紫色。色彩三要素是指色相、纯度、明度。间色是红、黄、蓝三原色中的某两种原色运用相等的量混合所得的颜色。间色运用表现为：红色与黄色混合出橙色，黄色与蓝色混合出绿色，红色与蓝色混合出紫色。调和的时候，如果不是等量调和，根据比例的变化，则会出现丰富的色彩变化。比如，红色与黄色混合，将红色颜料的比例增加一些，两者混合后会变成深一些的橙色。图2-48为间色调配示例。

（三）色彩搭配关系

色彩的基础知识还包括复色、对比色、同类色、互补色、邻近色等。复色是由多种色彩混合而成的，例如，将三原色或任何两种间色相混合，或者将三原色中的一种原色与一种间色或两种间色相混合，或者将三种或三种以上的色彩相混合，以上方式都称为复色。因此，任何复色都是三原色的成分的分支，只是混合的比例不相等，混合出来的色彩就有差别。对比色通常是两种可以明显区分的色彩，给人一种强烈组合的感觉。对比色包括色相对比、明度对比、饱和度对比、冷暖对比、补色对比等。对比色的两种色彩混合在一起会变成混浊的色彩，黄色和蓝色、紫色和绿色、红色和青色、深色和浅色、冷色和暖色、亮色和暗色都是对比色。同类色的色相性质相同，但色度有深浅之分，在色相环中15°夹角内的色彩都为同类色，如深红与大红、深蓝与天蓝、深绿和草绿等。互补色指在色相环中距离180°左右的两种色彩，如红与绿、橙与蓝、黄与紫等。由于补色有强烈的分离性，故在色彩绘画的表现中，在适当的位置恰当地运用补色，不仅能加强色彩的对比，拉开距离，而且能表现出特殊的视觉对比与平衡效果。邻近色也称类似色，是指在色环中距离90°以内相邻的三种色彩，如深红色、大红色、橙色、黄色、黄绿色、绿色、天蓝、深蓝、紫色，等等。在运用色彩之前，我们要对色彩的分类做到心中有数，这样才能把色彩很好地运用于绘画中，使画面达到比较出色的效果。

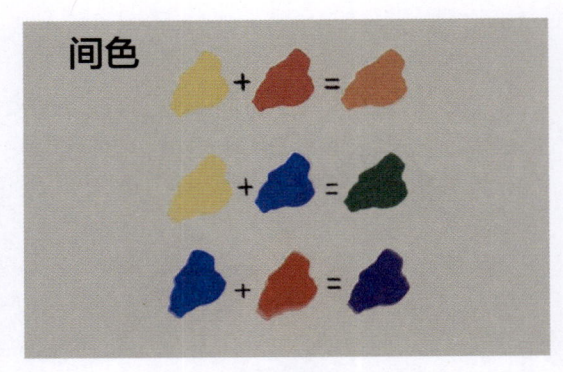

图2-48　间色调配示例

三、色彩的影响

（一）认识色彩

色彩的特征表现为：第一，色彩具有象征意义和内容。例如，红色作为一种警示的颜色，在世界任何地方都有"停止"的意思。从科学的角度看，红色是在所有颜色中能被最远距离看到的颜色。人们根据触感的冷暖把颜色分为蓝色、红色，并赋予颜色象征性。第二，色彩在环境中占有重要的位置。虽然影响环境的因素有很多，但色彩在环境中对人们的影响很大，在生活中接触到的一切事物都包含色彩。第三，色彩认知与联想有密切的关联性，色彩具有与语言相同的传达力。例如，将色彩用于现代交通信号、危险标志、消防车、救护车等。第四，色彩具有情绪特性。色彩作用于人的感性和情绪，使人产生快乐、悲伤的感情。之所以产生这些感情，是由于色彩带给人的心理效果使感情发生多样的变化，虽然也有主观的个人差异，但一般都具有共同的性质。

（二）识别色彩

在学前美术教育中，色彩可以作为一种媒介，对幼儿起到表达情感的作用。幼儿对色彩的认识发展是年龄的增加、经验的积累和与环境相互作用的结果。幼儿一般在出生后2~3个月就能识别色彩，24个月以后对偏好色彩的反应会越发明显，幼儿对色彩的反应和人的一些本能反应是相似的。以3~6岁年龄段的幼儿为例，3~4岁年龄段的幼儿会根据自己喜欢的色彩去做选择，无视对象的固有色彩。画面图形与色彩的关系主要取决于幼儿的情绪特性。4~5.5岁年龄段的幼儿选择哪种色彩不再取决于主观经验或情绪关系，在色彩上会建立起明确的关系，会把混色当作有趣的活动。5.5~6岁年龄段的幼儿对色彩的认识会随着人物和空间表现而发生变化，对色彩的认识将逐渐进入批判阶段，对自己喜爱的色彩表现出强烈的选择性和占有欲。学前美术教师在对幼儿的美术教育中，第一，教幼儿灵活辨认出各种色彩及色彩的名称；第二，让幼儿在情境中体会各种色彩所表达出的感情；第三，教幼儿使用颜料进行调色；第四，让幼儿通过色彩表现作品内容。

（三）环境色彩

可以将色彩运用到幼儿活动的环境中，环境色彩对幼儿的情绪是有影响的。为了了解色彩对幼儿情绪的影响，研究人员将天花板较低的房间分别涂上不同的颜色，结果是蓝色、黄色、淡绿色、朱黄色的房间最受欢迎，在这些房间里进行活动的幼儿的敏捷性和创造性得到了较好的刺激。因此，学前美术教师带领幼儿进行活动的同时，要重视环境色彩的布置，考虑环境色彩带给幼儿的心理感受和情绪变化。幼儿通过不断地接触环境，从环境中积累经验，在这一过程中经验会和色彩相关联，从而影响幼儿智力的发展。

在幼儿绘画和创作的过程中，学前美术教师对幼儿在色彩方面的指导要遵循自愿和引导原则，让幼儿按照自己的喜好选择色彩，指导幼儿正确使用上色方法，当幼儿对色彩表达不确定的时候，在对固有色的观察方面给予其引导。在幼儿上色的过程中，学前美术教师要让幼儿体会到涂抹色彩的乐趣，对于技法和顺序不要过多地干预和限制，让幼儿通过色彩充分表达内心的情感。

四、用马克笔上色

（一）上色技法

上色使用的工具主要有马克笔、油画棒、彩铅、颜料，以上四类工具都具有各自的属性。在学前美术教育中，用到的工具多为马克笔。马克笔上色技法有平涂、扫笔、画笔触、渐变、混色、叠色、纹样，如图2-49所示。用马克笔上色的规律是选择邻近色从浅色到深色逐步叠加，表现出物体的立体效果。用马克笔进行简笔画主题创作时，要区分各部分的颜色，合理搭配色彩，从主体物开始，先近后远、先主后次依次上色。

35

图 2-49　马克笔上色技法

（二）头部上色

马克笔多用于简笔画上色、主题画创作、故事创编、主题墙设计。以主题画创作为例，主题画中通常有人物、动物、场景三个部分，人物分为头发、肤色、服装三个部分。头部上色中，首先需要掌握头发的上色方法，需要准备三支同类色笔，用于表现头部的高光部分、中间色和暗部，以表现头发的立体效果。上色方法是先留出高光部分，再从浅到深逐步覆盖。肤色上色时需要选用两类色笔：一支用于涂皮肤的底色，另一支用于涂脸部的阴影部分，如图 2-50 所示。

图 2-50　马克笔头部上色步骤

（三）整体上色

上完头发和脸部的颜色后，再上衣服、裤子、周围环境的颜色。主题画上色时要注意前景颜色、中景颜色、远景颜色的区分，如前景颜色为绿色，中景颜色可以加上棕色、紫色、粉色，以便进行块面的区分。故事创编是在主题画的基础上把画面分成几个小块，用于表达故事，所以需要统一画面色彩、色调。图 2-51 至图 2-54 为整体上色的学生作品。

图 2-51　学生作品 1（王子萌）　　　　　　图 2-52　学生作品 2（古春华）

图 2-53　学生作品 3（章忆瑶）　　　　　　图 2-54　学生作品 4（陈慧滢）

　　简笔画主题画上色的规律表现为以下几个方面。①上色从浅色到深色，先上浅色，然后逐渐过渡到深色，这样可以防止深色覆盖浅色。②找到大面积的色块涂色，先整体上同一种颜色。对于需要细致描绘的部分，如高光，可以使用高光笔或留白的方式处理。③在选择颜色时，应考虑到颜色的搭配和画面的整体效果，避免使用过于冲突或刺眼的颜色进行组合，如大红色和草绿色。④正确使用对比色可以使画面更有活力，如蓝色和橙色、黄色和紫色都是常用的对比色。⑤适当地进行混色，可以创造出更丰富和复杂的色彩效果。例如，将红色和蓝色混合可以得到紫色。⑥光源的方向要统一，阴影部分使用比原有物体颜色更深的颜色，如小草的原色为草绿色，阴影部分宜选用深绿色，以便增加画面的层次感和光影效果。

练一练

1. 马克笔上色的基本上色技法练习。

2. 色彩调色练习。

第三章 学前幼儿美术教育

学习目标

知识目标： 能够认识幼儿美术教育对幼儿的重要性。认识美术作品欣赏、绘本故事、文化传承对提高幼儿美术能力的重要作用。

能力目标： 通过美术欣赏、绘本故事、文化传承等方面的知识延伸，设计出适合幼儿发展的美术课程。

情感目标： 提升自我审美情趣和艺术修养，理解并接受社会和文化传承观念，培养文化认同感。

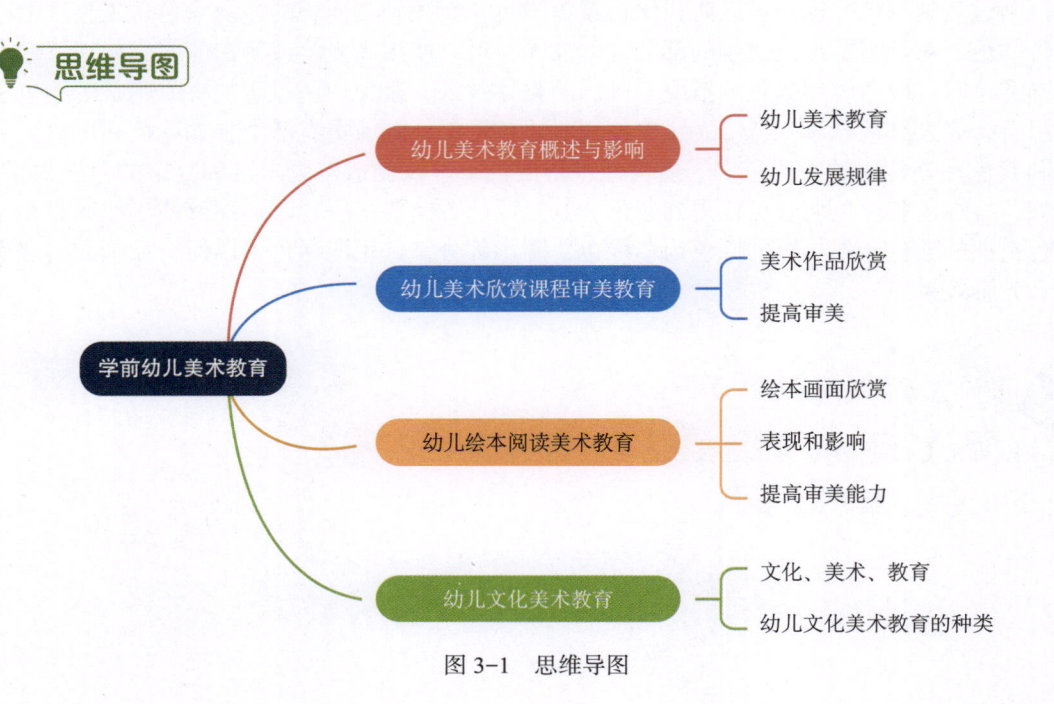

思维导图

学前幼儿美术教育
- 幼儿美术教育概述与影响
  - 幼儿美术教育
  - 幼儿发展规律
- 幼儿美术欣赏课程审美教育
  - 美术作品欣赏
  - 提高审美
- 幼儿绘本阅读美术教育
  - 绘本画面欣赏
  - 表现和影响
  - 提高审美能力
- 幼儿文化美术教育
  - 文化、美术、教育
  - 幼儿文化美术教育的种类

图 3-1　思维导图

第一节　幼儿美术教育概述与影响

幼儿美术教育指的是通过绘画、制作等美术活动和美术欣赏活动，让幼儿学习美术的基本原理和要素。随着时代的变迁，幼儿美术教育的目标从模仿发展到技能、从技能发展到内心感受、从表现画面感发展到表现情绪。幼儿美术教育是以幼儿感受为中心，强调使幼儿理解和应用美术本质的美术活动。

一、幼儿美术教育

（一）幼儿美术教育的内容

幼儿美术教育的内容不仅是社会背景和时代的价值观教育，还结合了多种美术教育理念，包括创意美术教育、多文化美术教育、DBAE（Discipline-Based Art Education，基于学科的艺术教育）、审美感觉美术教育、美术治疗等领域的拓展。

幼儿美术教育的内容包括美术绘画、美术作品制作、美术批评、美术史等部分。美术绘画方面涉及掌握绘图的技能及对图形的把握、对色彩上色和混色的色彩运用。美术作品制作的重要要素是操作材料的功能，感知形态的功能，在材料的范围内发现形态的功能，创造空间秩序和美的秩序、表现秩序的功能，等等。美术批评是对美术认识的活动，包括对美术作品的感受、作品形态的感知、把握美术作品的象征意义、把握作品的主题、理解作家的意图和材料的选择等。美术史是通过美术作品描写艺术家的努力和观点、理解文化的活动，要特别重视培养幼儿对美术史的认识。

（二）幼儿美术教育对幼儿成长的影响

幼儿美术教育对幼儿的成长是非常重要的。幼儿美术教育起到帮助幼儿表达想法和感情的作用。幼儿通过美术活动可以表达自己对周围世界的想法和感受，展现自己，并且更好地理解他人，还可以表现自己所看到、感受到的东西，进而感到快乐和满足。对幼儿来说，美术活动除了可以使其掌握美术技能和技术，还可以使其探索和体验审美对象的形态、颜色、形状、线条、质感等美术要素。因此，为幼儿提供能够表现自我、感受快乐和培养欣赏能力的美术教育，对幼儿的成长至关重要。

此外，幼儿美术教育的重要性还在于它有助于培养幼儿的潜能，有助于幼儿与周围世界建立和谐的关系，提高幼儿潜在的艺术感受能力，帮助幼儿美化自己的生活，提高表达能力。回看传统的整齐划一的幼儿美术教育方法，当前更应该为幼儿提供展现个性和能力的机会。

第一，幼儿美术教育可以增进幼儿对美术的理解，提高幼儿的欣赏能力。幼儿通过美术活动理解美术要素，体验美丽、探索美丽，培养审美能力。让幼儿探索作品的视觉特征、基本图形、色彩的细节描写，以及与美术活动主题相关的审美表现要素。第二，幼儿美术教育可以发展幼儿的情绪。幼儿美术教育通过各种材料和媒介积累经验，使幼儿能够自然地表达情感。第三，幼儿美术教育可以提高幼儿的社会性。幼儿通过美术活动学习怎样与他人相处，增进其社会性。幼儿一边画画，一边分享美术材料和工具及互相帮助、合作，能够促进其社会性的发展。合作性的美术活动还可以帮助幼儿建立规则和顺序。第四，美术教育可以提高幼儿解决问题的能力，为幼儿提供决策的机会。幼儿在参与美术活动的过程中，面对材料、颜色、大小、形态等表现元素时，会选择并决定如何处理，在这个过程中他们会遇到一些问题，进而有机会掌握解决问题的方法。第五，幼儿美术教育可以给幼儿提供运动和培养调节能力的机会。通过美术活动中的绘画、制作、撕扯、粘贴等行为操作活动，提高眼睛和手的协调能力。此外，手的来回反复运动技能也是身体和大脑的整合，有利于身体机能的提高。第六，幼儿美术教育有助于幼儿的创意性思考。在进行美术活动的过程中，幼儿会提出并表达各种各样的想法，拥有多样的思考转换和创意性思考的机会。通过感觉探索对象的美术活动，能够引导幼儿尝试自己独特的表现方式，探索新的想法，增进创意性思考，让幼儿拥有自信心和成就感。

二、幼儿绘画的发展规律

（一）发展阶段

幼儿绘画的发展阶段分为涂鸦期（1～4岁）、象征期（4～5岁）、形象期（5～6岁）三个阶段。涂鸦期又分为四个阶段：① 1～1.5岁是无意识涂鸦阶段，画面表现为点和线杂乱交织，没有次序和规律，因为1岁的幼儿手部发育还没有完善，对手部精细动作控制不好，不能画出精细、流畅的图像，同时也不具备画具体事物的能力，所以画出来的图像就显得杂乱无章，并且经常会画到纸面外，或者有的线条混在一起，如图3-2所示。② 1.5～2岁是控制涂鸦阶段，如图3-3所示。控制涂鸦主要有两种表现形式：一种是左右地或上下地来回画重复重叠的线条，另一种是画重叠、圆滑的圆圈。根据儿童身体发展规律，1.5岁后，幼儿逐渐把肘和肩的动作进行整合，动作控制能力有所增强，之后随着运动能力的提高，幼儿腕部的控制能力有所提高。因此，幼儿往往是先画重复叠加的线

图3-2 无意识涂鸦作品（郭艺谦）　　　　　图3-3 控制涂鸦作品（郭艺谦）

条，再画圈。③幼儿从 2 岁开始可以画封闭圆，如图 3-4 所示。在 2 岁之前，幼儿虽然可以画连续不断的圆，但是这些圆都是没有封口的。2 岁以后，幼儿腕部的控制能力逐渐增强。与之前的重复涂鸦不同，通过绘画轨迹可以明显看出幼儿通过控制笔的运行来控制线条的走向。④ 2.5～4 岁是命名涂鸦阶段，如图 3-5 所示。在这一阶段，幼儿开始赋予涂鸦不同的含义，幼儿有了符号的思维，可以把符号和事物相结合。随着手部精细动作控制能力的增强，幼儿能够按照自己的意愿画出一些简单的图形，如圆、正方形、三角形等。在这一阶段，幼儿画的画虽然结构简单，但幼儿能够根据图形的特点从多个角度解释内容，因此，在这一阶段，幼儿赋予图形的含义有着很强的随意性。另外，幼儿的想象力和语言表达能力有所提高。

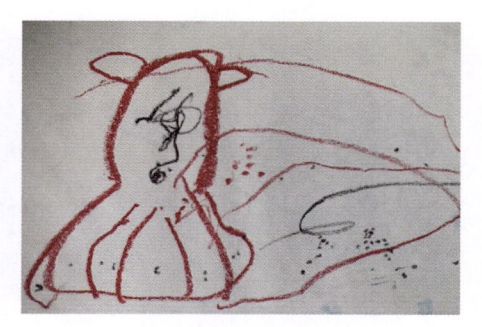

图 3-4 封闭圆作品（郭艺谦）　　图 3-5 命名涂鸦作品（郭艺谦）

（二）适应课程指导

幼儿美术教育课程根据美术课程目标侧重点可以分为表现技能美术教育、创意中心美术教育、理解中心美术教育（问题中心美术教育）、理解中心美术教育（美术学为基础的美术教育）和审美中心美术教育。因此，侧重点不同的幼儿美术教育在目的、内容和特征上也有相应的指导参考，见表 3-1。

表 3-1 幼儿美术教育各课程指导参考

幼儿美术教育课程	目的	内容	特征
表现技能美术教育	提高社会需要的美术表现能力	在学校教美术的反复训练教育	比起独特的表达方式，更强调基础表达功能
创意中心美术教育	通过美术来培养创造力	1. 引入以儿童为中心的教育思想 2. 心理学的发展	重视表现过程
理解中心美术教育（问题中心美术教育）	培养在循环活动和思考过程中自己解决问题的综合能力	1. 象征性的象征 2. 记录作业 3. 项目接近法	1. 发掘性教育课程 2. 象征画周期的循环利用 3. 强调社会相互作用
理解中心美术教育（美术学为基础的美术教育）	幼儿美术教育应该恢复与其他课程的固有的阅读性	1. 美学 2. 作品制作 3. 美术史 4. 美术批评	1. 美术史与美术批评等美术教育内容进一步拓展 2. 理解与感想中心

续表

幼儿美术教育课程	目的	内容	特征
审美中心美术教育	成为理性与感性丰富、和谐又均衡的人	美的体验，即通过直接参与多种活动来感知、感受、理解并内在化的教育	从自然、日常事务中发现美丽而珍贵的价值，并将其表现为审美艺术

幼儿美术教育课程设计要顺应幼儿的身心发展规律，结合幼儿各个年龄段的特点，开展适合幼儿的美术活动。课程内容应注重幼儿美术教育各方面内容的均衡，以促进幼儿各方面能力的协调发展。

想一想

1. 幼儿美术教育对幼儿成长的重要性表现在哪些方面？
2. 概括并分析幼儿各年龄段适合怎样的美术课程，课程特点有哪些。

第二节 幼儿美术欣赏课程审美教育

幼儿美术教育活动可分为美术欣赏活动和创作活动。通过美术欣赏活动，可以使幼儿理解、欣赏作品的思想，表达艺术感情，提高审美能力。人们将幼儿对美术的认识通过视觉传达给美术作品的行为称为幼儿美术欣赏，也是幼儿对视觉进行探索的行为。

一、美术作品欣赏

通过美术作品欣赏，培养幼儿的欣赏能力，以激发创意性思考、培养想象力为目标。美术欣赏的范围包括建筑物、自然景物、文化遗产、美术作品等。美术欣赏是美术教育的第一步，在美术课程中，有必要探索作品的历史、文化价值或特殊技法，并将这些运用到美术课程中。优秀的美术作品具有特别的价值和意义，例如，草间弥生（Yayoi Kusama）的作品将圆点图案应用于服装和产品的设计，如果对草间弥生的作品有所理解，就会与产品的心理体验产生关联性，明白作品的意义。

（一）课程目标

美术欣赏课程的目标是将焦点放在作品欣赏的视觉体验上，引导幼儿学习感情的体验和技术，培养幼儿的综合能力。幼儿美术欣赏课程的目标可以分为认知目标、感情目标、技能目标、创意性目标和审美目标。根据不同年龄段幼儿的大脑发育特性，构建多样的学习内容，通过欣赏美术作品实现美术教育的目标，如表 3-2 所示。

表 3-2　各年龄段幼儿通过欣赏美术作品达到的目标参考

年龄	认知目标	感情目标	技能目标	创意性目标	审美目标
3～4 岁	在艺术作品中体验画面美，提升集中力	1. 对作品有自己的感情，欣赏作品后可以表达感情 2. 把喜欢的东西和艺术作品联系起来思考	1. 训练观察能力，用颜料和毛笔表现色彩的能力 2. 可以独立完成涂鸦作品	模仿美术作品的绘画方式，表现自己喜欢的东西	引出意义，产生积极、愉快的兴趣
4～5 岁	1. 通过欣赏作品，了解作品的主题和基本内容 2. 了解作品的创作背景	1. 在作品中体验线条、形状、颜色、质感 2. 通过鉴赏，产生与作品表现一致的感受 3. 让幼儿感受到熟悉	1. 学习构成技术，培养色彩感知能力，使用多种材料制作作品 2. 熟悉结构，体验作品的对称、均衡及节奏	以美术作品为基础创作作品，利用创作的新作品，刺激表现力和创造力	能做出美的判断，并能与他人交流自己对美的体验
5～6 岁	1. 通过鉴赏，了解作品的形态、色彩、结构等美术要素 2. 理解作品的表现技法、艺术风格、创作意图 3. 了解作品的艺术背景和作家的背景，了解同一系列的作品	1. 对美术作品产生兴趣，可以表达对作品的感情 2. 通过欣赏产生与作品表现出的主题内容一致的感受	1. 学习构成技术，培养色彩一致能力、造型能力 2. 学习独立使用基本要素、运用主题构成立体画面的方法	以美术作品为基础创作作品，利用美术作品的 IP 创作新作品，培养实践能力，刺激想象力	能把美的事物与自己的生活相关联

（二）课程构成

幼儿美术欣赏课程要达到如表 3-2 所示的目标，需要进行课程设计，制定幼儿美术活动的实施方案和组织方案。幼儿美术教师在灵活进行作品欣赏的过程中，要根据方向、题目和活动关联三个方面构成课程，如表 3-3 所示。

表 3-3　欣赏课程的构成指导要素参考

方向	题目	活动关联
观察和描写	1. 对事物和知识的反应 2. 对作品意义的说明 3. 对整部作品的说明 4. 对作品内容的说明	给人的印象和感觉
作品所表现出来的主题内容	1. 对作品主题和内容的理解 2. 对作品故事内容的想象 3. 想象有关人和事物的主题 4. 对主题的喜好程度	形式关系

43

续表

方向	题目	活动关联
感觉作品的氛围	1. 和作品的氛围相协调的想象 2. 说明作品带来的氛围和感觉 3. 描写作品的时代性感觉 4. 对作品现场经验的说明	控制感情
对作品的态度	1. 比较同一系列的作品 2. 作品的作者及有关作品的说明 3. 对作品的关心与感谢 4. 对作品修改的补充说明	深厚的感情
美术要素	1. 对作品色彩的说明 2. 对作品形态的说明 3. 对作品质感效果的说明 4. 对作品结构的说明	构想
材料和技法	1. 作业材料分析 2. 对作品绘画技法的理解 3. 材料替代概念的可行性分析 4. 技术变更可能性分析	表现

二、提高审美

（一）审美教育

幼儿美术欣赏课程对幼儿最直接的影响表现为审美的提高。美术活动的审美教育是近代学前教育所追求的、以幼儿为中心、以审美和感性为目的的教育。幼儿美术教育以美的事物和作品为媒介，通过学习感受到内在的审美体验。从这一点来看，幼儿美术教育具有审美教育的意义，同时，幼儿的感性和理性的平衡需要审美。幼儿审美教育是一种对美的探索，对美的事物感兴趣，不同于以表现为中心的美术教育，它强调美术教育的结果。

在关于美的教育中，审美是理性与感性的均衡统一。审美真正的自由状态是在理性和感觉的美中找到理想、完整的美。幼儿审美教育的方向，应该追求不与现实妥协的美，幼儿应该形成对美的认识。随着幼儿对主题的体验越发丰富，幼儿的满足感得到提升，在这个过程中，幼儿可以通过感受和理解快乐来提高审美能力。

（二）审美提高

幼儿提高审美可以通过美术欣赏来完成。幼儿周围的所有事物、自然现象等都是能够用于美术活动的素材。探索视觉审美不仅可以让幼儿的日常生活变得美好，还可以让幼儿发现美的价值。即审美提高在幼儿美术教育中是通过眼睛和心灵，从理性和感性的角度进行观察的。例如，幼儿欣赏了多种树叶后，可以说出树叶的颜色和形状，同时，这些树叶给幼儿带来了美感的珍贵体验，可以让幼儿把自己认为的美和视觉观察到的理性概念结合起来，构成一种平衡体验。在审美活动中，幼儿观察红色枫叶和黄色银杏叶，知道自然物生长的规律和本质，是幼儿获得真正美的体验过程。幼儿通过不同的理解和感受美的体验，逐渐提升自己的审美能力。相比于直接把作品欣赏经验以语言的形式讲述给幼儿听，引导其培养美的眼光、感性认识中的想法和自我感受的体验显然更具有提高幼儿审美能力的作用。

利用审美方法进行美术教育，就像幼儿自发地学习说话一样，可通过日常生活或游戏，使其认识到自己所处的环境与美的事物相遇的过程。当与这种美相遇时，幼儿就会进行精神上的审美探索。主张对审美进行教与学的教育过程，要根据人的生长规律，从幼儿开始系统地培养审美能力。对名画绘画工艺、设计雕塑等的欣赏活动，对幼儿亲近社会行为及审美态度会产生积极影响。学前美术教师可以通过运用有趣的审美语言、审美道德教育、审美社会背景等知识，将具有沉浸感和愉悦有序性的审美学习体验融入幼儿的想象力和审美语言中，例如，可以用游戏的方式让幼儿体验审美情绪。通过想象和隐喻丰富的抒情叙事、审美影像和媒体教学进行审美教学，引导幼儿摆脱熟悉的固定环境，形成对周围环境另眼相看的审美态度，使幼儿产生审美兴趣和自发参与性。

想一想

1. 幼儿美术欣赏课程除了可以提高幼儿的审美能力，还会对幼儿的成长产生哪些作用？

2. 通过名画欣赏的审美方法，说明各年龄段的幼儿适合怎样的名画欣赏。举例说明哪个年龄段的幼儿适合哪幅画或者哪些类型的名画作品，根据什么来选择这些名画作品。

第三节　幼儿绘本阅读美术教育

幼儿绘本是用文字和画面表现的艺术，是文学和美术相融合的艺术形式。绘本内容由空间、形状、颜色、格局和远近、质感等美术元素构成，绘本本身就是一种创意性的产物。绘本的主要用途是对幼儿语言发展产生影响。从幼儿个人角度出发，活用绘本是通过幼儿艺术教育活动创造出新的适合幼儿美术发展的能力。

一、绘本画面欣赏

幼儿通过看绘本中的画面，理解画面的内容和美术作品的表现技法。幼儿在理解和熟悉绘画所表现出来的美的要素时，通常会积极地将这些要素运用到自己的美术活动中，并通过绘画、制作、装饰等美术活动来表现自己的想法和感觉。幼儿还可以一边看有故事的画面，一边体验审美感受和视觉上的快乐。特别是对于文字和语言还不熟悉的幼儿，绘本可以成为有效传达文学信息的媒介。

(一) 绘本画面

绘本中的画面、图片欣赏也可以作为幼儿欣赏教育的启蒙。美术欣赏阶段由记述、分析、解释、判断的欣赏过程组成，通过对此的欣赏态度形成审美态度。在绘本欣赏过程中，比起学前美术教师让幼儿看作品但不提问或即兴提问，提前想好如何提问可以帮助幼儿理解画面内容，通过绘本画面欣赏活动培养幼儿的审美态度。相比毫无标准的自我欣赏，好的提问方式可以让幼儿很快融入画面，更能激发幼儿的兴趣。利用绘本进行作品欣赏，不仅可以提高幼儿的审美能力，还有助于进行审美态度的指导。从以下四个方面审视绘本所带来的作品欣赏，能培养幼儿的审美能力。第一，绘本的表现结构，正面封面和背面封面是激发幼儿兴趣的欣赏图案；第二，绘本中的画面、表现的素材技法、颜色和文字形态、纸质也是欣赏的对象；第三，绘本中的图片从美术方面寻找内容的意义，可以引导幼儿参与社会活动；第四，通过欣赏绘本中的画面可以进一步思考哲学、社会学、生理学、心理学等领域的动向和价值观。从这个角度来看绘本，当幼儿将绘本画面欣赏当成美术作品欣赏时，不只是单纯的教诲或知识的传达，而是融入了艺术性和审美感，从而可以有效地培养幼儿的审美能力。

(二) 绘本观察

学前美术教师可以通过互动提问，阶段性地让幼儿学习观察的方法。绘本画面欣赏阶段性模型如表3-4所示。

表3-4 绘本画面欣赏阶段性模型

阶段	定义	学前美术教师的语言互动
技术决定	仔细观察作品后，按照幼儿在作品中所看到的进行罗列	把看到的画面说出来吧
分析决定	思考绘本画面中出现的特性关系，集中于颜色、线条的运动、节奏、模式等，讲述它们是如何组织的。如果在讲述中把形状或运动看作一个个体，那么在这里就可以看到形状的对比和搭配，或者颜色和颜色的协调，或者种类均衡和不均衡。分析形体和质感差异等美术要素	在这幅画中，你能看到什么颜色 最亮的部分和最暗的部分分别是哪里 线和线相遇后，成了什么样子 制作的形状和大小有什么不同 看起来最近的和看起来最远的分别是什么
解释	讲述作品传达的信息、感觉、印象，发现美的对象的特征和意义。理解画面的价值，对幼儿的提问是开放式的，幼儿可以自由地说出自己的想法	看到这幅画，你想起了什么 现在是一天中的什么时间呢 如果你进入这幅画，你想做什么 这幅画主要用的是什么颜色；给你什么感觉 看到这些线的形状是什么感觉
判断	让幼儿对作品提出个人批评，并且把自己的经验和美术联系起来，帮助幼儿理解美术的过程	你喜欢这幅画吗 你想在这幅画上画什么 如果你把这幅画挂在家里，你想挂在哪个位置

利用绘本画面，可以培养幼儿的美术欣赏能力和美术表现能力。利用绘本进行审美提高教育的目的是关注美、享受对美的探索。第一，培养幼儿关注周围事物和自然世界中的美丽事物，并进行探索和欣赏的能力；第二，培养幼儿自由表述想法和感觉的能力；第三，培养幼儿以更美的视角看待世界的审美倾向。

二、表现和影响

（一）元素表现

绘本中美的要素指线条、颜色、空间、形状、手感、构图等。线条通过形状和轮廓来体现事物的特性，这是因为在阅读绘本的时候，幼儿可以观察到线条的粗细、明暗、形状。颜色是塑造绘本故事和感觉的重要因素，如果颜色被过于强调或不恰当，就不能明确地向幼儿传达画面的意义。绘本中的红色和黄色会给幼儿温暖的感觉，蓝色和草绿色对幼儿来说不仅意味着凉爽或寒冷，还意味着稳定和安静。因此，幼儿并不是只喜欢明亮的颜色，绘本画面的颜色会引起幼儿的情绪反应。如果绘本中有很多空白的空间，幼儿的视线就会向周围的事物倾斜。空白的空间过大会让幼儿产生孤独、被孤立的感觉，空白的空间过小则会让幼儿感到混乱、恐惧。画面的空间构成，会赋予事物多样的意义。形状在绘本中可以表现画面的单纯和复杂、朴素和华丽、具象性和抽象性等，形状和绘本中的故事是协调的，表现内容的环境和氛围，并向幼儿传达信息。手感是指绘本中能够让人感受到的表面特性，即幼儿用手触摸粗糙的纸张或布条等材质的表面结构时的感受。手感给人丰富的画面和视觉上的乐趣。构图与绘本中的文字和画面的构成及排列有关。根据绘本的性质，每一页的文字和画面都具有节奏感和统一感，空白的效果和整体的构图可以传达作者的意图和审美效果。这样，幼儿从视觉上体验和理解绘本中出现的线条、颜色、空间、形状、手感、构图等美的要素时，幼儿的美术表现力就会得到提高。

（二）内容表现

绘本必须适合幼儿的发展，能够让幼儿持续产生兴趣，有以生活主题为主的单一主题，如图3-6所示，具体如下：第一，绘本故事内容部分，选择主题明确、开头精彩、结局清晰且包含行动能力的绘本；第二，画面部分，选择图文并茂的绘本，画面用色形象生动，通过画面可以传达故事的概念或情节，丰富幼儿的非语言行为经验；第三，教育性部分，选择讲述善的、积极的内容，能带给幼儿深深的感动；第四，发展适合性部分，选择包含行动经验且适合幼儿发展的、可以轻易预测内容的绘本，各构成要素也应该适合幼儿的发展。学前美术教师在选择绘本时，要找到一个推荐阅读的理由，这样才可以达到教学目标。学前美术教师的绘本推荐，可以很好地为建立美术教学活动作准备。

(a)   (b)   (c)

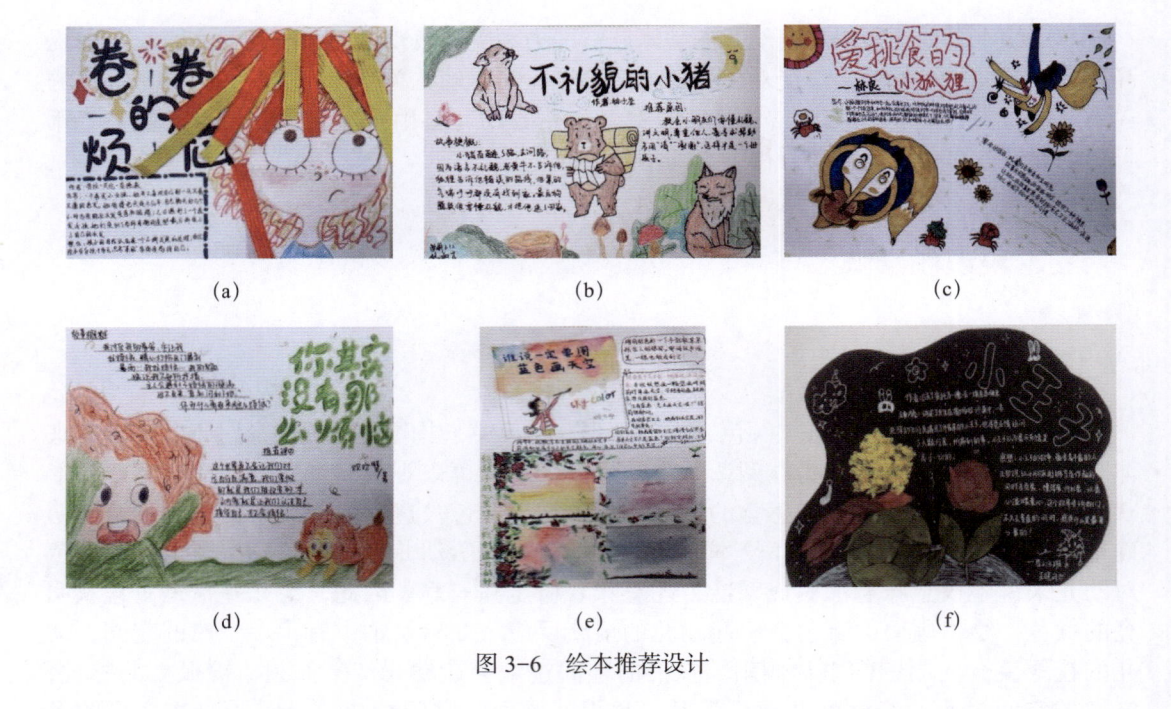

(d)   (e)   (f)

图 3-6　绘本推荐设计

（三）情感影响

绘本可以培养幼儿丰富的情感和美好的心灵，绘本中的人物形象对幼儿具有情感浸入及共鸣的作用。幼儿根据自己的经验形成体验，提高语言能力。学前美术教师可以让幼儿在自己感觉不到的记忆基础上，生动地回忆起绘本中那些幸福的记忆和经历。我们可以把绘本的纸张、色彩、材料作为一种表层美的认识，提供一种内在的视觉享受。深层美是由幼儿面对美的事物时的心理现象触发的。通过绘本得到的美的体验和认识是不同的，比如，食物在漂亮的碗里会让人感到一种美，但吃的体验获得的感受是不同的。如果食物是美味可口的，幼儿就会产生美的事物是美味的定论；相反，幼儿则会认为美的外表未必有美的本质。结合学前美术教学，学前美术教师不仅要让幼儿体会到绘本表层的美，还要通过将表层美转化成深层美的体验，使幼儿能够制作或绘出与这种美相关联的作品，这样的体验是有效的。

三、提高审美能力

（一）审美要素

我们还可以把绘本作为一种原型美学构成的雏形，结合审美经验和文学理解，对绘本中的形象进行想象和创新，构成审美要素。表 3-5 是通过绘本，从幼儿的心理要素、美学性要素、运用绘本的审美接近等方面形成的参考标准。

表 3-5　通过绘本的幼儿美术学习要素参考

心理要素	美学性要素	运用绘本的审美接近
表层美学	1. 表面装饰 2. 体验空间 3. 艺术形式美和古典美 4. 审美理解和判断	1. 构建元素：线条、空间、形状、颜色 2. 有意义的要素、主题、登场人物 3. 艺术样式、再现主义、表现主义、印象主义、民间画 4. 文字和图片背景、时空、叙述视角 5. 制作线条清晰、有节制的卡通图像 6. 让人预想到简单故事的发展
深层美学	1. 个人的主观意识和审美意识 2. 痛快和不快感 3. 美的体验	1. 个人对画册的主观感受 2. 快乐、好奇心、投入与集中 3. 映照感情的镜子
崇高美学	对所有审美过程的认识	1. 商品意识形态、金钱等 2. 亲近自然、超乎想象的力量、超越日常的行为 3. 日常内在的人性 4. 幼儿对约定的事情表现出坚定的信赖，并遵守约定，打开希望世界的大门
认识美学	学习知识的概念和结构	1. 提供教育知识概念性词汇信息 2. 幼儿在掌握概念或知识时，会有行为上的表现，如喜悦、双手合十、弯腰等
原型美学	1. 人的内在价值 2. 原始的情绪 3. 集体无意识	1. 神话原型形象 2. 鸽子的形象具有和平的代表性

（二）审美探索

阅读绘本能让幼儿提高美术审美，实现美术教育的目标。幼儿阅读绘本建立在对绘本的文字、画面的意义，对故事内容的推论、想象、感受的基础上，探索幼儿美术教育的相关联系，形成正确的审美态度。学前美术教师要以引入、开展、结束为时间轴，结合幼儿心理发展的过程、特点，展开活动指导的内容，如表 3-6 所示。

表 3-6　幼儿阅读绘本的审美探索指导

阅读绘本的过程			审美探索与阅读绘本的相互作用
引入	探索画	预测	通过画面预测内容或提供背景信息 看了画面之后思考为什么会那样
		经验联系	将封面上的图片或题目与幼儿的经历联系起来 你去过这里吗；你像这个孩子那样做过吗
开展	看图感想	发现心理性要素	在阅读内容之前，一边观看画面，一边仔细观察点线型、颜色、空间强调、明暗质感、动作表情等要素 仔细看看这个孩子的脸，你发现了什么
	看图感想	欣赏心理性要素	通过美的要素将词典知识和经验联系起来，解释画面的意义。通过出场人物的行动、表情等视觉线索，解释画的意义，并相互作用 为什么将眼睛画得很大呢

续表

阅读绘本的过程			审美探索与阅读绘本的相互作用
开展	说话理解	意义解释	读绘本上的文字,将文字与画面连接起来,找出意义。让预想登场、人物入场(行动的原因和结果的推理过程相互作用) 他跟你说了什么;为什么要跟你说话
结束	心理性讨论	评价	阅读完毕后,理解综合、推论、批评、想象、感觉、感情、想象的意义。下面预测一下可能展开的内容 玩什么游戏;进行什么美术活动呢

幼儿时期是美的感受最丰富的时期,绘本的审美活动对学前美术教师和幼儿都是有意义的。用色彩和形态打开幼儿所有的感觉,接触新世界的审美探索,能够带来对学习本身的投入,帮助幼儿激发兴趣并探索学习的动力,在这些点上,绘本具有重要的意义。特别是在绘本中探索模样、节奏、图案、动作协调等美术要素的幼儿,体验了自然及周边事物的美,不仅仅是单纯的体验,同时也是具有艺术价值的探索过程。这样的知识活动的积累有助于拓宽幼儿对世界的认识。另外,在幼儿时期,绘本可以成为共享独特知觉世界的体验,提供审美知识,具有内化工作的学前教育意义。

(三)审美互动

阅读绘本时,学前美术教师需要通过阅读审美互动要素,来激发幼儿的感觉和能力。学前美术教师要掌握问题所对应的幼儿发展能力的方向性,也就是问题所需要达到的教学目标。利用幼儿的经验,让阅读绘本变得有效。在拿起绘本的同时,通过问题关注绘本各方面的内容,获得生活体验,使自己的经验得以重新构建,从而对幼儿的发展产生积极影响。利用提问使幼儿可以自然地谈论绘本,从建构主义的角度出发,重视幼儿的能动性。在审美上,在阅读绘本时,不仅要让幼儿接受用语的抽象概念,还要接受由对象或指示物联想到的个人回忆、感受、想象、情感、推论等广泛的要素。也就是说,幼儿把注意力集中在自己的内部,关注实际阅读、提问过程中发生的认知个人经验。学前美术教师在阅读绘本时,不是关注信息提取问题,而是关注幼儿能力问题,让幼儿喜欢阅读、交谈。可以看出,与分析性阅读绘本相比,经验性提问阅读绘本更多地体现了对人物和事件的情感交流,幼儿更快地接受了故事中的构成要素、包含的信息,幼儿的故事构成能力也得到了提高。与直接询问幼儿感觉的绘本阅读相比,信息提取式绘本阅读更能表现出幼儿的理解水平。学前美术教师以这些绘本的内容为基础,进行推论想象,引导情感和感觉,达成幼儿的能力目标。表 3-7 是绘本阅读提问互动要素示例参考。

表 3-7 绘本阅读提问互动要素示例参考

幼儿能力目标	绘本阅读提问示例
回忆经验	你知道和这本绘本上的故事相似的故事吗 你经历过类似这个故事的事情吗
推测	封面是什么内容呢 这本绘本讲述的是什么有趣的故事

续表

幼儿能力目标	绘本阅读提问示例
表现令人印象深刻的部分	最有趣的、想记住的部分是哪里
想象和假设	如果是你，你会怎么做 想想还有没有其他办法
投入感情	他的心情是怎样的呢
推论	为什么会发生这种事 为什么那么说呢
猜测图像	你觉得作者为什么这么画 为什么把这部分画成这样的形状和颜色
谈论感觉	你能说说听了故事后的感觉吗 这个故事怎么样

利用绘本探索基本课程体系，从审美的角度来审视学前美术教学方法。引导幼儿进行审美的探索、操作和表现是必要的，能唤醒幼儿的视觉、听觉、嗅觉、触觉等多种感觉，拓展表现活动，丰富审美能力的表现。因此，利用绘本进行审美活动的目的，是将其作为审美教育的学习工具，探索如何积极表现幼儿所想所感的方法，并应用到幼儿教育实践中。

（四）情感和价值

幼儿美术表现不是单纯为了学习美术技术，而是帮助幼儿表达出愉快的情感。比起作品完成结果，过程中出现的审美表现更重要。幼儿美术表现需要以具体的经验和活动为基础，鼓励幼儿加强记忆、提供信息、有组织地观察周围的环境和事物，从而扩展视觉探索。发展理论认为，幼儿天生具有美术绘画能力，在出生至成长过程中自然会产生大脑画面和手部协调的传导能力，可以认知、解说自己的绘画内容。知觉理论认为，幼儿不是通过听或想来画所知道的东西，而是看到什么画什么，无法把对事物整体的知觉有序组合起来。幼儿在画人物初期，画的是没有身体、只有头和腿的"蝌蚪人"，这是因为幼儿的知觉分化不出来。精神分析理论认为，幼儿的绘画描绘的是情绪或情感性格的无意识的世界，幼儿的美术表现受情绪或心理的影响较大，即绘画时根据主题的大小、位置、方向进行审美解释。利用幼儿容易接触到的绘本进行美术活动，是让幼儿间接体验日常生活中难以直接接触到的丰富的生活面貌，这是支持处于操作期的幼儿进行有效发展的学习方法。

绘本阅读对幼儿能力的发展具有重要价值。喜欢美术活动的幼儿在通过看绘本进行美术活动时，会画出更有创意的画。利用绘本进行美术活动的学前美术教育对幼儿的图形创意性和身体创意性有积极影响。身体创意性指身体流畅性、身体灵活性、身体独创性、身体想象力。从共鸣能力、想象力、自尊感、创意性、认知能力发展、审美性的角度来看，绘本对幼儿发展有积极作用。第一，绘本能培养幼儿的共情能力。幼儿和主人公共情，了解主人公的感觉和情绪，通过一起解决主人公遇到的问题的过程产生共鸣。幼儿将自己和主人公等同，通过喜悦、悲伤、恐惧、愤怒等多样的情绪获得经验。第二，绘本能激发幼儿的想象力。绘本中的要素会激发幼儿的好奇心，引导幼儿用与以前不同的新方法思考自然、人及社会。特别是主人公不是人类，而是超现实的、会说话的动物或微生物，更容易刺激幼儿的想象力。幻想要素虽然是虚构的，但因为是以幼儿的现实为基础，所以能够给人感动和喜悦，使幼儿的想象力更加丰富。第三，绘本有助于幼儿形成自尊感。幼儿会认为自己处于类似主人公的位置，让自己处于一个较高的主张地位，提升自尊感。再加上通过主人公经历的喜怒哀乐、问题状况、问题解决的间接经验，幼儿能够得到心灵的安慰，更好地理解现实世界。第四，绘本能提高幼儿的创意性。幼儿采用自己独特的创意、超出现有的思维方式解决问题，阅读绘本可以通过想象表现为图像思维的创意性。第五，绘本有助于幼儿认知能力的发展。幼儿通过了解绘本中的活动，可以推论和组织新的故事，学习不同的文化，增加知识，促进认知发展。第六，绘本可以增进幼儿的审美性。通过绘本中多样的美术表现样式，幼儿可以获得审美经验，有助于培养审美鉴赏能力，提高幼儿的表现欲望。由此可见，绘本通过给幼儿提供文学、美术经验，培养幼儿的共情能力，激发幼儿的想象力，同时提高幼儿的自尊感，有助于幼儿的创意性和认知力、审美性的发展，对幼儿具有较高的教育价值。

想一想

1. 绘本的运用应放在学前美术教学中的哪个环节？
2. 整理适合不同年龄段美术教学的绘本故事。

第四节 幼儿文化美术教育

对文化美术教育的理解，可以认为是在"美术教育"上加上"文化"一词。文化和美术的合成词包含了文化教育和美术教育的目标和内容。什么是文化美术教育？它和现有的美术教育有什么不同？文化和美术在现在生活中是如何被理解和运用的？掌握文化、美术、教育的概念及三者之间的关系，既能拓宽文化美术教育领域的概念，也能认知文化美术教育所具有的多样的社会功能。

一、文化、美术、教育

（一）文化

具有文化是人类区别于其他动物的最重要的特征之一。我们通常使用的"文化"一词源于英语的"Culture"或德语的"Kultur"。起初，文化主要与作物或动物等一起出现，以自然为对象，如"耕种过程"的概念，后来衍化为"创造价值"的概念，之后逐步上升到民族或社会的精神、艺术表现。文化一般是一个社会的主要行动方式或象征体系，在价值观、行动方式等社会背景的基础上产生和发展，因此，根据具有多种观点的理论基础，文化存在多种定义。文化是一个共同体、一个民族的自我表现，表现出一个民族的所有生活。因此，文化可以理解为人类生活的总体表现，是形成语言、神话、艺术、宗教、学问等的根据。威廉姆斯将文化分为三个范畴。第一个范畴用于文化的"知识、精神和审美启发的一般过程"。第二个范畴，文化被分类为"与一个人、时代或团体生活方式相关的东西"，包括教育程度、休闲、运动和宗教庆典，是一个全面的定义。第三个范畴是意义实践行为，是指"知识作品或实践行为，特别是艺术活动"。文化是将共同体的生活捆绑在一起的生活总体，可以说是整个社会的生活方式。这种文化的属性是由社会成员学习（Learned）、共享（Shared）、西格化（Patterned）、延续（Transmitted）下一代。因此，文化是通过语言这一媒介学习并在社会上共享的。

（二）概念

文化、美术、教育三者的关系。美术作为学习的一种方式，目的是形成文化教育。文化美术教育包括美术教育和文化教育两个概念。美术教育的目的是满足审美需求，可以培养美术绘画技能、审美情趣，此外还可以提高创意能力。文化教育就是认识我们生活中所接触到的文化价值，通过教育提高文化感性的同时激活文化素养。文化教育超越了学习知识的层面，是在全球文化时代背景下为实现多样文化间的沟通而进行的教育，是培养文化力量、使生活变得丰富的教育。因此，我们可以定义文化美术教育为：文化教育和美术教育在相互联系和互补的关系中产生，以美术教育为基础，通过美术教育对美感、修养和创意性进行培养，通过情绪修养，最终通过美术教育的价值，在社会文化中实现以提高所有人的文化生活质量和强化国家文化力量为目标的教育。

（三）目标

文化美术教育的主要目标是培养幼儿对美术作品中包含的自我、过去、现在及未来实体的知识和洞察力，从而理解个人多样的生活。学前美术教师应该把目标放在将幼儿制作的艺术作品中所包含的想法、他们生活的时代及不同的时代背景、他们生活的场所和在不同的场所制作的一些作品之间的关联性上，并将这些元素联系起来。美术作品虽然强调各自不同的表现和不同的形式，但具有我们的"生活表现"这一共同特征，可以通过美术活动来解释自己所经历的多样的生活。

幼儿文化美术教育的目标可以从以下三个方面定义。第一，对幼儿形成自我能力及社会沟通能力的开发。在文化中进行沟通，理解并形成自我。因此，文化美术教育通过文化美术活动，作为幼儿接受学习的基础，在理解文化领域的同时，培养并形成新文化的力量。第二，开发幼儿的创意性及培养解决问题的能力。文化美术教育的整合性、直接性、表现性等是能力提升的要素，适合提供培养幼儿创意性和问题解决能力的机会。第三，培养幼儿热爱文化美术的态度和修养。最重要的是通过有深度的文化艺术体验，理解文化艺术在人类生活中的作用和重要性，培养持续关心的态度。第四，对幼儿终身教育和职业规划能力的开发。未来的社会是终身学习的社会，在人的生命周期中，可以通过不断学习使自己的生活变得丰富多彩。幼儿文化美术教育应该为这种终身学习奠定文化艺术的基础。

因此，文化美术教育的目标是培养创意性、审美情绪，通过艺术对个人多样生活的理解，开发社会沟通能力及理解文化和批评文化的能力。

二、幼儿文化美术教育的种类

幼儿文化美术教育可以分为本土文化美术教育，传统文化美术教育和博物馆、美术馆文化美术教育。

（一）本土文化美术教育

本土文化美术教育相当于学校的文化美术教育，是指学龄前幼儿的保育设施和幼儿园的文化美术教育，是作为幼儿园教育过程的一环进行的，表明了与技术教育的差别。本土文化美术教育把居住地的人文地理、民俗习惯、社会作风等特有的文化风情引入幼儿文化美术教育活动中。例如，浙江省杭州市被称为"人间天堂"，特色的文化元素有茶文化、丝绸文化、篆刻文化、西湖文化等。美术活动可以根据文化元素展开。如表3-8所示，以丝绸文化作为本土幼儿文化美术教育案例，展开教学活动。

表3-8 丝绸文化幼儿美术课程教案

主题	丝绸的起源			
章节	第一节 丝绸的由来	适合年龄段	3～6岁	上课时间	60分钟
期待目标	1. 感知丝绸质感（轻、滑、薄） 2. 了解丝绸的原料是蚕宝宝吐的丝 3. 初步了解古代丝绸之路的文化历史故事 4. 表达对丝绸的兴趣，对丝绸的喜爱之情				
场所	教室				备注
准备材料	白卡纸、颜料、树叶、超轻黏土				
引入	1. 老师打招呼 2. 开始美术活动 3. 对此次美术活动进行说明 4. 制定要遵守的规则，开始活动				
阶段	欣赏视频和实物 1. 通过摸的方式感知丝绸的质感并表达自己的感受 2. 了解蚕宝宝的喂养知识和蚕宝宝的身体变化过程 3. 指导绘画表现方法：拓印、揉搓、粘贴 4. 基于对本土文化的了解，对丝绸由来的认识，对桑蚕成长演变的理解，通过将拓印工艺和超轻黏土相结合，自由地表现内心的情感 绘画练习 1. 根据老师的指导选择桑叶的颜色 2. 用拓印和揉搓的方法感受创作的乐趣。探索美术制作的表现方式				1. 多媒体应用 2. 结合拓印技能和黏土造型进行探索 3. 资料选择

续表

结束	1. 分享作品：别人对自己作品的评价 2. 预告：下次美术活动 3. 清理：向老师表示感谢；共同清理进行美术活动的场所	

（二）传统文化美术教育

中华传统文化是中华民族的生存方式和精神家园，中华文明源远流长，蕴育了中华民族的宝贵精神品格，培育了中国人民的崇高价值追求。通过幼儿美术教育，幼儿可以形成正确的世界观、人生观、价值观。在幼儿美术教学中，学前美术教师可以通过中国传统神话故事、精美作品欣赏、传统民间游戏等导入方式，让幼儿了解中国传统文化，学习传统工艺技能，进行美术教学活动。中国传统文化有剪纸、青花瓷、京剧脸谱等。青花瓷起源于唐代，是中国陶瓷发展较早的技术之一。如表3-9所示，运用青花瓷这一传统文化展开美术活动，让幼儿在美术活动中认识传统文化，对传统文化产生兴趣。

视频9

表3-9 青花瓷传统文化幼儿美术课程教案

主题	青花瓷的魅力				
章节	第一节 青花瓷的纹样	适合年龄段	5～6岁	上课时间	60分钟
期待目标	1. 认识青花瓷的历史和由来 2. 了解青花瓷的花纹，感受青花瓷的美 3. 用青花瓷元素制作创意性作品 4. 对青花瓷产生兴趣，培养对传统工艺的喜爱之情				
场所	教室			备注	
准备材料	废旧材料（一次性盘子、白色杯子等）、超轻黏土				
引入	1. 老师打招呼 2. 开始美术活动 3. 对此次美术活动进行说明 4. 制定要遵守的规则，开始活动				
阶段	欣赏视频和图片 1. 通过欣赏的方式感知青花瓷的图案、颜色的美 2. 用超轻黏土制作成青花瓷的图案 3. 指导表现方法：揉搓、粘贴 4. 对传统文化的认识，青花瓷上各种花纹的做法，有规律地装饰花纹和图案 制作练习 1. 根据老师的指导选择青花瓷的颜色——青色和白色 2. 用粘贴和揉搓的方法感受创作的乐趣。探索美术装饰制作的表现方式			1. 多媒体应用 2. 结合超轻黏土进行探索 3. 资料选择	

| 结束 | 1. 分享作品：别人对自己作品的评价
2. 预告：下次美术活动
3. 清理：向老师表示感谢；共同清理进行美术活动的场所 | |

以青花瓷传统文化为元素，在幼儿园里，可以设计多样的美术教学活动，建立传统文化活动区，让幼儿可以在该区域里探索传统文化的魅力。如图 3-7 所示是根据青花瓷完成的区域建设。传统文化对幼儿教育的意义表现在：第一，有助于中华民族文明历史的传承，启发幼儿的爱国情怀。中国传统文化所承载的道德观念和文化价值，对于幼儿的习惯培养、性格成长、道德品质的塑造具有重要的意义。此外，在传统文化的感染下，幼儿的身心会逐渐成熟，有利于幼儿养成良好的道德素质。第二，丰富幼儿的教育内容。随着中国的快速发展，传统文化也应不断地创新和优化，并与时代相互促进，共同发展。结合传统和现代文化的幼儿美术课程，可以指导幼儿的生活和成长，有利于幼儿养成长期学习的习惯。

(a)

(b)

(c)

(d)

图 3-7　青花瓷作品展示

（三）博物馆、美术馆文化美术教育

幼儿文化美术教育可以在博物馆、美术馆等场所进行。博物馆是存放一个国家的历史文物和记录文明发展的公共场所。其中，教育功能是博物馆最重要的功能之一。博物馆会举办一些教育活动，最常见的就是展览教育活动。美术馆展览的大多为艺术作品，如绘画作品、雕塑作品、多媒体作品、综合装置作品等。美术作品有传统大师作品和当代艺术家

作品,当代艺术展的内容以一种具有时代性、互动性、亲和力的方式展现。博物馆和美术馆的美术活动以欣赏、临摹、扩展的方式展开。最常见的方式是欣赏和临摹写生。第一个环节,学前美术教师组织幼儿进入馆内参观,结合每个馆的主题和内容,讲解适合幼儿理解的话题,在互动和交流中观察幼儿的兴趣爱好。第二个环节,学前美术教师对单个展品进行精细讲解,从形状、色彩、情感表达剖析展品的特点,引导幼儿进行临摹写生。在绘画过程中,学前美术教师要一步一步地对绘画过程进行分析,让幼儿找到创作的切入点。学前美术教师依次与每一个幼儿进行沟通,理解幼儿的想法并给予相应的指导。第三个环节,对幼儿的作品进行自评和互评,让幼儿表达内心的情感联系。扩展的形式分为馆内学习和馆外学习。学前美术教师可以联系博物馆和美术馆的工作人员,开展主题课程,如"小小考古学家""我是印刷师"等,让幼儿学习和理解过程制作的技能。学前美术教师可以把博物馆或美术馆作品作为元素,对课堂教学进行创意扩展。表 3-10 是以浙江省杭州市良渚博物馆为例做的课程设计——"良渚文化——五彩的陶罐",可以帮助学前美术教师更好地认识文化元素和创意绘画相结合的美术教学。

表 3-10 "良渚文化——五彩的陶罐"幼儿课程教案

主题	良渚文化——五彩的陶罐			
章节	第一节 良渚文化的风采	适合年龄段	5~6 岁	上课时间	90 分钟
期待 目标	1. 遵守博物馆的参观秩序,有序进行展品欣赏 2. 可以独立对展品进行评价,表达感受 3. 用展品作为元素绘制创意性作品 4. 培养对陶器的兴趣,以及对良渚文化的喜爱之情				
场所	教室			备注	
准备 材料	速写本、黑卡纸、蜡笔				
引入	1. 对博物馆的展品进行观摩和欣赏 2. 与老师和解说人员进行互动 3. 对此次美术活动进行说明 4. 制定要遵守的规则,开始活动				
阶段	开始创作 1. 找到一组具有代表性的展品 2. 根据对展品外型的观察,勾勒出展品的外形 3. 对展品上的图案、展品特点进行观察 4. 指导表现方法:勾、涂、画 5. 对良渚文化的认识,体会展品的美 制作练习 1. 根据老师的指导选择颜色 2. 用临摹写生加创作的方式感受绘画的乐趣。探索器形设计和纹样装饰的表现方式			1. 参观博物馆 2. 在博物馆资源中找到美术教学的内容 3. 展品元素的选择	
结束	1. 分享作品:自己对自己作品的评价和别人对自己作品的评价 2. 预告:下次美术活动 3. 清理:向老师表示感谢;共同清理进行美术活动的场所;有序离开博物馆				

此活动让大班阶段的幼儿体验，可以达到预期的目标和效果，图 3-8 为良渚博物馆幼儿学习活动现场照片，图 3-9 至图 3-11 为幼儿写生作品。

(a)　　　　　　　　　　　　　(b)

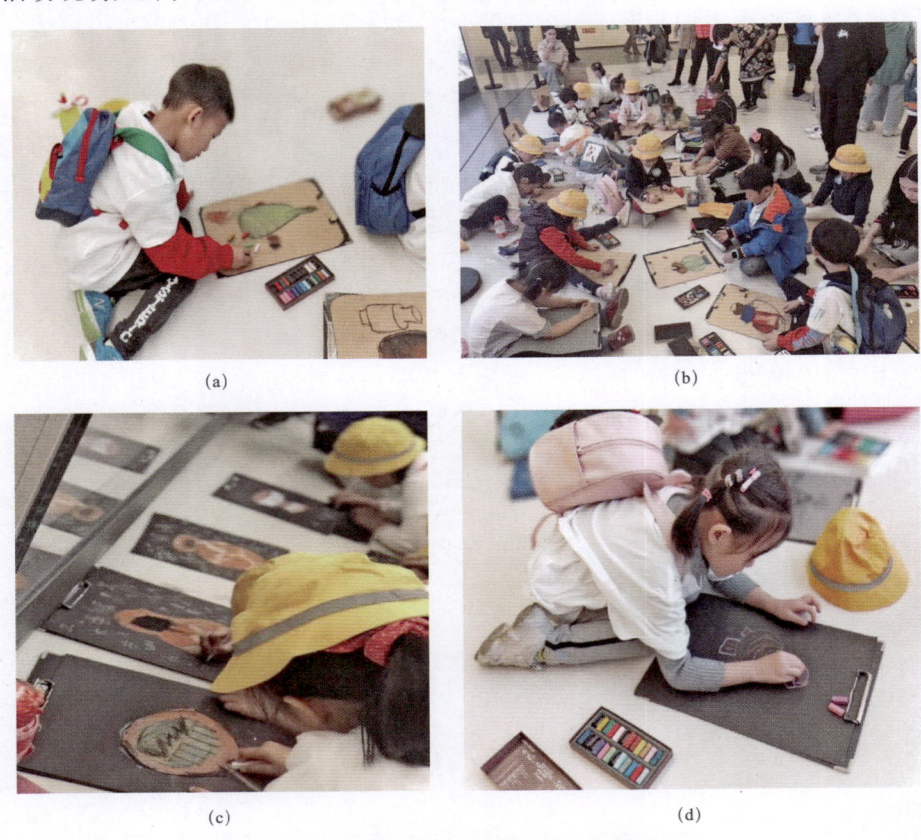

(c)　　　　　　　　　　　　　(d)

图 3-8　良渚博物馆幼儿学习活动现场照片

图 3-9　陶瓷写生作品 1　　　图 3-10　陶瓷写生作品 2　　　图 3-11　陶瓷写生作品 3
（赵晗程）　　　　　　　　（朱婧轩）　　　　　　　　（朱婧轩）

想一想

1. 传统文化对幼儿美术教育的发展有哪些影响？
2. 结合传统文化内容设计幼儿美术教育课程。

第四章 学前幼儿创意美术绘画教育

> **学习目标**
>
> **知识目标**：提高对幼儿创意能力的理解，正确认识创意美术的教育内容，了解提高创意的构成要素。
>
> **能力目标**：能独立设计创意性幼儿美术课程，熟练运用创意性能力测评表，学会对幼儿创意能力进行评价。
>
> **情感目标**：体会到提高幼儿创意能力的重要性，能主动探索创意性递增的方法。

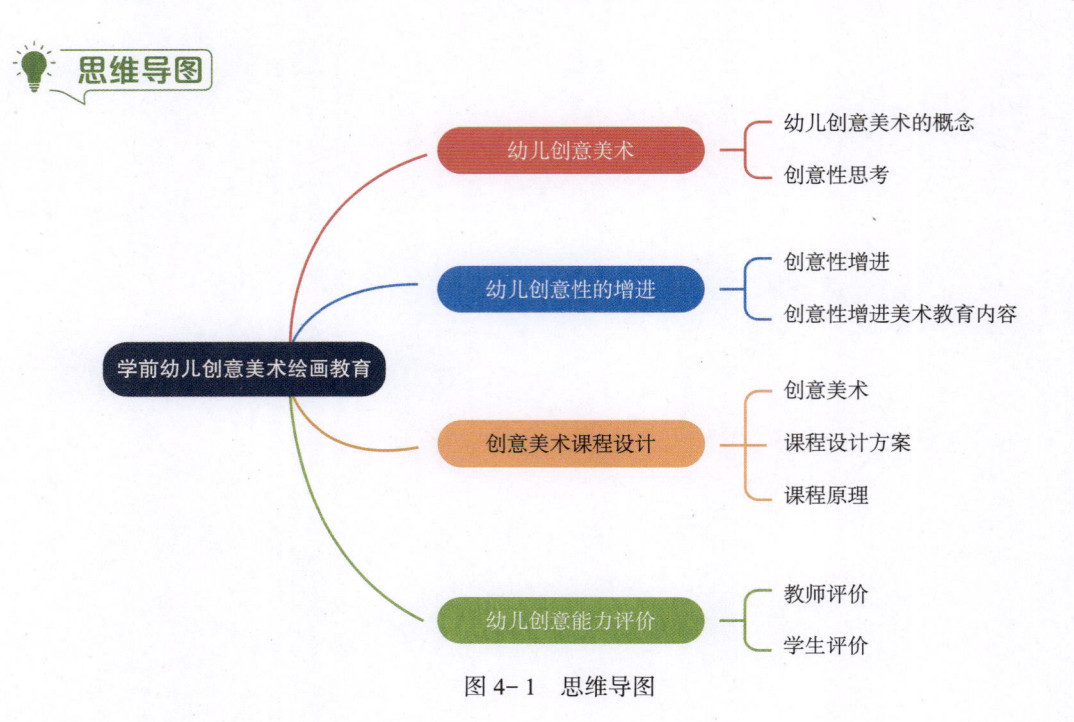

思维导图

学前幼儿创意美术绘画教育
- 幼儿创意美术
  - 幼儿创意美术的概念
  - 创意性思考
- 幼儿创意性的增进
  - 创意性增进
  - 创意性增进美术教育内容
- 创意美术课程设计
  - 创意美术
  - 课程设计方案
  - 课程原理
- 幼儿创意能力评价
  - 教师评价
  - 学生评价

图 4-1 思维导图

第一节 幼儿创意美术

幼儿美术教育可以提高幼儿的创意能力，为了长期维持和发展幼儿的创意性，应该在适当的时期对幼儿进行提高创意性的教育。幼儿美术教育对提高幼儿的欣赏能力和创意性思考能力起到积极的作用。

视频 10

一、幼儿创意美术的概念

幼儿创意美术是指幼儿通过美术活动，培养创意性思考能力，激发创造性思维，在美术活动中表现自己的创造力，做出创意性作品。霍华德·加德纳（Howard Gardner）在哈佛大学的零点项目中指出，幼儿具有更强的创意能力，幼儿的创意性一般在3~4岁时最强。

（一）培养创造力

在幼儿美术教育中，幼儿的创造力可以通过多种方法得到提高。第一，为幼儿提供舒适、自由的物质、精神环境。学前美术教师应为幼儿提供更多的时间和空间进行创作，不强迫幼儿尽快完成。另外，学前美术教师在整个美术教学过程中通过理解、尊重、肯定幼儿，营造安全的心理环境。在这样的环境下，幼儿会积极地表达自己多样的想法。第二，为幼儿提供丰富的材料。材料的多种使用方法可以提高幼儿的想象力和创造力。第三，美术教育活动要加入有趣的教育方法。游戏是幼儿最喜欢的活动之一，因此幼儿可以在游戏中表现创造力，并尽情发挥创造力。第四，肯定幼儿的新颖想法，并采用多样的评价方式。幼儿一旦感受到自己的作品得到了认可和尊重，就会更加积极地表现自己，从而培养创造力。

（二）构成要素

以美国心理学家吉尔福特（Guilford）的理论为基础，本书将创造力视为一种思考能力的创意性构成要素。评价创意性思考的因素包括流畅性、变通性、独创性和想象性四个方面。流畅性（Fluency）是指在特定的问题状况下，能够尽可能多地产生大量想法的思考能力。创意性思考的目的是产生具有独创性和高质量的想法，在思考过程中不设定思考的界限，有利于经历尽可能多地产生想法的阶段。理由是，在想要产生更多创意的过程中，很有可能会出现高质量的创意。变通性（Flexibility）是指打破固定的思考框架，转换想法本身，灵活应对的能力。打破固定的思考框架是开发创意性的第一步，是通过改变固定的思考方式或视角本身，找出多样的解决对策。例如，与其平凡地使用物品或事物，不如思考和讨论多种方式的用途。对画或小说的问题进行不同角度的解释，用不同的观点改变情况，用不同的立场思考问题，等等。自发性变通性（Spontaneous Flexibility）是摆脱观念和固执，产生多种想法的能力。适应性变通性（Adaptive Flexibility）是一种发挥灵活性的能力,作为促进解决非日常问题的因素,如果问题得不到解决,就向其他方向寻找突破口。独创性(Originality)是指对问题事态摆脱常规,产生独特、崭新想法的思考能力。独创性可以说是创意性思考的理想和最终目标。创造力是从摆脱现有的思考方式或解决他人问题的方式,创造出独立的想法中培养出来的。也就是说,独创性是一种摆脱传统,产生新颖独特想法的思考能力。它意味着非凡的思考,对事物和想法以独特的方式理解,以新的方式表现,即在听取别人的故事之后以完全不同的新的接近方式掌握问题。例如,喜欢追求新颖的回答而不是和谐的回答、追求与所有人的思考方式相反的方式的人就属于这种类型。想象性(Imagination)是指将没有经过推敲的现有想法发展成更加全面的思考功能。例如,具有想象性能力的幼儿会更加详细地完成自己的画作。另外,在想要做什么事情的时候,通过制造更详细的阶段来深刻地感知解决方法。我们可以通过观察幼儿的绘画作品,从流畅性、变通性、独创性、想象性四个方面来测试幼儿经过一段时间的创意性美术活动训练后,创意性思考能力是否有所提高(见表4-1)。

表4-1 创意性思考能力测评表

变量	题项	非常不同意	不同意	一般	同意	非常同意
流畅性	1. 该作品有更多的图形					
	2. 该作品无明显的构图错误					
	3. 该作品的色彩运用得当					
	4. 该作品逻辑清晰,修改较少					
	5. 表现主题内容清晰					
变通性	6. 该作品用不同寻常的方法来描绘					
	7. 对于绘画困难的地方,该作品会适当合理地更改表达方式					
	8. 该作品从不同的视角看问题					
	9. 该作品由基本图形(圆、三角形等)增添线条而来					
独创性	10. 该作品并未临摹其他绘画作品					
	11. 该作品线条大胆,画笔流畅					
	12. 该作品立意奇特、新颖					
	13. 该作品将已知的想法融入新形式					
	14. 该作品材料运用的丰富程度					
想象性	15. 该作品延伸或扩展出一个观点					
	16. 该作品画出了幼儿自己的想法					
	17. 该作品画面内容丰富,增加了许多细节					
	18. 该作品色彩鲜艳,所表达的感情强烈					

二、创意性思考

结构主义理论家皮亚杰认为,"创意性思考是解决问题的一种,与幼儿的思考过程一脉相通,探索材料、美术是开发创意性思考的最佳工具"。创意性思考的发展有以下四个核心:第一,创意性思考和幼儿文化环境之间有重要的联系;第二,创意性思考与他人或环境发生相互作用;第三,创意性思考将特定领域的工具作为媒介使用;第四,幼儿对文化的理解的全面性。因此,美术教育可以通过视觉上的想象和实际连接,开发创意性思考。创意性美术是幼儿美术活动中的创意和构思,是把重点放在创作上的一种幼儿美术活动。创意性美术从幼儿的经验开始,通过激发幼儿的知识、自我学习能力、好奇心、观察、记忆、客观性、毅力、集中力、持久力、忍耐力等,鼓励幼儿在美术活动中表达感情。与学前美术教师主导的教育法相比,选择幼儿中心教育法非常重要。创意性美术活动开发有助于幼儿智力的发展,培养想象力,激发创造力,发展认知和情感,帮助幼儿形成健康的人格,对于幼儿的思考发展和健康成长具有很大的意义。

? 想一想

1. 幼儿美术活动中的哪些要素可以有效提高幼儿的创意性思维?
2. 创意性思考的因素分为哪四个方面?

第二节 幼儿创意性的增进

创意性被定义为一种性格特性,也被认为是一种智力技能或解决问题的能力。创意性是由多种要素组成的整体,包括大脑、过程、联系、社会环境等,由个人能力、学习知识等形成。

一、创意性增进

(一)解决问题

创意性可以通过教育来培养。为了增进创意性,应该均衡地考虑创意性的认知、方向、环境等要素,当这些要素结合在一起时,可以有效地提高幼儿的创意性。创意的因素包括创意过程和解决彼此相互关系的主张,以及创意性记忆、计划、判断、推理等人类的认知过程及在美术活动中表现出来的自我表达能力。幼儿的创意性可以通过问题解决的训练、创意性剧情、语言训练、创作活动等方式增进，创意性训练的成功与否取决于幼儿美术教学中的学习方法。为了增进幼儿的创意性，应在美术活动中增加问题解决训练方法。创意性问题解决以培养解决问题能力为目的，可以从问题认识、问题掌握、问题设置、假设验证、接受解决和修正评价六个方面去设置美术活动。

（二）设计要点

为了增进幼儿的创意性，学前美术教师可以在活动中运用以下要点进行课程设计。第一，在创意性问题解决过程中，可以系统、广泛地使用扩散性思考和收敛性思考。幼儿在扩散思维活动中会有很多想法，学前美术教师引导幼儿在收敛思维活动中进行评价和总结，在完成扩散思维活动和收敛思维活动的同时，可以有效增进幼儿的创意性。活动实施的核心是先让个人或群体在特定情况下发现问题，收集信息之后明确具体问题，引出该问题的解决方案，通过个体创造性地解决问题的过程就是创意性获得的过程。第二，以问题为中心地学习教学方法。在复杂的情况下，提出非结构化的问题，并找出有意义的解决方法，同时教授知识和技能，用于解决问题。在幼儿美术教学中，可以提出与实际生活密切相关的问题，让幼儿自己找出有效的解决方法，这种以问题为中心的解决问题方式，有利于幼儿认识问题，形成多样的综合性观点，进而增进幼儿创意性思考的能力。第三，学前美术教师可以通过一般探索活动、集体训练活动、实际问题探索活动，为幼儿提供自行解决问题的机会。幼儿可以在与他人共享创意的过程中得到启发，学前美术教师积极开展能够交换创意的各种活动，可以最大限度地发挥幼儿的想象力，自由创作作品。第四，学前美术教师通过对知识、概念、练习进行总结，来解决新的问题。把直接实践和应用思考结合起来并综合运用，培养幼儿个体独特而自由的联想能力，帮助幼儿将训练过的创意性思考运用于具体的创意性制作应用中。第五，学前美术教师通过适用和评价，强调幼儿沟通、讨论、分享、讲述行为的共享过程及共同解决问题的沟通过程，为幼儿提供充分的创意设计、创意实现及过程共享的机会。

（三）思考方法

为使幼儿形成善于解决问题的能力，需要改变幼儿的思考方法。思考方法可以通过训练和练习形成，学会思考是解决问题的前提，因此，思考方法对幼儿创意性的增进非常重要。增进创意性是指幼儿可以用多种思考方法解决问题，激发幼儿的自发性和内在动机，从而表现出更多的想法和愿意尝试新事物的能动性。学前美术教师可以运用以下技法，结合美术教学唤起幼儿正确的思考行为和思考方法。第一，集体讨论法。这是一种多人一起讨论的思考方法，让幼儿在激烈的讨论中尽可能多地提出自己的想法。集体讨论法既能发挥集体的效果，又能打造自由且开放的思考氛围，在讨论者之间产生解决问题的连锁反应。第二，列举讨论法。以列举事物的形状、大小、颜色、特性等重要属性为中心，告诉幼儿名词的特性、形容词的特性、动词的特性，加强幼儿认识的全面性，引导幼儿有条理地进行分析，引出新的想法。第三，多方位思考法。引导幼儿对事物的正面、负面、有趣的地方进行分析、评价来获得新的想法，在讨论中听取同伴或他人的意见，让思考结果更多样、更完善，扩大幼儿的思想深度并提升表现。第四，灵活运用法。通过替换、应用、变形、去除、翻转、重新排列等方式提出新的想法。在活动时，学前美术教师可以通过各种材料的活用或用途的变换使幼儿摆脱固定的思考模式。第五，无关结合法。将表面上看起来完全没有关联的两种或两种以上的事物联系起来，思考新想法，可以激发幼儿产生更多的思考方法。第六，六色帽子思考训练。这是一种多人协作的头脑风暴管理模式，让幼儿之间相互协同，运用快速思维解决问题。

二、创意性增进美术教育内容

（一）幼儿美术教育内容

幼儿美术教育内容是创意性教育的重要内容，是学前美术教师为了提高幼儿创意性所使用的教学内容。幼儿学习经验的内容包括欣赏美、探索美的要素。在探索中，通过感官直接触摸的体验，让幼儿感受身边事物和自然环境中的美。幼儿美术教育内容应包含能让幼儿感受到自己特点的探索过程。幼儿通过主导性和创意性的表现，体验到创造性的快乐与满足，以美术要素中的线条、颜色、形体、体积、图案、空间、均衡、质感为中心，进行审美和体验性的探索。因此，探索、表现、欣赏美术成为幼儿美术教育的重要内容。在幼儿美术教育中，探索是在自然与周边环境中，运用美术的基本要素，如颜色、点、线、形状、名称、空间、质感，探索自然美，利用各种美术材料和工具来构成游戏活动。

（二）表现与表达

表现是让幼儿将内心的感情和想法用美术的方式表达出来。幼儿带着好奇心探索美好的事物，以独创性的想法，集中思考、观察物体，借助绘画或制作表现自己的作品。表现美术要素即以儿童绘本的美术要素探索为基础来表达审美情趣。幼儿美术表现可以通过画、喷、插、剪、贴、倒等方式，从不同的角度观察和表现创意性。学前美术教师可以通过多样的游戏活动，让幼儿用身体来表达自己的想法和感觉，参与和享受合作的美术活动。欣赏是让幼儿仔细观察所看见的美的对象。通过观察作品，想一想作者的意图，自由地用语言表达，说出自己对作品的感觉和想法。因此，幼儿美术教育内容应指向有助于幼儿各方面协调发展的综合性教育。幼儿美术教育内容的活动成果以作品审美价值为中心，利用"五感"的多种探索，创造性地表现，强调审美欣赏的综合体验的过程。幼儿美术教育内容不局限于一个领域，需要结合其他领域密切相关的生活经验。

创意性增进的概念为幼儿美术教育提出了解决当前课程问题的新方法。通过创意性增进，幼儿对活动充满好奇心，进而主动思考并创作作品。

第三节　创意美术课程设计

创意美术课程通过实践和创新，提高幼儿的美术技能和创造力，在美术领域中探索各种技术和材料，同时鼓励幼儿尝试新的创作方法。该课程的重点在于培养幼儿的创新思维和创造力。结合有代表性的艺术作品，设计出一套适合幼儿的创意课程方案。

一、创意美术

（一）课程发展

创意美术课程的发展可以追溯到 20 世纪 60 年代。当时，美国艺术教育家艾略特·艾森斯坦提出了"创意教育"的理念，认为创造力是人类智能的核心。这一理念在美国得到了广泛传播和应用，并逐渐影响了世界各国的美术教育。创意美术课程的开设不仅仅是为了培养学生的艺术素养，更是为了培养学生的综合素质。在创意美术课程中，学生需要进行大量的实践活动，这不仅可以提高学生的动手能力，还可以培养学生的合作精神和团队意识。同时，创意美术课程也可以激发学生的学习兴趣和学习动力，增强学习效果。创意美术课程是一种全新的教育方式，它强调学生的个性和特长，注重培养学生的创新意识和实践能力。随着社会的不断发展和进步，创意美术课程将会得到更加广泛的应用，成为培养人才、提高素质的重要途径之一。

（二）课程价值

创意美术是在幼儿美术活动中提出新的创意和构思，把重点放在新观念创作上的一种幼儿美术活动。它从幼儿的经验出发，鼓励幼儿在美术活动中表达个人的感情。创意美术活动有助于幼儿智能的发展，即培养想象力，激发创造力，帮助幼儿形成健康的性格和人格。关于幼儿创造力的不同教育理念和教育实践目标是在幼儿美术教育的基础教育阶段，对幼儿创造力的培养和发展倾注更多的关心。幼儿美术教育和创造力培养是必需的、重要的，幼儿美术教育应该面向所有幼儿，而不是为了培养美术专业人才。应该通过创意美术教育使幼儿美术教育和创造力的培养及开发相结合，并进一步深化。幼儿美术教育也应该更加完善，为儿童的全面发展作出贡献，幼儿美术教育应该遵循立足于实践的客观事物发展的法则。

二、课程设计方案

（一）设计思路

首先，幼儿创意美术课程的设计要以《3-6 岁儿童学习与发展指南》为基础，根据幼儿的身心发展规律设计相应课程；其次，要在传统美术课程的基础上进行创新和完善；最后，结合其他科目进行融合、创新。幼儿创意美术课程的设计规律为发散性方式。学前美术教师需要确定幼儿的年龄，了解此年龄范围内幼儿的行为发展，结合美术教学中欣赏、绘画、手工三大类别，确定课程内容和对其他科目的展开进行设计。根据不同年龄段的幼儿特点，提供幼儿创意美术课程的指导案例。指导案例按照目前幼儿园班级设置为小班案例、中班案例和大班案例。课程以系列模块的方式授课，以吉尔福特提出的创造力构成的四要素的形成目标，一个系列分为四次课程，从简单到复杂的综合绘画练习，在多次反复练习中让幼儿认识到一种技能的展开方式和创作方法，经过体系课程的训练，在每一阶段掌握要达到的创意能力的培养目标。让3～4岁的幼儿认识绘画和材料，要依据涂鸦期的发展规律，设计相应的幼儿美术课程。

视频11

（二）3～4岁幼儿创意课程设计方案

3～4岁幼儿创意课程设计方案如表4-2所示。

表4-2　3～4岁幼儿创意课程设计方案

主题	舞动的世界（一）				
章节	第一节 波洛克——线条的情绪	适合年龄段	3～4岁	上课时间	60分钟
期待目标	1. 对波洛克人物背景、画法进行欣赏和了解 2. 通过模仿滴画法的技法和选用不同的材料、方式画出滴画法的效果，提高幼儿的创意性和自信心，感受到绘画的乐趣 3. 通过对点、线的认识，增加绘画创作的经验				
场所	美术教室			备注	
准备材料	白卡纸、颜料、毛笔、树枝				
引入	1. 老师打招呼 2. 开始美术活动 3. 对此次美术活动进行说明 4. 制定要遵守的规则，开始活动				
阶段	流畅性 1. 通过观看图片、视频理解作品的种类：表现技法 2. 理解作品的绘画表现技法：倒、甩、滴、洒 3. 用色彩表现点和线 4. 对绘画过程的掌握，运用毛笔、树枝等材料，选取喜欢的颜色进行创作 5. 发挥想象力，从作品的颜色、内容、轨迹等方面说一说画面表达的情感 绘画练习 1. 根据老师的指导选择不同的颜色 2. 指导幼儿选用不同的材料进行绘画 3. 绘制作品的时候，能与现实生活中的人物、动物、事物、文化相关联；结合幼儿的兴趣爱好，进行发散性思维引导			1. 多媒体应用 2. 从无意识到有意识的色彩、形状表现观察 3. 选用不一样的材料进行创意性绘画创作	

续表

结束	1. 自我表述：对自己作品的介绍和评价 2. 分享作品：别人对自己作品的评价 3. 预告：下次美术活动 4. 清理：向老师表示感谢；共同清理进行美术活动的场所				
主题			舞动的世界（二）		
章节	第二节 里希特——刮、抹、涂	适合年龄段	3～4 岁	上课时间	60 分钟
期待目标	1. 对里希特人物背景、画法进行欣赏和了解 2. 通过模仿刮、抹、涂的技法和选用不同的材料达到意想不到的效果，提高幼儿的创意性和自信心，感受到绘画的乐趣 3. 通过面对面的认识，增加绘画创作的经验				
场所	美术教室				备注
准备材料	白卡纸、颜料、卡片				生活中的材料，如刮玻璃的器具、木头、树枝等
引入	1. 老师打招呼 2. 开始美术活动 3. 对此次美术活动进行说明 4. 制定要遵守的规则，开始活动				
阶段	变通性 1. 通过观看图片、视频理解作品的种类：表现技法 2. 理解作品的绘画表现技法：刮、抹、涂 3. 用技法表现面与面、色彩与色彩的融合 4. 对绘画过程的掌握，运用卡片、木片等材料，选取喜欢的颜色进行创作 5. 发挥想象力，从作品的颜色、内容、轨迹、反复性等方面说一说画面表达的情感 绘画练习 1. 根据老师的指导选择不同的颜色 2. 指导幼儿选用不同的材料进行涂抹 3. 绘制作品的时候，能与现实生活中的人物、动物、事物、文化相关联；结合幼儿的兴趣爱好，进行发散性思维引导				1. 多媒体应用 2. 结合运动轨迹和绘画进行探索 3. 主题和内容
结束	1. 自我表述：对自己作品的介绍和评价 2. 分享作品：别人对自己作品的评价 3. 预告：下次美术活动 4. 清理：向老师表示感谢；共同清理进行美术活动的场所				
主题			舞动的世界（三）		
章节	第三节 保罗·克利——多彩集合	适合年龄段	3～4 岁	上课时间	60 分钟
期待目标	1. 对保罗·克利人物背景、画法和作品进行欣赏和了解 2. 对色彩、空间、形态的表现，通过简单的绘画，让幼儿感受到创意绘画的乐趣 3. 理解什么是"抽象"的概念；对抽象的图画发挥想象力，勾画出具象的事物				

续表

场所	美术教室			备注	
准备材料	白卡纸、颜料、刮刀、小滚筒、记号笔				
引入	1. 老师打招呼 2. 开始美术活动 3. 对此次美术活动进行说明 4. 制定要遵守的规则，开始活动				
阶段	独创性 1. 通过观看图片、视频理解作品的种类：表现技法 2. 理解作品的绘画表现技法：刮、滚、抹、闭合圈画 3. 欣赏色彩、色彩块、大小、形状 4. 对绘画过程的色块大小、排列、叠色的处理；根据颜色、大小对色块进行勾画 5. 发挥想象力，从作品的颜色排列、内容、象征性等方面说一说画面表达的情感 绘画练习 1. 根据老师的指导选择不同的颜色 2. 指导幼儿选用不同的材料进行绘画，通过观察色块，勾画出具体的形象 3. 绘制作品的时候，能与现实生活中的人物、动物、事物、文化相关联；结合幼儿的兴趣爱好，进行发散性思维引导			1. 多媒体应用 2. 创造色彩的空间感 3. 激发想象力和创造性	
结束	1. 自我表述：对自己作品的介绍和评价 2. 分享作品：别人对自己作品的评价 3. 预告：下次美术活动 4. 清理：向老师表示感谢；共同清理进行美术活动的场所				

主题		舞动的世界（四）			
章节	第四节 罗梅罗·布里托—— 色彩线条集合	适合年龄段	3~4岁	上课时间	60分钟
期待目标	1. 对罗梅罗·布里托人物背景、画法和作品进行欣赏和了解 2. 对色彩、形状、立体形态的表现，让幼儿感受到创意绘画的乐趣 3. 理解什么是"立体"的概念；掌握用粗线条和色彩组成有趣的画面效果				
场所	美术教室			备注	
准备材料	白卡纸、PVC板、记号笔、颜料、刮刀、小滚筒、毛笔				
引入	1. 老师打招呼 2. 开始美术活动 3. 对此次美术活动进行说明 4. 制定要遵守的规则，开始活动			1. 多媒体应用 2. 创造色彩的立体感 3. 波普艺术 4. 激发想象力和创造性	

阶段	精巧性 1. 通过观看图片、视频理解作品的种类：表现技法 2. 理解作品的绘画表现技法：色彩和粗线条叠加相结合 3. 对色彩形状，对线条粗细、长短、轨迹的把握 4. 对绘画过程的色块形状、大小、色彩搭配的处理；对色彩与线条的组合方式 5. 发挥想象力，从作品的颜色形状、线条形状、象征性等方面说一说画面表达的情感 绘画练习 1. 根据老师的指导选择不同的颜色 2. 指导幼儿在白卡纸上涂上色彩，在PVC板上画粗线条，重叠展示画面效果 3. 绘制作品的时候，能与现实生活中的人物、动物、事物、文化相关联；结合幼儿的兴趣爱好，进行发散性思维引导	1. 多媒体应用 2. 创造色彩的空间感 3. 激发想象力和创造性
结束	1. 自我表述：对自己作品的介绍和评价 2. 分享作品：别人对自己作品的评价 3. 预告：下次美术活动 4. 清理：向老师表示感谢；共同清理进行美术活动的场所	

3～4岁是幼儿创意性能力最发达的时期，幼儿在学习完以上的系列课程后，便对颜色的运用、线条的绘画、形状有了基本的掌握。学前美术教师可以根据幼儿上课的表现及绘画的效果来调整课程的难易程度，也可以根据以上系列课程的思路，设计幼儿绘画课程。

（三）4～5岁幼儿创意课程设计方案

4～5岁的幼儿涂鸦期从抽象过渡到具象思维，需要学会画圆、正方形、三角形等图形。为了让幼儿掌握好图形画法，可以在此基础上设置美术课程，并且结合创意性构成的四要素。此外，在技法上需要给幼儿提供更多的绘画体验。表4-3为4～5岁幼儿创意课程设计方案。

表4-3 4～5岁幼儿创意课程设计方案

主题	形状大冒险（一）				
章节	第一节 形状色彩的认知	适合年龄段	4～5岁	上课时间	60分钟
期待目标	1. 对圆、正方形、三角形有正确的认识 2. 通过对形状的认识，加入色彩；感受到拼贴的乐趣 3. 通过对线和图形的正确表达，增加绘画创作的经验				
场所	美术教室				备注
准备材料	白卡纸、形状贴纸、水彩笔				
引入	1. 老师打招呼 2. 开始美术活动 3. 对此次美术活动进行说明 4. 制定遵守的规则，开始活动				

续表

阶段	**流畅性** 1. 通过观看图片、视频认识圆、三角形、正方形等形状 2. 理解作品的绘画表现技法：贴、连线 3. 用贴的方式完成形状的分布，用连线的方式把形状连接在一起 4. 对绘画顺序的掌握，先贴后画；用不同轨迹的线条组成创意性画面 5. 发挥想象力，从形状的大小、颜色、排列方式等方面说一说画面表达的情感内容和效果 **绘画练习** 1. 根据老师的指导选择三种贴纸进行粘贴 2. 指导幼儿选用不同颜色的笔画出各种连接的线条 3. 创作作品的时候，能与现实生活中物品的形状相关联；结合幼儿的兴趣爱好，进行发散性思维引导	1. 多媒体应用 2. 正确认识各种形状 3. 选用不一样的材料进行创意性绘画创作
结束	1. 自我表述：对自己作品的介绍和评价 2. 分享作品：别人对自己作品的评价 3. 预告：下次美术活动 4. 清理：向老师表示感谢；共同清理进行美术活动的场所	

主题	形状大冒险（二）				
章节	第二节 手拉手找朋友	适合年龄段	4～5 岁	上课时间	60 分钟
期待目标	1. 熟练圆、三角形、正方形的画法 2. 通过描画图形，找到绘画的乐趣，激发幼儿的兴趣 3. 通过对形状的正确把握，增加绘画创作的经验				
场所	美术教室			备注	
准备材料	白卡纸、水彩笔、蜡笔、形状贴纸、形状器物				
引入	1. 老师打招呼 2. 开始美术活动 3. 对此次美术活动进行说明 4. 制定要遵守的规则，开始活动				
阶段	**变通性** 1. 通过观看图片、视频对圆、三角形、正方形等形状的变化发挥想象力 2. 理解作品的绘画表现技法：贴、画 3. 用贴和画的方式组成画面 4. 给图形添加眼睛、嘴巴、耳朵、手、脚等 5. 发挥想象力，从作品的内容、形象等方面说一说画面表达的情感 **绘画练习** 1. 根据老师的指导选择不同的贴纸 2. 指导幼儿先在贴纸的外圈描画形状，再画出形状进行练习 3. 把掌握绘画的形状拟人化，形状之间添加关联；寻找画面的主题表现 4. 绘制作品的时候，能与现实生活中的人物、动物、事物、文化相关联；结合幼儿的兴趣爱好，进行发散性思维引导			1. 多媒体应用 2. 发挥想象力，扩展人物、动物等 3. 主题和内容	
结束	1. 自我表述：对自己作品的介绍和评价 2. 分享作品：别人对自己作品的评价 3. 预告：下次美术活动 4. 清理：向老师表示感谢；共同清理进行美术活动的场所				

主题	形状大冒险（三）				
章节	第三节 埃尔维·杜莱—— 疯狂的小丑	适合年龄段	4～5岁	上课时间	60分钟
期待目标	1. 对埃尔维·杜莱人物背景、画法和作品进行欣赏和了解 2. 将各种形状灵活运用于画面，让幼儿感受到创意绘画的乐趣 3. 掌握人物五官的摆放位置，结合游戏完成绘画作品				
场所	美术教室			备注	
准备材料	白卡纸、水彩笔、骰子			每人一个骰子	
引入	1. 老师打招呼 2. 开始美术活动 3. 对此次美术活动进行说明 4. 制定要遵守的规则，开始活动				
阶段	独创性 1. 通过观看图片、视频理解作品的种类：表现技法 2. 理解作品的绘画方法：用圆、三角形、正方形等形状组成人物形象 3. 对画面进行布局、排列 4. 根据不同形状、不同个数的指令进行绘画创作 5. 发挥想象力，从作品的内容、象征性等方面说一说画面表达的感情 绘画练习 1. 根据老师的指导学会骰子游戏 2. 发出指令，指导幼儿用第一次得到的数字画眼睛，用第二次得到的数字画鼻子，用第三次得到的数字画嘴巴，以此方式进行绘画 3. 绘制作品的时候，摆放好五官的位置，做出合适的排列；结合幼儿的兴趣爱好，进行发散性思维引导			1. 多媒体应用 2. 游戏与形状绘画相结合 3. 激发想象力和创造性	
结束	1. 自我表述：对自己作品的介绍和评价 2. 分享作品：别人对自己作品的评价 3. 预告：下次美术活动 4. 清理：向老师表示感谢；共同清理进行美术活动的场所				

主题	形状大冒险（四）				
章节	第四节 嗒嗒拓印画	适合年龄段	4～5岁	上课时间	60分钟
期待目标	1. 正确认识水果形状、蔬菜形状、切面形状 2. 掌握拓印画的表现方式，让幼儿感受到创意绘画的乐趣 3. 学会在自然物形状中找到基础形状，组成有趣的画面				
场所	美术教室			备注	
准备材料	白卡纸、水果、蔬菜、颜料、水彩笔				
引入	1. 老师打招呼 2. 开始美术活动 3. 对此次美术活动进行说明 4. 制定要遵守的规则，开始活动			1. 多媒体应用 2. 从自然的形状中激发想象力和创造性	

阶段	精巧性 1. 通过观看图片、视频理解作品的种类：表现技法 2. 理解作品的绘画表现技法：用拓印和绘画的方式 3. 对拓印方法、按压力度、色彩形状、图形的把握 4. 对绘画过程的色彩搭配、图案分布的处理，自然物拓印和形状描绘的组合方式 5. 发挥想象力，从作品的颜色形状、线条形状、象征性等方面说一说画面表达的情感 绘画练习 1. 根据老师的指导选择不同形状的水果、蔬菜 2. 指导幼儿在水果、蔬菜的切面上涂上颜料，然后在白卡纸上进行拓印，最后用水彩笔给拓印图案增添上形状、五官等 3. 绘制作品的时候，能与现实生活中的人物、动物、事物、文化相关联；结合幼儿的兴趣爱好，进行发散性思维引导	
结束	1. 自我表述：对自己作品的介绍和评价 2. 分享作品：别人对自己作品的评价 3. 预告：下次美术活动 4. 清理：向老师表示感谢；共同清理进行美术活动的场所	

（四）5～6岁幼儿创意课程设计方案

5～6岁的幼儿已经掌握了基本的上色方法、图形的绘画及人物的画法。这一年龄段的幼儿已经有自己喜爱的形象，会反复描绘此形象。这一年龄段的幼儿还会对自己的梦有长时间的记忆。学前美术教师在设计课程时要给幼儿留出更多表达自我的机会，提供更多激发创意性思维的美术活动，此类活动可以重点给幼儿提供多种材料、让幼儿欣赏各种当代艺术作品，使幼儿有更多想象的空间。表4-4所示为5～6岁幼儿创意课程设计方案。

表4-4 5～6岁幼儿创意课程设计方案

主题	绘画的密码（一）				
章节	第一节 让·杜布菲——捉迷藏	适合年龄段	5～6岁	上课时间	60分钟
期待目标	1. 对让·杜布菲人物背景、画法进行欣赏和了解 2. 使用线条和红、蓝、白、黑四种颜色对画面人物进行装饰，提高幼儿的创意性和自信心，使幼儿感受到绘画的乐趣，增加绘画创作的经验				
场所	美术教室			备注	
准备材料	白卡纸、马克笔、记号笔、剪刀、吹塑板				
引入	1. 老师打招呼 2. 开始美术活动 3. 对此次美术活动进行说明 4. 制定要遵守的规则，开始活动				

续表

		备注
阶段	流畅性 1. 通过观看图片、视频理解作品的种类：表现技法 2. 理解作品的绘画表现技法：画、装饰、贴 3. 用色彩和线条表现画面 4. 对绘画过程的掌握，运用交叉扭动的线条组成面的画法和色块组成物的装饰画进行创作 5. 发挥想象力，从作品的颜色、内容等方面说一说画面表现出的趣味 绘画练习 1. 根据老师的指导选择红、蓝、白、黑四种颜色 2. 指导幼儿选用不同的线条进行绘画 3. 绘制作品的时候，能与画面效果、人物形象、故事内容相关联；结合幼儿的兴趣爱好，进行发散性思维引导 4. 用剪刀剪下人物，将其粘贴到吹塑板上，让人物有立体感	1. 多媒体应用 2. 无意识、自发的、反传统创作 3. 涂抹派或塔希主义
结束	1. 自我表述：对自己作品的介绍和评价 2. 分享作品：别人对自己作品的评价 3. 预告：下次美术活动 4. 清理：向老师表示感谢；共同清理进行美术活动的场所	

主题	绘画的密码（二）				
章节	第二节 胡安·米罗—— 梦幻乐园	适合年龄段	5～6岁	上课时间	60分钟
期待目标	1. 对胡安·米罗人物背景、画法进行欣赏和了解 2. 通过模仿，学习超现实主义绘画；提高幼儿的创意性和自信心，使其感受到绘画的乐趣 3. 掌握复杂图形构成能力，增加绘画创作的经验				
场所	美术教室				备注
准备材料	白卡纸、记号笔、蜡笔				
引入	1. 老师打招呼 2. 开始美术活动 3. 对此次美术活动进行说明 4. 制定要遵守的规则，开始活动				
阶段	变通性 1. 通过观看图片、视频理解作品的种类：表现技法 2. 理解作品的绘画表现技法：几何绘画、特殊符号 3. 欣赏由几何图形、圆、线组成的作品 4. 从未来的世界、向往的乐园、生活等方面说一说画面表达的情感 绘画练习 1. 在老师的指导下把向往的画面表现出来 2. 用三角形、圆、星星、月亮作画 3. 选择几何图形临摹，进行叠加绘画，提高画面效果 4. 绘制作品的时候，能与一个主题相关联，主题可以是夜晚、宇宙、海洋深处等；结合幼儿的兴趣爱好，进行发散性思维引导				1. 多媒体应用 2. 探索潜在意识，支持逻辑和现实的突破 3. 结合现实和精神，提高创意性
结束	1. 自我表述：对自己作品的介绍和评价 2. 分享作品：别人对自己作品的评价 3. 预告：下次美术活动 4. 清理：向老师表示感谢；共同清理进行美术活动的场所				

主题	绘画的密码（三）				
章节	第三节 罗伯特·劳森伯格——拼贴的世界	适合年龄段	5～6岁	上课时间	60分钟
期待目标	1. 对罗伯特·劳森伯格人物背景、画法和作品进行欣赏和了解 2. 掌握不同的拼贴技法，让幼儿感受到创意绘画的乐趣 3. 对色彩层次的把握，图片的合理选取和粘贴				
场所	美术教室				备注
准备材料	白卡纸、水粉颜料、水粉笔、杂志图片				符合画面效果的立体材料、胶棒
引入	1. 老师打招呼 2. 开始美术活动 3. 对此次美术活动进行说明 4. 制定要遵守的规则，开始活动				
阶段	独创性 1. 通过观看图片、视频理解作品的种类：表现技法 2. 理解作品的绘画方法：用拼贴、色彩绘画方式表现画面 3. 对画面布局、排列、色彩的搭配和运用 4. 发挥想象力，从作品的内容、象征性等方面说一说画面表达的情感 绘画练习 1. 根据老师的指导选择同一主题的拼贴素材 2. 在拼贴图案上画上线条、圆点、大小色块 3. 指导对比色、相近色的运用和表达 4. 结合幼儿的兴趣爱好，进行发散性思维引导				1. 多媒体应用 2. 融合绘画 3. 激发想象力和创造性
结束	1. 自我表述：对自己作品的介绍和评价 2. 分享作品：别人对自己作品的评价 3. 预告：下次美术活动 4. 清理：向老师表示感谢；共同清理进行美术活动的场所				

主题	绘画的密码（四）				
章节	第四节 雷内·马格利特——梦境游戏	适合年龄段	5～6岁	上课时间	60分钟
期待目标	1. 对雷内·马格利特人物背景、画法和作品进行欣赏和了解 2. 用绘画的方式表达梦境，让幼儿感受到绘画的乐趣 3. 对色彩和主题的把握				
场所	美术教室				备注
准备材料	白卡纸、玛格利特的剪影、颜料、水粉笔				
引入	1. 老师打招呼 2. 开始美术活动 3. 对此次美术活动进行说明 4. 制定要遵守的规则，开始活动				1. 多媒体应用 2. 现实与精神相结合 3. 超现实主义，富有创造力 4. 潜意识与梦的经验相融合

续表

阶段	**精巧性** 1. 通过观看图片、视频理解作品的种类：表现技法 2. 理解作品的绘画表现技法：在剪影里进行绘画创作 3. 对主题内容、色彩关系的把握 4. 对绘画过程的色彩搭配、图案分布的处理 5. 发挥想象力，从作品的梦境内容说一说突破逻辑与实际的现实观，表达出内心深处的形象世界 **绘画练习** 1. 根据老师的指导在纸上贴上人物剪影，并涂上背景色 2. 指导幼儿以梦境、遨游太空为切入点，画出自己的梦境 3. 绘制作品的时候，能与现实生活中的人物、动物、事物、文化相关联；结合幼儿的兴趣爱好，进行发散性思维引导	
结束	1. 自我表述：对自己作品的介绍和评价 2. 分享作品：别人对自己作品的评价 3. 预告：下次美术活动 4. 清理：向老师表示感谢；共同清理进行美术活动的场所	

　　幼儿美术教育课程不是一门独立的课程，学前美术教师在设置课程时要对内容和学科进行相互联系。可以在主题活动、观察活动、生活学习、体育运动等活动中插入美术活动，让教学内容不再是孤立的，而是具有连贯性和整体性。以上系列课程也可以做一些手工的延伸课程，对于幼儿来说，创意性的提高也需要手和大脑同步成长。学前美术教师在设计课程时要根据班级学生的情况及时做难易程度的调整，不要过分强调绘画的结果，而是多给予幼儿鼓励，欣赏幼儿独特的作画方式和审美表现，在幼儿的绘画作品中寻找突破点，设计出适合当下幼儿的美术教育课程。

三、课程原理

　　在幼儿园创意美术活动中，学前美术教师需要遵循以下五个基本原则。第一，多样性的原则。尊重每个幼儿的想法和感觉的多样性，在美术活动中最大限度地尊重每个幼儿，引导幼儿做出多样的表现。第二，创意性思考的原则。引导幼儿思考，让幼儿参与具有创意性的美术活动。学前美术教师应尊重幼儿的个性，帮助幼儿自由、充分地思考。第三，投入的原则。引导幼儿积极、自发地参与美术活动。学前美术教师帮助幼儿把内心的想法和感觉通过绘画行为表达出来，并让幼儿感受快乐和满足，从而自发地参与其中。第四，沟通的原则。幼儿和教师之间、幼儿和幼儿之间进行多样的沟通。学前美术教师是幼儿创作美术作品的组织者，在活动中，幼儿、教师、环境三者之间相互作用，以帮助幼儿形成美术能力和态度。第五，开放性的原则。确保幼儿投入美术活动时不受任何限制，可以自由参与。学前美术教师应在课堂上营造轻松、舒适、包容的氛围，开展符合幼儿个性发展的美术活动，要不带偏见地接纳每一个幼儿。

> **想一想**
>
> 1. 幼儿参加美术活动的意义是什么？
> 2. 设计一节幼儿美术创意课程。

第四节　幼儿创意能力评价

广义的评价是指教师对学生完成学习课题的过程或结果的审查，对学生的知识、技能和态度等专门的评估，可以延伸为学生自行判断自己的知识、技能和态度的回答。对幼儿的评价是基于观察与判断的评价。在幼儿教育现场，教师需要给幼儿上课、开展活动，并进行评价。教师通过观察掌握幼儿的特征，对幼儿进行创意性检查：第一，考查幼儿的发展水平；第二，发现幼儿的个别才能；第三，从多维度观察、测定幼儿创意能力。

一、教师评价

（一）活动评价

学前美术教师可以通过美术课和美术相关活动对幼儿进行评价，并为幼儿提供更多的帮助。因此，有必要在幼儿美术课程中建立课程评价体系。评价分为两个阶段：第一个阶段是学前美术教师对幼儿的课堂表现和作品作出评价。第二个阶段为学前美术教师组织幼儿进行相互评价，表达幼儿的自我观点。在第一个阶段，学前美术教师需要看做得好的幼儿的作品和做得不好的幼儿的作品，确认做得好的和做得不好的特征。对主题活动进行充分讨论，并参考各种资料，制定评价作品质量的标准。对作品的质量进行记述，并以幼儿的发展水平和观察为基础，记述中间水平的标准。直接给幼儿提示，让幼儿确认该主题的表达内容和方式。通过这一过程，幼儿将对所要表达的内容明确内化。幼儿已经了解了主题内容，所以会一边想着与主题相关的内容，一边进行作品创作。在整个活动过程中，学前美术教师的评价起到了引导幼儿明确主题的作用。第二个阶段的评价是在幼儿完成作品后展开的，具体为学前美术教师根据幼儿的个体发展水平，比较之前课堂表现和作品效果的总结性评价，目的是让幼儿明确这次活动中自己的优点和改进方向。对幼儿的表扬和批评是让幼儿在兴趣的基础上进行自我调节。学前美术教师还要在评价中为幼儿提供表达和交流的机会，组织幼儿进行自我评价和相互评价。自我评价可以从课堂表现、进步表现、技法掌握等方面进行。相互评价可以让幼儿相互学习彼此的优点，表达自己的思想和观点。

（二）创意性评价

作为评价者的学前美术教师应该具备评价创意性作品的能力，通过创意性活动进行观察、记录，评定幼儿的发展程度，以构成良好课程的依据和参考。学前美术教师要先对美术作品进行评价。在介绍和共享美术作品阶段，要引导幼儿对美术作品积极提问，通过沟通理解彼此的想法和表现方式。在作品评价阶段，由幼儿将自己的想法具体化，向他人介绍和分享自己的想法，并表现在自己的美术作品中。幼儿可以进行多样的、创意性的想象，可以用美术经验来表现，通过与他人的反省性对话，可以进一步扩大幼儿对他人作品的评价能力。学前美术教师对作品进行评价的阶段是幼儿对整个活动进行评价或对活动提出疑问、持续进行自我评价和与其他幼儿一起进行全体评价的阶段。活动实施后，对所感所想交换意见，进行整理。

学前美术教师在每次课程结束后都要对每一位幼儿进行评分，从课堂表现、作业情况、综合评价等几个方面记录幼儿的整体表现。接着，从脑洞大开值、课堂专注值、观察入微值、感受能力值、构图技巧值、造型能力值、色彩搭配值、表现出色值、执行能力值、创造奇迹值十个方面对幼儿的课堂表现和绘画作品给出具体目标值。学前美术教师和家长通过这样的评价方式可以更直观地看到幼儿的发展情况，根据幼儿的绘画特点进行针对性的调整。

因此，学前美术教师的评价要贯穿整个课程。课前需要准备针对幼儿个性特点、教学内容的评价，课程中需要对欣赏内容、课堂氛围、课堂自评和互评作出相应的评价，课后要作记录、修改、评价。

二、学生评价

（一）综合评价

作品分析法是美术教学中最直接也是最常用的评价方法，主要是对学生的作品进行观察和分析。通过这种方法能够直观地看出作品的创作效果，但存在一定的局限性。作品分析法的优点是能够展示学生的创作成果，有助于评价学生的技能水平和创作思维。同时，作品可以作为评价的长期记录，方便追踪学生的学习情况。作品分析法的缺点是主观性较强，不同评价者可能对学生的作品产生不同的评价结果。此外，作品分析法难以量化评估，难以进行不同学生之间的比较。

观察法是指评价者直接观察学生在美术课堂上的表现，包括学习态度、参与度、合作能力等。这种方法能够让学生认识到学习过程的重要性，但同样受到评价者主观性的影响。观察法的优点是能够提供关于学生学习过程的重要信息，有助于评价者了解学生的学习态度、参与度和合作能力。同时，观察法可以实时进行，及时发现问题并给予指导。观察法的缺点是受到评价者主观性的影响，不同评价者可能观察到不同的信息。此外，观察法需要评价者投入大量的时间和精力，难以在短时间内对多个学生进行评价。

口头评价法是指学生之间进行面对面的交流，对其他学生的作品和学习过程进行评价。这种方法能够及时反馈学生的学习情况，促进学生进行自我反思和改进，但也可能受到师生沟通效果的影响。口头评价法的优点是能够及时反馈学生的学习情况，有助于学生之间的信任和沟通。口头评价法的缺点是可能受到学生之间沟通效果的影响，部分学生可能无法准确表达自己的想法和问题。此外，口头评价法也可能受到评价者主观性的影响。

（二）自评与互评

自评与互评是指学生对自己的作品和学习过程进行评价，或者相互进行评价。自评与互评可以表现出学生个体与集体之间的互动与成长，鼓励学生主动剖析自己的作品，审视自己的学习过程，培养自我评价能力。同时，互评环节如同思维的碰撞，学生在互评中学会倾听、理解并尊重他人的观点，锻炼批判性思维和公正评价的能力。这种评价方法能够培养学生的自我评价能力和批判性思维，但可能因为学生的自评与互评标准不一致而影响评价的准确性。自评与互评存在局限性，由于学生自身的审美、技能和认知水平的差异，自评与互评的标准往往不相同。这种差异性有可能导致评价结果存在模糊性和不准确性，甚至在某些情况下可能误导学生对其学习成果的准确判断。

为了充分发挥自评与互评的优势，减少其局限性带来的影响，教师可以在实施过程中加以引导，提供明确、具体的评价标准和方法。学生在自评与互评的过程中，不仅能更加清晰地认识到自己的优缺点，还能在碰撞和交融中共同成长、共同进步。自评与互评的优点是能够培养学生的自我评价能力和批判性思维，有助于提高学生的参与度和主动性。同时，自评与互评有助于学生之间相互了解和合作。自评与互评的缺点是可能因为学生的评价标准不一致而影响评价的准确性。此外，部分学生可能缺乏自我评价能力和批判性思维，导致评价结果失真。

各种评价方法都有其优缺点，需要根据具体的教学情境和需求进行选择和运用。同时，为了提高评价的准确性和有效性，可以尝试将多种评价方法相结合，形成综合的评价体系。

想一想

1. 在幼儿互评环节，学前美术教师可以组织怎样的活动来调动幼儿互评的积极性？
2. 要想提高幼儿的创意性，学前美术教师需要通过哪些方面进行评价和分析？

第五章 学前美术手工教育

学习目标

知识目标：认识手工课程对幼儿发展的意义，熟悉手工材料的作用，了解和掌握与手工制作相关的文化和背景。

能力目标：学会熟练运用各种手工材料进行手工制作，掌握幼儿手工课程设计方法。

情感目标：热爱手工制作，对手工课程产生兴趣。能自我学习、交流、探索新的手工课程，制作创新的手工作品。

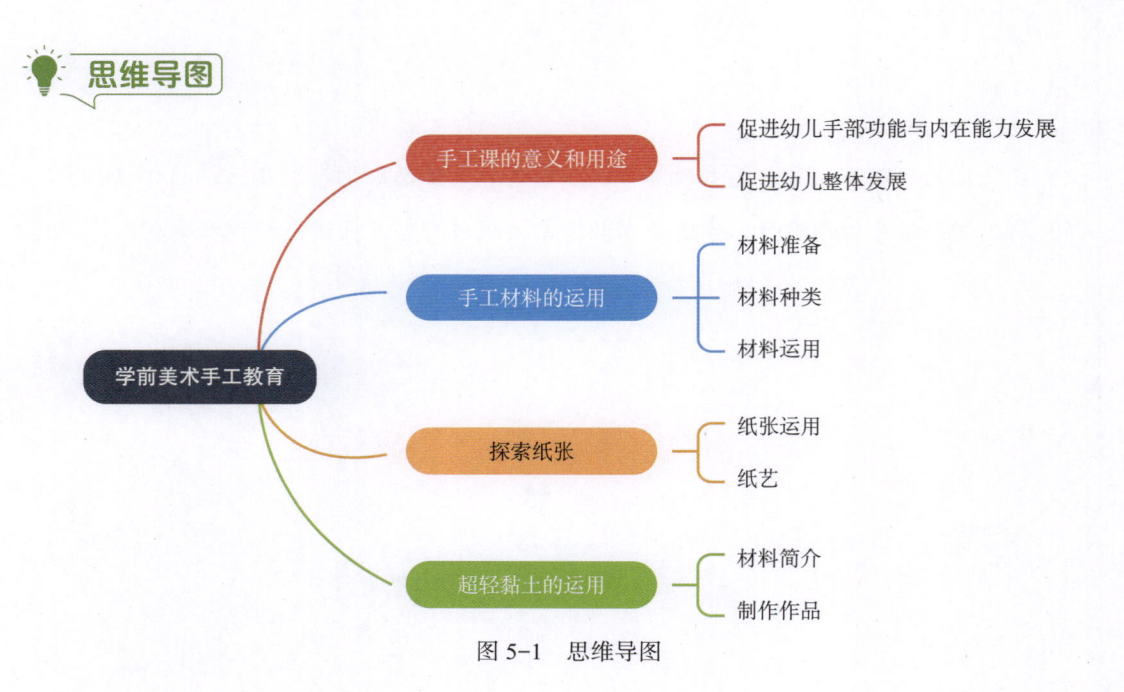

思维导图

学前美术手工教育
- 手工课的意义和用途
  - 促进幼儿手部功能与内在能力发展
  - 促进幼儿整体发展
- 手工材料的运用
  - 材料准备
  - 材料种类
  - 材料运用
- 探索纸张
  - 纸张运用
  - 纸艺
- 超轻黏土的运用
  - 材料简介
  - 制作作品

图 5-1　思维导图

第一节　手工课的意义和用途

在幼儿的成长过程中，手工活动是一种重要的探索求知的方式，它可以提高幼儿的动手能力和手指灵活性，促进其大脑发育。通过手工制作，幼儿能够提高手部精细动作能力，协调思维意识和肌肉运动。手工活动还可以培养幼儿的观察力和创造力，激发幼儿的想象力，帮助他们建立自信心和自我认知。

一、促进幼儿手部功能与内在能力发展

（一）概念

手工制作是指通过手工操作，将一些材料加工成目标作品的过程。手工制作不仅是一种技能，也是一种提高动手能力的训练。手部有大量血管和神经，可以进行精细动作，手是能够精巧地掌握对象知识和信息的人体器官。特别是因为手的动作与大脑的知觉器官有直接关系，手根据大脑的命令移动，通过手学到的信息直接传送到大脑，所以很多科学家认为，如果提高手部动作的频率，大脑的运转就会加速，头脑就会更加清醒，如果反复进行精细的手法训练，运动神经就发达了。

（二）提高幼儿手部功能的作用

手工课中必然会运用到手部功能。手指的运用方式有伸直手指、勾手指、两手指相夹、手指之间相捏、握拳。手在手工课中的基本动作包括：①按压。反复按压有助于手部协调和肌肉运动，强化拇指和食指的肌肉力量；提高幼儿模仿能力，掌握使用手工材料的方法。②粘贴。粘贴手工材料不仅能促进幼儿的肌肉发育，还能培养眼睛和手的协调性，另外，根据颜色或形状粘贴图形，有助于幼儿熟悉颜色和形状的分类。③滚动。幼儿用手滚动工具，眼睛会从头到尾跟着物体走，会自然地移动手，可以培养眼睛和手的协调性，感受线条形态的变化。④拼合。运用圆形、正方形、三角形等简单图形的拼合，可以提高幼儿的辨别力，还能提高眼睛和手的协调性。⑤剪。大拇指和食指反复闭合、张开的过程，可以增强幼儿手指的曲张力量，让手指变得灵活，同时提高沿边缘线裁剪的控制能力。⑥撕。这个动作多运用于不同纸质材料，有助于幼儿提升双手的协调性和对纸张的把握与控制力度。

（三）提高幼儿内在能力的作用

手部动作能提高幼儿的感受性、想象力和表现能力。早期教育中，幼儿手部运动的训练会让肌肉和大脑变得发达，在造型和艺术表现上也会有很大帮助。因此，手工制作不仅给幼儿带来了快乐，也有利于幼儿各方面的提高。在手工制作过程中，第一，手工课程给予幼儿更多有效使用手的机会，当幼儿用手抓住多样的物体转动、敲打来进行活跃的探索

活动时，会产生多样的表现力和创意性，进而引发幼儿频繁的头脑活动，使大脑变得活跃；第二，有利于幼儿精细运动能力的发展，即对微小物体自由抓取的手部操作能力；第三，培养幼儿的专注力，在活动过程中，幼儿专注于手工制作；第四，在构图、解决制作问题时，培养创意性思考方式；第五，对幼儿的感觉有刺激效果，在制作黏土的过程中，幼儿可以感受到不同材料的材质感，对了解质感等触感刺激也有帮助。

二、促进幼儿整体发展

（一）身心发展

手工制作对幼儿身心发展的意义不仅体现在制作的过程中，更体现在制作完成后的成果上。第一，提高动手能力。手工制作需要动手操作，可以锻炼幼儿的动手能力。通过手工制作，可以提高手部协调能力和手指灵活性，增强手部肌肉力量，使手部更加灵活。第二，培养耐心和毅力。手工制作需要耐心和毅力，需要花费大量的时间和精力。在制作过程中，幼儿需要不断地调整和改进、尝试和实践。通过手工制作，可以培养耐心和毅力，让幼儿更加坚韧不拔。第三，提高创造力和想象力。手工制作需要不断地创新和发挥想象力。通过手工制作，可以提高创造力和想象力，让幼儿更加有创意。第四，增强自信心。手工制作需要不断地尝试和实践，不断地克服困难和面临挑战。通过手工制作，可以增强自信心，让幼儿更加自信。

（二）意识发展

手工制作对幼儿意识发展有重要意义。第一，对文化的传承。传统文化是人类文明的重要组成部分。通过手工制作学习传统技能，可以传承和弘扬传统文化，让幼儿更加热爱中国传统文化。第二，提高生活品质。手工制作可以制作出各种各样的物品，增加生活乐趣，让幼儿学会享受生活。第三，减少生活物品的浪费。手工制作可以把生活中的废旧物品加工成有用的物品，减少浪费和对环境的污染，让资源得到更好的利用。第四，增加幼儿的活动乐趣。手工制作是一种有趣的活动，可以让幼儿在制作过程中感受到乐趣和满足。通过手工制作，可以增加乐趣，让幼儿更加快乐。

因此，手工是幼儿园学习阶段必不可少的课程。综合幼儿美术课程的概念，手工课程不再是传统的单独的手工制作，而是与美术课程相结合，成为综合美术课的概念。幼儿在课堂上不仅能体会到手工制作的乐趣，还能结合绘画、游戏完成美术活动。

想一想

1. 手工课程能给幼儿带来哪些好处？

2. 手工课程和绘画课程相结合的难点有哪些？

第二节　手工材料的运用

手工材料作为手工制作的载体，具有重要的作用。手工材料的优劣会影响制作的进度和最后的效果。在美术手工课程中，材料从使用性方面可分为常用手工材料、传统工艺材料和环保型材料，用不同的材料制作出来的作品意义不同。

一、材料准备

在上手工课前，学前美术教师需要准备好所有的手工材料。手工材料包括工具材料和消耗材料，工具材料包括剪刀、刀具、胶、辅助工具等，这些是每次课程都需要准备的基础材料，可以多次反复使用。消耗材料是根据不同的教学内容选择的一些材料，如纸张、天然材料、黏土、废旧物品等。对幼儿进行手工制作所涉及的工具材料进行归纳整理，如表 5-1 所示。

表 5-1　工具材料的归纳整理

种类	剪刀	刀具	胶	辅助类工具
分类	1. 普通儿童剪刀 2. 齿轮状儿童剪刀 3. 尖头剪刀	1. 美工刀 2. 刻刀	1. 儿童胶水 2. 胶枪 3. 胶带、双面胶	1. 尺子 2. 穿孔器、切割器 3. 滚筒
用途	普通儿童剪刀用于剪各种纸张、软性材料。齿轮状儿童剪刀可以剪出波浪线的效果。尖头剪刀用于剪交接处或穿孔	美工刀可裁纸，也可作为颜料提取辅助刮刀。刻刀用于刻橡皮章、剪纸中的中小面积刻画	儿童胶水分为固体胶水和液体胶水，可根据材料进行选择。胶枪的黏性好，比较牢固，可以粘各种材质的物体。胶带和双面胶适合纸张之间的粘贴，具有方便、快速的优点	尺子可用于测量物体的大小，标注裁剪、折叠的位置，也可用作裁剪的辅助工具。穿孔器和切割器多用于塑料材质的切割。滚筒用于印压纹样、上色

工具材料在手工制作中必不可少，幼儿需要掌握工具材料的正确使用方法，同时要注意安全，学会灵活使用工具材料，根据不同的需求选择合适的工具材料。

二、材料种类

（一）常用手工材料

纸张是幼儿手工制作中经常使用的消耗材料，有彩纸、皱纹纸、瓦楞纸、海绵纸、衍纸等；常用的天然材料有树叶、树枝、石头、木头、果蔬等；废旧材料包括生活中使用完的、可再利用的材料，常用的有纸箱、纸杯、纸盘、冰棒棍儿等；其他材料有超轻黏土、毛线、扭扭棒等，如表 5-2 所示。

表 5-2　可用作课程设计的各种材料

类别	材料	特点	课程设计
纸张	彩纸	正方形、多种颜色、正反颜色可以不一致、厚度为 0.5mm 左右	折纸、剪纸
	皱纹纸	多种颜色、纸面褶皱、有肌理、有弹性	装饰画、做花艺
	瓦楞纸	多种颜色、空心结构，可以起到抗冲击和减震的作用，同时具有防潮、散热的作用	制作动物等立体造型
	海绵纸	多种颜色、有韧性、容易弯曲和折叠、不容易断	主题海报设计、造型拼贴
	衍纸	多种颜色、长条形、多用于卷曲	装饰设计
天然材料	树叶、树枝	随着季节的变化，颜色、形状会不同	主题拼贴、树叶剪刻画
	石头	品种、颜色、大小、质地多样	石头拼搭、石头绘画
	木头	不同形状、大小、颜色	木头拼搭
	果蔬	莲藕、杨桃、卷心菜等有特别形状	拓印、拼染色
废旧材料	纸箱	多种大小、厚薄、形状	制作玩具、搭建主题场景
	纸杯	多种颜色，有一定的防水性、硬度和韧性	动物造型、创意玩具
	纸盘	多种颜色、轻便、不同的大小	拼贴、纸盘画
	冰棒棍儿	多种颜色、表面光滑且干净	立体造型制作
其他材料	超轻黏土	多种颜色、容易揉捏、干燥后可以保持形状	各种物体的制作
	毛线	多种颜色、不同的粗细、柔软度	纤维绕线、编织
	扭扭棒	多种色彩、容易扭曲、可做造型	立体动物制作

以上是幼儿手工制作中常用的材料，学前美术教师可运用这些材料做教具、丰富教学环境、制作适合幼儿互动的玩具等。

（二）工艺材料

中国传统工艺可以应用于幼儿手工课程中。中国传统工艺有扎染、刺绣、陶艺、竹编、木雕制作等。因每种工艺制作都有其特殊性，因此需要用到一些特别的材料。扎染常用到的材料有染料、针线、绳子、棉布。刺绣常用到的材料有丝绸、棉布、线、针。陶艺以陶土、瓷土、釉料为主要原料，设备工具有拉坯机、窑炉，辅助材料有喷釉壶、刮刀、喷壶等。竹编常用到的材料有竹子、篾条、绳子。编织工艺中的渔网编织、纤维编织常用到的材料有丝线、棉线等。此外，篆刻、木刻等工艺常用的材料有刻刀、木头、玉石。

此外还有金属工艺、皮革工艺、琉璃工艺等。金、银、铜、铁等金属常用于铸造、锻造和焊接等工艺。贵金属如金、银等常用于制作高档首饰、器皿等工艺品。皮革工艺常用于制作皮鞋、皮具和皮革装饰物等。玻璃工艺更复杂，要用到石英砂、石灰石、长石、纯碱和硼酸等。这些原料经过配料、熔制、成形和退火等工序后，就可以形成我们想要的各种类型的玻璃。

三、材料运用

（一）手工课程的运用

生活中的很多材料都可以用于幼儿的手工课程，这里需要注意的是，幼儿手工课程分为两部分：一部分是培养幼儿手工基本技能的课程，如怎样使用剪刀流畅地剪出形状，怎样运用胶水正确粘贴；另一部分是具有综合性的手工课程。手工课程已经不是独立的材料制作课程，而应该与绘画、生活、创作等相结合，通过手工课程让幼儿主动发挥想象力，这样的手工课程才能激发幼儿对手工制作的兴趣。表5-3是手工课程设计方案。

表 5-3　手工课程设计方案

主题	生活中的百变				
章节	第一节 小瓶子变蝴蝶	适合年龄段	5～6岁	上课时间	60分钟
期待目标	1. 认识到材料的多种用途 2. 学会用瓶子制作玩具 3. 体会到材料运用和制作的乐趣 4. 提高想象力和创造力				
场所	教室			备注	
准备材料	剪刀、胶水、彩纸、吸管、装饰眼珠、双面胶、笔、废弃的养乐多瓶子				
引入	1. 老师打招呼 2. 开始美术活动 3. 对此次美术活动进行说明 4. 制定要遵守的规则，开始活动				
阶段	欣赏视频和实物 1. 用彩纸根据瓶子的大小进行裁剪、粘贴，制作蝴蝶的身体 2. 用正反折叠的方式做出蝴蝶的翅膀 3. 用衍纸卷曲法做出蝴蝶的触角 4. 把吸管与瓶身固定起来，做一个手持的握柄，画上或贴上眼睛 5. 手工基本技能的表现：粘贴、折叠、绘画 6. 学会在生活中展开想象和创作，提高动手能力 手工制作练习 1. 根据老师的指导选择蝴蝶的颜色 2. 用粘贴的方式装饰蝴蝶，用折叠的方法制作蝴蝶的翅膀，完成作品			1. 多媒体应用 2. 结合春天这一主题，展开关于蝴蝶的想象和创作 3. 材料的选择	
结束	1. 分享作品：别人对自己作品的评价 2. 预告：下次美术活动 3. 清理：向老师表示感谢；共同清理进行美术活动的场所				

在幼儿手工课程设计中，应该选择熟悉且简单的材料，根据幼儿的年龄从小到大，逐渐增加幼儿对材料的认识、理解、运用。在教授过程中，学前美术教师应根据幼儿的能力对材料的繁简进行调节，如"小瓶子变蝴蝶"课程，学前美术教师可以先运用废弃的养乐多瓶子进行教学，指导幼儿制作出蝴蝶的主要形象，再根据幼儿对手工课程的理解，引导幼儿增加蝴蝶眼睛、触角、身上的花纹等内容，发挥想象力和创造力，让课程变得更丰富。学前美术教师可以通过这种方式调节课程的时长和内容。

（二）变废为宝

变废为宝是一种深受社会推崇的环保理念。通过创意和手工艺技术将废弃物利用起来，转变为有用的物品。这种做法不仅能够减少垃圾的产生，还能激发人们的创造力和想象力。学前美术教师应鼓励幼儿发现生活中的可用废弃物，引导幼儿进行二次创作。塑料瓶可以做花盆、笔筒、存钱罐或者改造成一个有趣的灯具。可以将不穿的衣物剪裁缝合制作成靠垫、玩偶、围巾或者重新染色制作成新的服装。可以将废纸折叠，制作成各种装饰品，或者将其压缩成纸浆，用来做纸艺品。可以将落叶或树枝粘贴或拼装成装饰板，也可以将其雕刻成艺术品或实用的小物件，如挂钩。可以将清洗干净的玻璃瓶做成花瓶、蜡烛台，或者在瓶子上绘画，制作成艺术装饰。可以将废弃的轮胎做成秋千、花坛边缘的界定或是儿童游戏区的座椅。可以将奶粉罐组合起来，做成踩高跷玩具。可以将鞋盒制作成户外活动的辅助器材。废旧书籍可以用于纸雕、剪纸或折页艺术。可以通过装饰或更换布艺等方法恢复废旧家具的外观与功能。可以将破损的陶瓷器皿碎片粘贴在木板或其他支撑物上，形成独特的装饰画。在变废为宝的过程中，应注意安全，尤其对于锐利或有毒物质的处理，幼儿参与制作之前一定要排除上述不安全因素。此外，发挥幼儿的创造力和想象力，可以创作出许多有趣且实用的作品，并且让幼儿养成节约的好习惯。

想一想

1. 运用手工材料本身的特点激发幼儿的兴趣。
2. 学前美术教师在选择手工材料时应该注意哪些问题？

第三节 探索纸张

纸张是生活中最常见的物品之一，也是美术课程中使用最多的材料。纸张可以分为很多种类，不同种类的纸张有不同的特点。手工材料纸张的运用多种多样，可以在纸张上绘画，可以对纸张进行折、叠、剪、刻，还可以改变纸张的属性来制作手工制品。

一、纸张运用

（一）宣纸

中国最有历史文化背景的纸张要数宣纸。宣纸分为生、熟、半生半熟三种类型。在手工运用中，宣纸因为具有轻薄、不易破、半透明的特点，多用于风筝、灯笼等中国传统手工制作。宣纸的尺寸较多，规格一般以尺为单位，有8尺、7尺、6尺、5尺、4尺、3尺。以5尺宣纸为例，其也称5尺全开或5尺横批，规格长宽为153cm×84cm；5尺单条或5尺对联，规格为153cm×42cm；5尺斗方，规格为77cm×84cm。普通的A4纸规格为21cm×29.7cm，重量大约为4克。纸张的种类有很多，应该结合课程内容选择合适的纸张，可以先从纸张的属性、大小、颜色这几个方面进行选择。

（二）属性探索

对纸张的探索分为属性探索和技能探索。纸张的属性探索是指在原有纸张的基础上，通过浸泡、揉搓、撕扯改变纸张属性。浸泡是指把纸张放入水中，纸张在水中浸泡以后开始溶解，此时纸张改变了原有的柔软属性，捞出浸泡在水中的纸张，经过揉捏、晾晒、胶水粘贴，制作成不同的动物、人物等造型。揉搓是指用手指之间或手掌之间的压力对纸张进行揉搓变形，改变纸张原有的平整表面形态。撕扯是指用手或辅助工具让纸张通过撕、扯等操作，改变纸张的大小、形状，获得具有随意性的纸张形状。纸张属性的探索可以作为培养幼儿想象力的基础课程。纸张是最容易获取的材料之一，在幼儿的生活中经常出现。对于熟悉的纸张，可引导幼儿发挥想象力改变纸张原有的样子，激发幼儿对生活中物品的观察、兴趣，改变幼儿对物体固有用途的认识。幼儿创造力的培养也是通过不断地想象和实验操作，获得更多有意义的结果。

（三）技能探索

纸张的技能探索是指利用纸张的特点，参照传统纸张运用的方式，进行基础技能的学习和训练，同时可以在技能掌握的基础上结合其他技能或增加技能的难度。幼儿不仅学习了基础技能，还能培养兴趣爱好，形成探索式的技能学习方法。

纸张的技能探索可以分为教师技能训练和幼儿技能学习。学前美术教师需要熟悉剪纸艺术，剪纸艺术是中国传统文化之一，用剪刀或刻刀在纸上剪刻花纹，用于装点生活或配合其他民俗活动。剪纸艺术需要掌握刻纸和剪纸两种技能。

刻纸需要准备的材料有刻刀、红色宣纸、切割垫板、胶带。具体步骤为：①用铅笔画出或打印出底图；②把红色宣纸剪成和底图一样的大小；③固定好纸张，底图在上，红色宣纸在下，可以选用夹子或胶带，防止在刻纸的过程中纸张或底图发生移位；④从大块面积到小块面积开始刻。在刻纸的时候需要按住纸张，不要太用力，把握好速度和力度。在刻的过程中若遇到毛糙现象，可及时调整刻的方向。刻纸主要训练的是刻刀的运用，掌握走刀和刻法，注意事项：①坐姿端正，两脚放平，身体调整为自然、舒适的状态，两眼距刀锋30 cm；②握刀正确，用力方向和走刀方向一致，刀柄不要弯曲，与手保持一条直线；

③刻的时候刀锋必须垂直入纸,手腕和手指用力,刀锋在纸里向前走,拔刀的时候要直接上提刀;④运刀过程中,不可以左右倾斜,下刀位置要准确。

剪纸按照剪刻法分为阴刻剪纸、阳刻剪纸和阴阳结合刻剪纸。阴刻剪纸是把图案自身剪掉,剩下图案以外的部分,通过衬纸反衬图案的内容,作品整体是块状的。阳刻剪纸是把图案以外的部分剪刻掉,保留图案原有的点、线、面,剪去轮廓线以外的空白部分,线与线之间互相连接。在传统剪纸中,完全采用阴刻剪纸或阳刻剪纸的方式很少,大多数是将二者结合起来。一般先用阳刻剪出主体纹样的轮廓,然后进行阴刻的装饰修剪,使阳刻中有阴刻,阴刻中有阳刻。剪纸作品的优点是可以处理复杂、精细的图形,哪怕在微小的面积上也可以准确地刻出图形。

二、纸艺

(一)团花剪纸

团花剪纸是剪纸艺术中常见的一种,通过对纸张折叠之后进行剪的方式,最后形成花样对称、均齐的图形。团花剪纸作品多呈现圆形,可以分为对折剪、三折剪、四折剪、五折剪、六折剪。团花剪纸需要准备的材料有正方形红色剪纸、剪刀、铅笔。

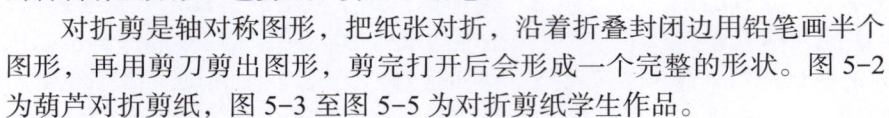

对折剪是轴对称图形,把纸张对折,沿着折叠封闭边用铅笔画半个图形,再用剪刀剪出图形,剪完打开后会形成一个完整的形状。图 5-2 为葫芦对折剪纸,图 5-3 至图 5-5 为对折剪纸学生作品。

视频 12

图 5-2　葫芦对折剪纸

图 5-3　对折剪纸作品 1(郑晶晶)

图 5-4　对折剪纸作品 2(吴欣怡)

图 5-5　对折剪纸作品 3(佚名)

三折剪纸，将一张正方形剪纸按对角折叠一次，找到三角形底边中心点，将三角形折叠成三等份的锐角，角度均为60°，从中心点开始绘制图形。需要注意的是，要把图形绘制在倒三角形三层叠加部分，剪完之后会形成三个大小、形状均等的图形。图5-6为三折剪纸步骤组图，图5-7至图5-9为三折剪纸学生作品。

(a) 步骤1　　(b) 步骤2　　(c) 步骤3　　(d) 步骤4　　(e) 步骤5

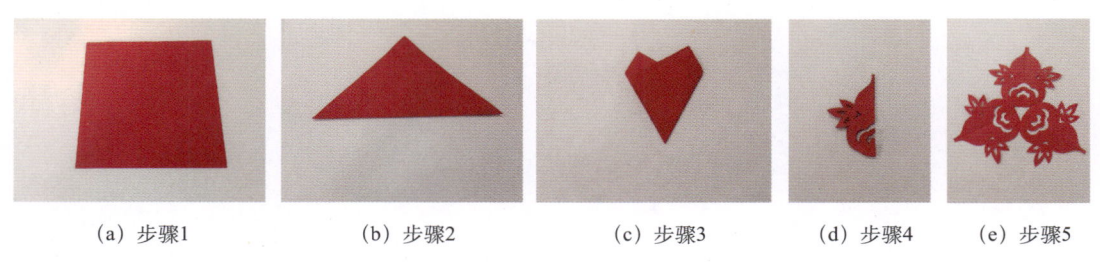

图5-6　三折剪纸步骤组图

图5-7　三折剪纸作品1（牟悦扬）　图5-8　三折剪纸作品2（肖湘云）　图5-9　三折剪纸作品3（宓心蕾）

四折剪纸，将一张正方形剪纸按对角折叠三次，接着绘制图形，最后展开，形成四个大小、形状均等的图形。图5-10为四折剪纸步骤组图，图5-11至图5-13为四折剪纸学生作品。

(a) 步骤1　　(b) 步骤2　　(c) 步骤3　　(d) 步骤4　　(e) 步骤5

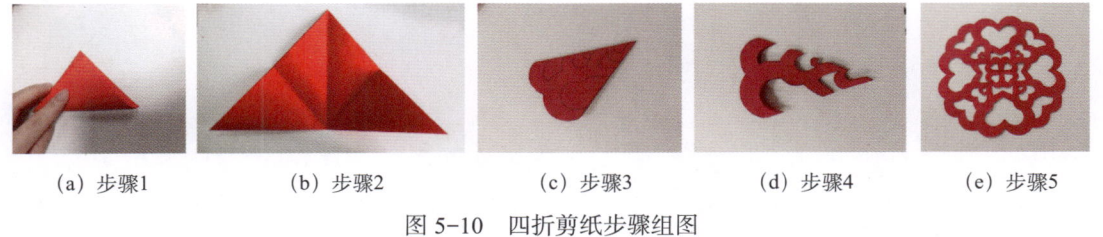

图5-10　四折剪纸步骤组图

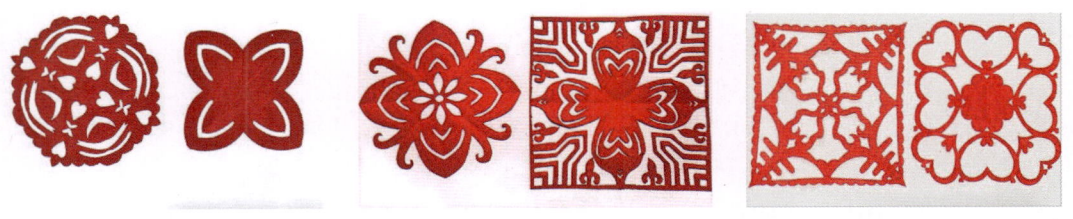

图5-11　四折剪纸作品1（张馨怡）图5-12　四折剪纸作品2（刘甜甜）图5-13　四折剪纸作品3（徐思敏）

五折剪纸，将一张正方形纸按对角折叠，再对折一次，找到中心点后展开，恢复到三角形状态，根据三角形底边中心点，再折五等份锐角，角度均为36°。图5-14为五折剪纸步骤组图，图5-15至图5-17为五折剪纸学生作品。

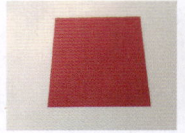

(a) 步骤1　　(b) 步骤2　　(c) 步骤3　　(d) 步骤4　　(e) 步骤5　　(f) 步骤6

图 5-14　五折剪纸步骤组图

图 5-15　五折剪纸作品1（许佳） 　图 5-16　五折剪纸作品2（章雨非菲） 　图 5-17　五折剪纸作品3（张秀雯）

六折剪纸，将一张正方形纸按对角折叠，找出中心点，以中心点为轴心，将三角形折叠成六等份，角度均为30°。图 5-18 为六折剪纸步骤组图，图 5-19 至图 5-21 为六折剪纸学生作品。

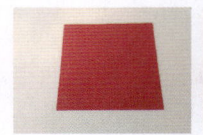

(a) 步骤1　　(b) 步骤2　　(c) 步骤3　　(d) 步骤4　　(e) 步骤5　　(f) 步骤6

图 5-18　六折剪纸步骤组图

图 5-19　六折剪纸作品1（蔡雨悦） 　图 5-20　六折剪纸作品2（陈瑾） 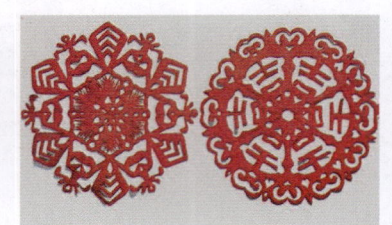　图 5-21　六折剪纸作品3（陈嘉怡）

需要注意的是，三角形的顶点为展开图形的圆心，在绘制图案时，方向会改变图案最终的形状。团花剪纸的内容广泛，可以根据主题的需求进行创作，常见的有节日、水果、动物、花卉、字体，不同的主题代表不同的寓意。在中国传统剪纸中，一些动物代表着吉祥的寓意，如狮子为百兽之王，人们认为它可以驱邪，民间剪纸艺术中把狮子视为吉祥物，常见的狮子造型有站着的、坐着的、含着金币的等。在狮子的外圈配上花纹，就能形成一幅完整且美观的剪纸作品。图 5-22 至图 5-24 为动物剪纸学生作品。

图 5-22　动物剪纸作品 1　　　　　图 5-23　动物剪纸作品 2　　　　　图 5-24　动物剪纸作品 3
　　　　（褚平平）　　　　　　　　　　　（肖湘云）　　　　　　　　　　　（楼玉萍）

剪纸作为中国传统文化之一，是需要学习和传承的。学前美术教师学会剪纸技能，可以在幼儿教学中设立国学课堂，让幼儿学习更多的中国传统文化，激发幼儿对祖国的热爱之情。同时，幼儿也可以了解民间艺术和各民族的习俗和特色。

（二）皱纹纸制作

皱纹纸是一种纸面呈现皱纹的加工纸，皱纹纸具有纹路、颜色、柔韧性。手工用皱纹纸的特征是颜色丰富，尺寸多为 250cm×50cm，特点为不易撕破、不掉色。在手工课程中，皱纹纸可以作为礼品、花束的外包装。皱纹纸可以用于各种花的制作，还可以作为拼贴的装饰材料。探索皱纹纸的制作技能，需要先学习皱纹纸花卉制作。用皱纹纸制作雏菊的步骤如图 5-25 所示。

视频 13

（a）步骤1　　　　　　　　　（b）步骤2　　　　　　　　　（c）步骤3

图 5-25　用皱纹纸制作雏菊的步骤

课前材料准备：皱纹纸、胶水、剪刀、花秆、绿色胶带。

步骤 1：选择三种颜色的皱纹纸，分别作为花蕊、花瓣、叶片的材料。

步骤 2：剪出需要的尺寸。需要注意的是，花蕊要比花瓣的长和宽都短一些，花瓣需要包住花蕊。花蕊的参考尺寸为宽 2cm、长 12cm，花瓣的参考尺寸为宽 4cm、长 20cm。

步骤 3：剪出宽、长相等的条状，不要剪断，留出宽的三分之一，用于粘贴。在剪的过程中，需要注意皱纹纸纹路的方向，顺着纹路剪，纸张会直立、挺拔，相对坚硬；横向纹路剪，纸张会软塌，不利于塑形。因此，花蕊宜横剪，花瓣宜顺剪。

步骤 4：把花蕊部分涂上胶水，用卷的方式缠绕在花秆上。在缠绕的时候注意胶水涂抹部分通过绕、捏的方式紧紧粘贴在花秆上。

步骤5：在做完花蕊的基础上，缠绕花瓣部分。花瓣缠绕的过程中需要一边绕，一边整理花瓣，使其均匀分布。

步骤6：用绿色皱纹纸剪出花托和叶片部分后再粘贴。

用皱纹纸制作雏菊主要包含剪、绕、整理三个步骤。通过对制作雏菊技法的探索，可以制作其他动植物，如薰衣草、毛毛草等。图5-26所示为用皱纹纸制作的薰衣草。

图5-26　用皱纹纸制作的薰衣草

皱纹纸花卉制作也可以通过单片粘贴的方式完成。图5-27所示为用皱纹纸制作玫瑰花的步骤。

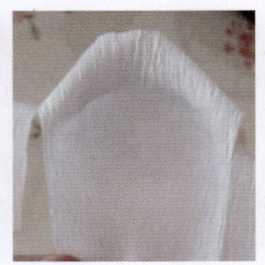

(a) 步骤1　　(b) 步骤2　　(c) 步骤3　　(d) 步骤4

图5-27　用皱纹纸制作玫瑰花的步骤

课前材料准备：皱纹纸、剪刀、一次性筷子、花秆、胶水。

步骤1：选择两种颜色的皱纹纸，其中一种是绿色系。

步骤2：根据需要制作的玫瑰花大小，剪出多张相等的长方形，参考尺寸为3cm×4cm。

步骤3：对每一张长方形的皱纹纸都进行按压、卷曲，做成花瓣的形状。

步骤4：将皱纹纸一片一片地依次粘贴到花秆上，粘贴的时候需要整理好玫瑰花的外形。

用皱纹纸制作玫瑰花主要包含剪、造型、粘贴三个步骤。通过对制作玫瑰花技能的探索，可以制作马蹄莲、蔷薇花等。图5-28所示为用皱纹纸制作的马蹄莲。

图5-28　用皱纹纸制作的马蹄莲

（三）皱纹纸拼贴

纸张的课程探索需要学前美术教师把自己掌握的技能转化成适合幼儿学习的课程。皱纹纸除了可以做花卉，也可用于拼贴装饰。通过对纸张的裁剪、变形、粘贴，制作成半立体的装饰作品，适用于幼儿手工创新训练和幼儿园的环境装饰。图5-29所示为皱纹纸主题拼贴作品。

		(a)		(b)		(c)

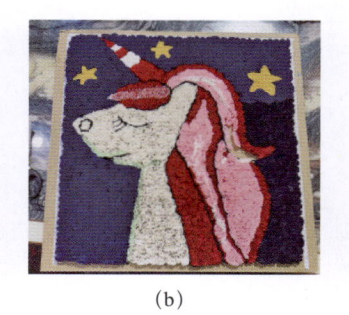

图 5-29　皱纹纸主题拼贴作品

针对皱纹纸的课程探索，进行幼儿皱纹纸课程设计，表 5-4 为幼儿皱纹纸课程设计方案。

表 5-4　幼儿皱纹纸课程设计方案

主题	手工皱纹纸（一）				
章节	第一节 我最喜欢的动物	适合年龄段	3～5 岁	上课时间	60 分钟
期待目标	1. 学会揉、搓、团、捏等技法 2. 学会运用皱纹纸进行拼贴，提高幼儿的创意性和自信心，增加绘画的乐趣和绘画创作的经验					
场所	美术教室				备注
准备材料	皱纹纸、白卡纸、胶水、记号笔				
引入	1. 老师打招呼 2. 开始美术活动 3. 对此次美术活动进行说明 4. 制定要遵守的规则，开始活动				
阶段	欣赏视频和图片 1. 通过观看图片、视频理解作品的种类：表现技法 2. 理解作品的手工表现技法：揉、搓、团、捏 3. 用拼贴的方式表现主题内容 4. 对手工过程的掌握，运用流畅线条画出外形轮廓 5. 发挥想象力，从作品的颜色、内容等方面说一说画面表现出的趣味 手工练习 1. 根据老师的指导选择不同颜色的皱纹纸 2. 指导幼儿选用不同的揉搓方式制作拼贴元素；指导幼儿画出自己想表达的动物外形 3. 手工制作的时候，能与画面效果、人物形象、故事内容相关联；结合幼儿的兴趣爱好，进行发散性思维引导 4. 将做好的元素粘贴到画好的图案中，做出想要的效果				1. 多媒体应用 2. 无意识、自发的创作
结束	1. 自我表述：对自己作品的介绍和评价 2. 分享作品：别人对自己作品的评价 3. 预告：下次美术活动 4. 清理：向老师表示感谢；共同清理进行美术活动的场所				

主题	手工皱纹纸（二）				
章节	第二节 植树节	适合年龄段	3～5岁	上课时间	60分钟
期待目标	1.学会剪、撕、捏、拼、贴等技法 2.学会运用皱纹纸进行拼贴，提高幼儿的创意性和自信心，增加绘画的乐趣和绘画创作的经验				
场所	美术教室			备注	
准备材料	皱纹纸、棕色卡纸、胶水、记号笔、剪刀				
引入	1.老师打招呼 2.开始美术活动 3.对此次美术活动进行说明 4.制定要遵守的规则，开始活动				
阶段	**欣赏视频和图片** 1.通过观看图片、视频理解作品种类：表现技法 2.理解作品的手工表现技法：剪、撕、捏、拼、贴 3.用拼贴的方式表现主题内容 4.对手工过程的掌握，运用流畅的线条设计画面，并用皱纹纸装饰画进行创作 5.发挥想象力，从作品的颜色、内容等方面说一说画面表现出的趣味 **手工练习** 1.根据老师的指导选择与主题相关的皱纹纸颜色，如绿色、红色 2.指导幼儿选用不同的撕的方式制作拼贴元素；指导幼儿画出自己想的树的样子 3.手工制作的时候，能与画面效果、节日、故事内容相关联；结合幼儿的兴趣爱好，引导发散性思维 4.将做好的元素粘贴到画好的树的造型上，做出想要的效果			1.多媒体应用 2.有主题、有设计、有创作的思路	
结束	1.自我表述：对自己作品的介绍和评价 2.分享作品：别人对自己作品的评价 3.预告：下次美术活动 4.清理：向老师表示感谢；共同清理进行美术活动的场所				

想一想

1. 设计一场用纸张进行手工制作的幼儿美术活动。
2. 还有哪些纸张经常被用于幼儿美术活动？应该怎样运用？

第四节　超轻黏土的运用

随着幼儿美术教育的不断发展，美术课程趋于对材料和创造力的追求。超轻黏土作为一种新兴的手工材料，逐渐受到大家的喜爱。通过对超轻黏土的运用，掌握基本的塑形技巧，了解黏土作品的基本制作过程，在制作中体验到乐趣和成就感。

视频 14

一、材料简介

（一）认识材料

超轻黏土诞生于德国，是一种新型环保、无毒、不黏手的手工材料，其成分主要是发泡粉、水、纸浆等。超轻黏土的特点是颜色多样、柔软性好、可塑性强，非常容易做出各种造型。超轻黏土可以自然风干，且可长期定型。自然风干后不开裂、不变形，定型后还可以用颜料或马克笔进行上色。超轻黏土价格适中，因此迅速取代传统橡皮泥、陶土、彩泥等，成为儿童和手工爱好者常用的手工材料。超轻黏土的延展性、粘连性更强，且质地轻，干后像泡沫片一样，一般30～60分钟即可自然风干。超轻黏土的一个非常重要的特质就是不黏手，且易清洗。超轻黏土的颜色非常丰富，并且可以进行均匀混色或不均匀混色。

（二）使用方法

使用超轻黏土时需要注意，在取出黏土后，要及时把袋子或盒子密封，避免阳光直射，导致因水分挥发而变硬。黏土快干时，加一些水，就可以恢复原状了。在进行创作之前，应该对黏土进行充分揉捏，避免因存在空气而不方便操作；在黏土表面喷洒水时，会出现掉色的现象，这时候要继续揉捏，黏土会吸收颜色，不影响后续使用；创作完成之后，让作品自然风干，无须进行烘烤、加热。

超轻黏土的基本使用方法如下：

揉：将黏土放在两手心之间，双手相对旋转，用力均匀，注意不要用力过大。

捏：双手拇指和食指配合，用力压捏已成球形的黏土，将其挤压成正方形。

搓：将黏土放在两手心之间，两手前后运动，或者一只手在桌面上来回压擀黏土。

压：用手掌或压石将黏土压成薄薄的饼片状。

剪：用剪刀将黏土剪出所需形状。

挑：用牙签挑出毛茸茸的效果，动物、毛绒玩具都用此法。

刻：用工具刀在黏土上划压出痕迹。

切：用工具刀将黏土切出想要的形状或长短。

了解了超轻黏土的基本使用方法后，还需要掌握基础造型的制作。球体的制作会用到

95

泡沫球体，把超轻黏土贴附在泡沫球体表面后，利用两手心之间的压力将其揉搓至均匀。长条的制作会用到的辅助工具为尺子，或透明平整、有一定硬度的板子，压在超轻黏土上来回反复推，形成光滑的长条状。学会基础造型的制作后，进行叠加、黏合，制作出复杂的物体形象。

二、制作作品

（一）形象制作

超轻黏土的应用广泛，可以制作人物、动物、食物等形象，还可以进行主题创作。在幼儿园开展超轻黏土主题活动，可以增强幼儿的动手能力，还可以联系生活场景、故事场景。另外，超轻黏土还可以作为辅助材料，用于创意性绘画。把超轻黏土作为绘画的黏合剂，或者是代替颜料绘图的方式，在纸上作画。图5-30至图5-35为超轻黏土学生作品。

图5-30　超轻黏土作品1（顾媛）

图5-31　超轻黏土作品2（高楹煊）

图5-32　超轻黏土作品3（阮敏丽）

图5-33　超轻黏土作品4（林玲）

图5-34　超轻黏土作品5（金晶）

图5-35　超轻黏土作品6（潘炜乐）

（二）器皿制作

超轻黏土器皿制作主要指使用超轻黏土制作用于盛放各种物品的器皿，如花瓶、碗、笔筒。这里需要让幼儿掌握的是花瓶的制作方法。制作花瓶所需掌握的基础技能为盘条法，如图5-36所示。使用盘条法的具体步骤为：①把超轻黏土做成多根长条；②用一根长条一圈圈盘绕起来，做成一个圆的面；③用另一根长条在圆面的最外圈开始往上叠加、盘绕；④对花瓶的瓶身进行装饰。制作花瓶的第二种方法为壁体拉伸法，具体步骤为：①取出一定量的超轻黏土，轻轻地搓揉，使其柔软且无气泡；②用手掌将超轻黏土压成一个厚底片，作为花瓶的底座；③捏住底座边缘，轻柔且均匀地拉扯超轻黏土以形成花瓶壁，保持厚度一致是关键；④当花瓶壁达到所需高度时，用手指轻轻捏出花瓶的开口部分，保持边缘平滑；⑤对花瓶的瓶身进行装饰。图5-37、图5-38为器皿学生作品。

图5-36　用盘条法制作的花瓶

图5-37　器皿作品1（石嘉晴）　　图5-38　器皿作品2（李研）

（三）课程设计

幼儿超轻黏土课程是一门旨在培养幼儿动手能力和创造力的手工艺术课程。在幼儿超轻黏土课程中，幼儿不仅可以学习色彩调配知识，还可以通过实践活动来培养自己的想象力和创造力。同时，该课程应该注重培养幼儿的沟通合作能力，让他们在互动中互相学习、互相帮助，共同成长。此外，为了培养幼儿对形体、造型的把握能力，可以把二维平面的形象构成三维立体的形象，为幼儿学习泥塑造型和陶艺课程打下基础。幼儿超轻黏土课程通常采用游戏化的教学方式，如表5-5所示，让幼儿在玩中学、学中玩，激发他们的学习兴趣和积极性。在整个教学过程中，学前美术教师要根据幼儿的年龄和心理特征，设计适合他们的课程内容和难度，让他们在轻松愉快的氛围中学习、成长。

表 5-5　超轻黏土创意绘画课程设计方案

主题	超轻黏土创意画（一）				
章节	第一节 立体仙人掌	适合年龄段	3~5 岁	上课时间	60 分钟
期待目标	1. 学会三指并排按压超轻黏土的技法 2. 学会运用超轻黏土作画，提高幼儿的创造性和自信心，感受到绘画的乐趣，增加绘画创作的经验				
场所	美术教室				备注
准备材料	超轻黏土、白色卡纸				
引入	1. 老师打招呼 2. 开始美术活动 3. 对此次美术活动进行说明 4. 制定要遵守的规则，开始活动				
阶段	欣赏视频和图片 1. 通过观看图片、视频理解作品的种类：表现技法 2. 理解作品的绘画表现技法：按、压、拖 3. 用粘贴超轻黏土的方式表现画面主题内容 4. 对超轻黏土由轻到重的按压力度的把握，对按压轨迹的把握 5. 发挥想象力，从作品的颜色、内容等方面说一说画面表现出的趣味 手工练习 1. 根据老师的指导选择与主题相关的超轻黏土的颜色：绿色、红色、白色、棕色 2. 指导幼儿通过对仙人掌的认识和观察，用按、压、拖等方式制作仙人掌 3. 创作画面的时候，能通过细节的刻画，把仙人掌的形象创作得有趣、生动；结合幼儿的兴趣爱好，进行发散性思维引导				1. 多媒体应用 2. 有主题、有观察、有创作的思路
结束	1. 自我表述：对自己作品的介绍和评价 2. 分享作品：别人对自己作品的评价 3. 预告：下次美术活动 4. 清理：向老师表示感谢；共同清理进行美术活动的场所				

主题	超轻黏土创意画（二）				
章节	第二节 立体蝴蝶	适合年龄段	3~5 岁	上课时间	60 分钟
期待目标	1. 学会按、压、搓等技法 2. 学会对称法绘画方式，提高幼儿的创造性和自信心，感受到绘画的乐趣，增加绘画创作的经验				
场所	美术教室				备注
准备材料	白卡纸、超轻黏土				
引入	1. 老师打招呼 2. 开始美术活动 3. 对此次美术活动进行说明 4. 制定要遵守的规则，开始活动				

续表

阶段	欣赏视频和图片 1. 通过观看图片、视频理解作品的种类：表现技法 2. 理解作品的表现技法：按、压、搓 3. 用粘贴超轻黏土的方式表现画面主题内容 4. 对超轻黏土大小的把握，学会用对称法构图和绘画 5. 发挥想象力，从作品的颜色、内容等方面说一说画面表现出的趣味 手工练习 1. 根据老师的指导选择与主题相关的超轻黏土的颜色，如蓝色、红色、黄色、黑色等 2. 指导幼儿选用不同大小的超轻黏土进行排列，运用对称的方式构造蝴蝶的翅膀，指导幼儿画出自己想象的蝴蝶的样子 3. 运用超轻黏土制作作品的时候，结合幼儿的兴趣爱好，进行发散性思维引导	1. 多媒体应用 2. 对称、排列构图的方法
结束	1. 自我表述：对自己作品的介绍和评价 2. 分享作品：别人对自己作品的评价 3. 预告：下次美术活动 4. 清理：向老师表示感谢；共同清理进行美术活动的场所	

主题	超轻黏土创意画（三）			
章节	第三节 小兔子的一家	适合年龄	6岁	上课时间	60分钟
期待目标	1. 学会剪、戳、埋、贴等技法 2. 学会创作动物造型，提高幼儿的创意性和自信心，感受到绘画的乐趣，增加绘画创作的经验				
场所	美术教室			备注	
准备材料	超轻黏土、纸巾、马克笔、剪刀、小棒				
引入	1. 老师打招呼 2. 开始美术活动 3. 对此次美术活动进行说明 4. 制定要遵守的规则，开始活动				
阶段	欣赏视频和图片 1. 通过观看图片、视频理解作品的种类：表现技法 2. 理解作品的表现技法：剪、戳、埋、贴 3. 用粘贴的方式表现主题内容 4. 对手工过程的掌握，运用超轻黏土构成动物的形状设计画面，用纸巾装饰动物绒毛 5. 发挥想象力，从作品的颜色、内容等方面说一说画面表现出的趣味 手工练习 1. 根据老师的指导选择与主题相关的超轻黏土的颜色，如白色、灰色、棕色、粉色 2. 指导幼儿把纸巾剪成大小相等的小方块，作为制作动物绒毛的元素；指导幼儿给纸巾上色，做出自己喜欢的兔子颜色 3. 手工制作的时候，能与画面效果、故事、诗歌内容相关联，结合幼儿的兴趣爱好，进行发散性思维引导 4. 用纸巾元素，借助小棒戳入超轻黏土中，做出动物绒毛的效果			1. 多媒体应用 2. 有主题、有设计、有创作思路	

续表

| 结束 | 1. 自我表述：对自己作品的介绍和评价
2. 分享作品：别人对自己作品的评价
3. 预告：下次美术活动
4. 清理：向老师表示感谢；共同清理进行美术活动的场所 | |

还可以用超轻黏土做一些较大型的物品，如蛋糕、人像。制作较大尺寸的物品时，要借助辅助材料一起搭建。因为超轻黏土在湿润的时候质地较柔软，过大的尺寸容易导致坍塌，需要纸板、钢丝、塑料瓶等辅助材料。先对要做的物品做一个形状支架，再把超轻黏土依附于支架表面进行装饰。图 5-39 至图 5-41 所示为超轻黏土大型作品。此外，还可以用超轻黏土做发饰、胸针、浮雕壁饰、镜框、仿真花等，让幼儿多尝试创作与生活相关的物品。

图 5-39　超轻黏土大型作品 1（徐思敏） 　　图 5-40　超轻黏土大型作品 2（舒诗雅） 　　图 5-41　超轻黏土大型作品 3（俞钱奕）

想一想

1. 怎样在课堂活动中把握好超轻黏土的干湿度？
2. 超轻黏土制作的基础训练有哪些？

第六章

幼儿园玩/教具的设计与制作

学习目标

知识目标： 了解自制玩/教具的概念、意义，熟悉自制玩/教具的设计原则。

能力目标： 能根据幼儿身心的发展特点，独立设计制作适合教学及活动的玩/教具。

情感目标： 养成对手工制作的浓厚兴趣及创新意识，养成较强的民族文化自信、传统美学审美素养、科学的美术教育理念。

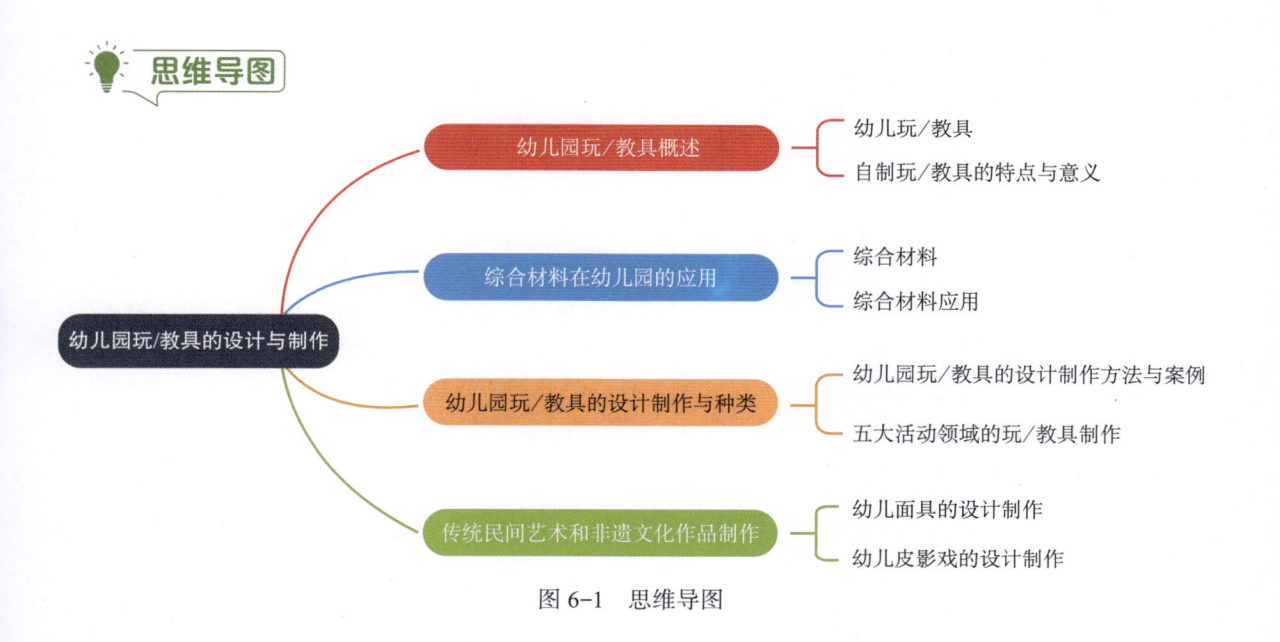

思维导图

幼儿园玩/教具的设计与制作
- 幼儿园玩/教具概述
  - 幼儿玩/教具
  - 自制玩/教具的特点与意义
- 综合材料在幼儿园的应用
  - 综合材料
  - 综合材料应用
- 幼儿园玩/教具的设计制作与种类
  - 幼儿园玩/教具的设计制作方法与案例
  - 五大活动领域的玩/教具制作
- 传统民间艺术和非遗文化作品制作
  - 幼儿面具的设计制作
  - 幼儿皮影戏的设计制作

图 6-1　思维导图

第一节　幼儿园玩/教具概述

早在17世纪，英国思想家洛克就发明了识字积木，率先尝试把玩具与教具合二为一，淡化和模糊了玩具与教具的区别，因此，教育型玩具可以统称为玩/教具。玩/教具的基本特性为娱乐性和教育性，并能帮助幼儿更直观、有效地学习知识、文化习俗等。

视频15

一、幼儿园玩/教具

玩具有狭义与广义之分。狭义的玩具是指专门为幼儿设计制作的具有游戏功能属性的物品，可用于幼儿的游戏与活动中，如玩具汽车、洋娃娃、积木等。广义的玩具可以指任何东西，可以是成人专门为幼儿制作的供幼儿玩游戏时使用的玩具，也可以是自然的、非专门制作的游戏材料，如树叶、石头、纸张、鞋盒、水果等。教具一般是在教学中用来讲解、说明某事某物的模型、实物、图表和幻灯等的总称，主要作用为教学的辅助物。整体来说，教具的趣味性明显低于玩具。

玩/教具既是具有一定趣味性的玩具，也是能达成教学目的的教具，是学前美术教师或家长在教学及活动中增加教学直观性，同时又能供幼儿游戏的教育型玩具。学前教育主要是启蒙教育，教学形式主要为游戏，玩/教具作为幼儿游戏的重要工具，对幼儿身心健康发展具有不可忽视的作用。幼儿园的玩/教具是学前美术教师根据幼儿的教育需求与身心发展要求，对各种材料有目的、有计划地进行收集、选择、组合、改造，重新设计制作适合不同年龄段幼儿使用的教育性玩具。学前美术教师如何自制玩/教具？应该制作怎样的玩/教具？选用何种材料？这些都需要经过深思熟虑。

二、自制玩/教具的特点与意义

由于幼儿的学习目标、生活经验、身心发展存在差异，所在的地理环境、课程特色、教学方式、园本文化也不同，采购的商品化玩/教具未必适合所有的幼儿。学前美术教师需因地制宜、因材施教地自制玩/教具来弥补商品化玩/教具在教学中启发性差、教育性弱的不足。因此，学前美术教师自制的玩/教具应具有教育性、科学性、安全性、简易性、实用性的特点，根据课程的需要还应兼具地方特色、时代印记、文化传承等特点。

（一）特点

自制玩/教具应符合教育性的特点，包含一定的学习任务，是学前美术教师根据课程目标、教学方式有计划、有目的地设计制作适合该年龄段幼儿的教学用品，从而达到寓教于乐的教学效果，让幼儿在游戏中学习知识、塑造品格。

自制玩/教具应为幼儿提供各种感知刺激和可操作的、有具体形象的"概念框架"，也就是把抽象的概念具体化，让幼儿通过操作玩/教具来学习和理解抽象的知识。因此，自制玩/教具应符合幼儿年龄段的特点与认知规律，要符合幼儿近期的发展阶段，不能超出幼儿的认知范围。

自制玩/教具作为幼儿园中幼儿游戏与学习的重要物品，在材料的选择上要确保安全、卫生、无毒及环保，在制作的过程中要确保幼儿的安全。

自制玩/教具应遵循幼儿身心发展规律，选择生活中触手可及的材料，多用自然物去替代人造物，制作过程力求简单、方便，操作过程便于幼儿识别与操作，简单易玩。

自制玩/教具在制作工艺简单的基础上应最大限度地发挥其实用性，增强玩/教具的多功能性，达到一物多用的效果。由于幼儿认知能力存在差异性，操作起来会轻重不一，选用质地坚固的材料，可以增加玩/教具的使用寿命，还可以把操作性较强的玩/教具应用到其他活动中。

幼儿园开展自制玩/教具教学活动，不仅能保障幼儿游戏的权利，促进幼儿学习与发展，还能丰富幼儿园教育资源，促进教育教学与游戏活动的开展，有利于幼儿各方面能力的提高。此外，自制玩/教具活动还可以促进学前美术教师自我成长，推进建设和谐有效的教学环境。

自制玩/教具可以提高幼儿的探索能力和发散性思维，促进幼儿身心健康、和谐全面发展。自制玩/教具除了可以满足幼儿的天性与娱乐的需求，还可以通过可操作的、具象的外形为刺激幼儿的感觉和知觉提供帮助。幼儿沉浸于对游戏材料的操作与探究，这种直观学习方式不仅能够促进幼儿大脑发育，更是幼儿对生活经验的呈现，提升了幼儿的想象力与创造力，是幼儿自主学习的重要载体。

自制玩/教具极大地丰富了幼儿园的教育资源，对开展教育教学与游戏活动起到了重要作用。自制玩/教具活动属于教育教学的一部分，其最终的成品也属于教育教学的成果，这两种形式都为幼儿在幼儿园的学习和生活提供了良好的氛围与环境。自制玩/教具在材料的选择上更自主，选择当地特色材料更能贴合本土文化特色与课程目标，不仅传承了当地文化，还能更好地凸显潜在的游戏性，丰富了幼儿园课程内容与游戏材料。

自制玩/教具能促进学前美术教师自我成长，是学前美术教师个人专业素养的重要体现。制作适合本班幼儿游戏学习的玩/教具，不仅能让幼儿喜欢玩，而且玩得有意义，是学前美术教师必须掌握的专业技能。学前美术教师在制作玩/教具的过程中，从构思、选材、设计、制作上都必须贴合幼儿的实际需求与认知，将科学、合理的教育理念与教育实践相结合，从幼儿兴趣点入手，找寻教育契机，提升学前美术教师自身的教学能力。学前美术教师还应根据幼儿实际操作情况不断地调整、改良玩/教具的材料、结构、操作方法等，增强玩/教具的使用效果，进而促进学前教育美术课程的可持续发展。

自制玩/教具促进了家园合作共育模式。良好的幼儿园环境不仅需要学前美术教师创建，还需要家长参与，这不仅有利于家园合作的有效开展，也对提高幼儿园教育质量、促进幼儿身心健康发展具有重要作用。家长的参与可以有效地展现出幼儿园最近的课程内容与教学特点，使家长保持与幼儿园一致的教育理念；保证家长与幼儿园的紧密联系，在参与自制玩/教具的主题活动中，家长需要收集生活中的各种材料，提供设计、分享制作经验，以此提高家长的参与度；可以有效帮助家长明确自身的教育责任与能力，增强家长作为"第一任教师"的角色意识，与孩子共同合作完成任务，增进亲子关系。

自制玩/教具具有民族文化传承的意义，有助于促进幼儿了解传统文化、当地文化、生活习俗等凝结着人类社会历史经验与价值观念的智慧。民族文化的传承不能依赖于口头说教，而应借助某种实物，让幼儿在具体感知中了解民族文化。幼儿园中玩/教具的创意多来自节日活动、传统习俗、民间游戏等本土文化，在材料的选择上可选用当地的特色材料，这对于幼儿了解我国民族文化、当地文化和生活习俗具有积极的推进作用。

（二）设计原则和意义

在设计、制作玩/教具之前，学前美术教师一定要以幼儿的认知水平、参与兴趣、玩/教具的可探索性等因素作为必要参考，这样才能设计、制作出真正适合幼儿游戏的玩/教具。

幼儿园自制玩/教具应符合《幼儿园教育指导纲要（试行）》的规定，从不同的角度促进幼儿情感、态度、能力、知识、技能等方面的发展。自制玩/教具必须以适合幼儿身心发展需要、符合幼儿各年龄段特点为前提。比如，小班幼儿与大班幼儿因为年龄差异，身心发育程度不一样，为了达到相同的教学目的，即提高幼儿手部精细动作能力，制作的玩/教具就要有所不同。小班幼儿手部肌肉发育不完善，在制作"用筷子夹豆子"的玩/教具时，需要更粗、摩擦力更大的筷子，还需要准备较大、形状不那么圆、表面粗糙的豆子，如蚕豆。大班幼儿手部肌肉发育较完善，因此可以选择生活中使用的普通筷子，豆子可以选择黄豆、红豆等小豆子。

自制的玩/教具属于教育性的玩具，所以玩/教具需要具备能时刻保持吸引幼儿注意力的趣味性。为了保持趣味性，需要对玩/教具进行创新设计，创设出创造性的玩法。第一，外观设计。玩/教具的造型设计要形象、可爱，色彩鲜明亮丽。比如，在筷子上涂上不同的颜色，画上卡通图案，或者在筷子顶部加入卡通造型的立体动物折纸，让幼儿看一眼就能被吸引。第二，创意玩法。如果一直保持一种操作方法，幼儿会渐渐失去兴趣，可以通过更改操作规则来吸引幼儿的注意力。比如，难度系数不断升级，将个人比赛换成团队比赛，这样能使幼儿一直积极参与。

幼儿园自制玩/教具为幼儿自主探索、亲身体验、想象与创新提供了机会。幼儿会通过直接地摸、看、闻、听、尝来认识这个世界。让幼儿通过自主操作直接参与到玩/教具制作活动中，可以提高幼儿动手动脑和主动学习的能力，丰富幼儿的学习经验；在制作玩/教具的过程中可以增强幼儿的交往能力、沟通能力与合作能力；制作完成的玩/教具可以增强幼儿的成就感，使其感受到成功的喜悦与自豪。

在社会领域的交通规则课程中，学前美术教师可以利用废旧大纸箱和幼儿一起制作汽车。大的框架结构可由老师完成，小的物件如车灯、窗户、喇叭等可让幼儿自己动手制作，还可以根据幼儿的喜好为汽车进行设计和装饰。幼儿在制作中可以理解汽车的基本构造，通过对汽车外形的装饰提高幼儿的创造力。在完成作品后，学前美术教师可以让幼儿通过玩纸箱汽车了解交通规则。

玩/教具根据来源不同，可分为采购玩/教具和自制玩/教具两类。采购玩/教具不仅价格偏高，而且与课程匹配度较低，启发性弱。在实际教学中，玩/教具的需求大，秉持节约的原则，可以选取当地原材料、半成品材料或自然材料来自制玩/教具。自制玩/教具来自教学实践的需求，比从市场上购买的玩/教具更符合特定的教学目标和教学活动内容。比如，在户外可以选择树叶、石头等原材料，在海边可以选择贝壳、沙子等原材料。

幼儿园自制玩/教具还可以选择生活中的废旧材料。废旧材料不仅可以丰富材料的种类，还可以节约资源、保护环境。生活中的废旧材料随处可见，如废旧的报纸、纸杯、塑料瓶、一次性筷子、奶粉罐、鞋盒，对废旧物进行改造的过程可提高幼儿的想象力与创造力，提升其扩散性思维。

在自制玩/教具的过程中，最为重要的原则是安全。材料的选择、制作过程要注意以下两方面。①在材料选择方面。第一，不使用含有有毒、有害物质与受污染的材料，如漏电的电池、强力胶等。第二，不选取易霉烂、发臭的材料，对于废旧材料要做好清洁、消毒工作，如饮料瓶、药品包装盒等。第三，选取的材料和制成品不应有尖锐的角、锋利的边缘和裂缝，如铁质的啤酒瓶盖、打碎的玻璃碎片等，如果要使用，则需要事先进行磨边处理。②在制作过程方面。第一，避免让幼儿使用过小的材料，以免幼儿误食；不能在离开教师视线时操作长线、铁丝等材料，以免因缠住脖子或绊倒而造成意外伤害。第二，学前美术教师要时刻关注幼儿的操作状态，一旦发现不安全因素要及时制止。第三，玩/教具的结构要牢固可靠、不易松散变形，尽量选取坚固的材料。

制作完成的玩/教具的大小以适合幼儿把玩为宜，过于细小和过重的玩/教具都不适合幼儿。公用的玩/教具要定期进行消毒与安全检查，以免给幼儿带来传染疾病与安全隐患。在耐久性上，要做到自制玩/教具的一物多用、一物多玩的多功能性，因此，在选择材料时要根据课程目标选取牢固性好的材料。比如，为运动课程制作动物面具，在纸张与不织布两种材料中，应该选择无纺布，因为无纺布不易扯坏、耐磨性更强，可以延长玩/教具的使用时间。

第二节　综合材料在幼儿园的应用

幼儿园玩/教具的设计与制作需要综合考虑教育性、趣味性和安全性。通过明确教育目标、选择合适的材料、设计外观和功能、制作玩/教具、测试和修改，以及定期维护和更新等步骤，做出有趣、安全且富有教育性的玩/教具，为幼儿的成长和发展提供有力的支持。

一、综合材料

（一）综合材料的定义

幼儿的发展源于学习，幼儿的学习源于游戏。在幼儿园中，自制玩/教具是支持幼儿游戏与学习最适宜的工具。学前美术教师在设计制作幼儿园玩/教具前，需要先了解：可使用的材料有哪些种类？是否只能使用纸类、布类、超轻黏土等买来的材料？一件玩/教具可以使用多种不同材质的材料吗？怎么选材料？

本节将着重讲解可使用材料的种类及材料选择的特点与意义。对材料有基本的认知后，学前美术教师才能更好地设计制作玩/教具。

在学前美术教育领域中，综合材料的定义为两种及两种以上不同性质的材料的组合，如未经人工处理的天然石头材料和经过人工处理的纸张材料等，能够服务于幼儿美术活动的一切材料统称综合材料。

学前美术教师应熟悉不同材料的特性和肌理美感，运用不同形态、材质的材料，根据幼儿学习目标合理组合，以此激发幼儿对各种材料的兴趣、探究欲望、联想及审美意识，活跃幼儿的思路。

（二）综合材料的种类

幼儿园玩/教具制作通常选择生活中常见的材料，经过合理构思、设计、收集、选择后，根据设计者的意图进行重新切割组合。这类材料只要安全、卫生即可使用。

天然材料指未经过人工加工处理的、大自然本身的产物。通常情况下，这类材料可以直接使用，如蔬菜、水果、树叶、花卉、石头等，这类材料也称自然物。

加工材料是天然材料经过人工加工处理提炼出的物品，如纸张、塑料、陶瓷、金属、玻璃、毛线等，这类材料也称人造物。因为倡导废物利用、保护环境，在选择加工材料时，一般选取废旧的、使用过的加工材料，如矿泉水瓶、使用过的水杯、旧报纸、泡沫塑料等。

根据外形，综合材料一般分为点、线、面、块四大类。

点状材料：材料外形呈现颗粒或粉末状态，如豆类、沙子等。

线状材料：材料外形呈现线性状态，如面条、毛线、金属丝、吸管等。

面状材料：材料外形呈现小面积的平面状态，如纸张、布、玻璃、树叶等。

块状材料：材料外形呈现具有一定三维体积的块面状态，如蔬果、水瓶等。

二、综合材料应用

在幼儿园中，综合材料不仅可用于玩/教具的制作，还可用在幼儿园的环境创设、美术教学活动中。

（一）综合材料在幼儿园应用的特点

综合材料的技法是多元化的，可使用软硬、轻重、粗细等质地不一、形态各异的材料。这些材料需要通过涂、剪、拼、捏等多种方法，让幼儿在操作过程中不仅熟悉各类材料的特性与功能，还能逐渐掌握多元化的美术技法，积累自己的美术经验。

因为材料形态的多元化，使用综合材料制作的作品形态也是多元的，可以是二维空间的拼贴作品，也可以是三维立体的装置作品；可以是静止不动的纸板小汽车，也可以是装上小瓶盖能够滑行的塑料瓶小汽车。这对开发幼儿头、脑、眼的协调能力与创造力具有极大帮助。

技法多元化的综合材料，不仅可以用于开展丰富有趣的美术教学活动，还可以在多领域课程的联动中展开应用，如艺术加语言、健康、社会等领域。剪窗花就可以结合艺

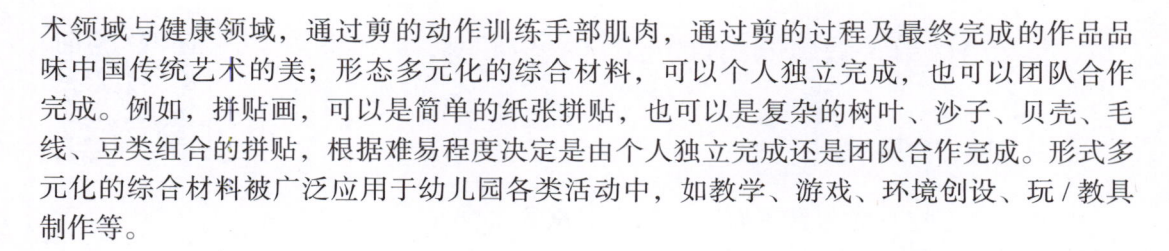

术领域与健康领域，通过剪的动作训练手部肌肉，通过剪的过程及最终完成的作品品味中国传统艺术的美；形态多元化的综合材料，可以个人独立完成，也可以团队合作完成。例如，拼贴画，可以是简单的纸张拼贴，也可以是复杂的树叶、沙子、贝壳、毛线、豆类组合的拼贴，根据难易程度决定是由个人独立完成还是团队合作完成。形式多元化的综合材料被广泛应用于幼儿园各类活动中，如教学、游戏、环境创设、玩/教具制作等。

（二）综合材料在幼儿园应用的意义

综合材料的应用能激发幼儿的探索欲。各种质地、色彩、大小、重量、味道的材料对幼儿的视觉、触觉、嗅觉感官都有不等的刺激，可以极大地提高幼儿的参与兴趣，同时也给幼儿带来新的体验与感悟，激发幼儿对大自然和生活的探索欲。例如，表现秋天的向日葵，通常我们会让幼儿通过绘画去表现他们所看到的向日葵样貌，如用水粉颜料去绘画。如果使用综合材料，可以从触觉上去表现向日葵，用不同触感的材料进行拼贴组合；也可以从嗅觉上去表现，例如，有些幼儿觉得秋天的向日葵是甜的，可以选择生活中让其感觉是甜的物品进行创作，如各种棒棒糖的包装纸、橘子皮等。这样的创作形式不仅激发了幼儿的探索欲，还能培养幼儿全面看待问题的能力。

综合材料的应用有利于幼儿的情感表达。由于材料的多元化与活动主题的开放性，为幼儿创造了更多自主性的情感表达空间。3~6岁幼儿的绘画还处于象征期，能够用较为流畅的线条表现物体大致的轮廓，以分割的形式存在，还无法把握物体的空间关系。如表现一条大脑袋的毛毛虫，绘画能力较好的幼儿可以通过纸张绘画呈现，绘画基础较弱的幼儿可以使用大小不一的石头进行组合摆放，让每一个幼儿都能选择最适合自己情感表达的艺术创作形式。因此，综合材料的应用不仅能够培养幼儿的创造性思维，更能拓展幼儿的情感表达方式。

综合材料的应用能展现学前美术教育的多样性。通过不同的组合和操作方式创作不同视觉效果的作品，并结合不同年龄段幼儿的认知特征，以灵活多变的形式和主题活动开阔幼儿的眼界，调动幼儿的创造力与审美力，在激发幼儿兴趣的同时转化成持久的情感态度。

第三节　幼儿园玩/教具的设计制作与种类

在幼儿园中，制作玩/教具的材料以自然物、生活物品与废旧物品为主。学前美术教师学习并掌握多种玩/教具的制作方法和技巧，可以丰富幼儿教育活动的手段和内容。学前美术教师应熟悉各种制作材料的特点和使用方法，拓宽玩/教具制作材料的选择范围，并能够将所学知识应用于实际教学活动中，掌握幼儿玩/教具的设计原则，提高玩/教具的实用性和教育性，从而提高幼儿的学习兴趣和动手能力，促进幼儿的全面发展。

一、幼儿园玩/教具的设计制作方法与案例

（一）玩/教具的制作方法

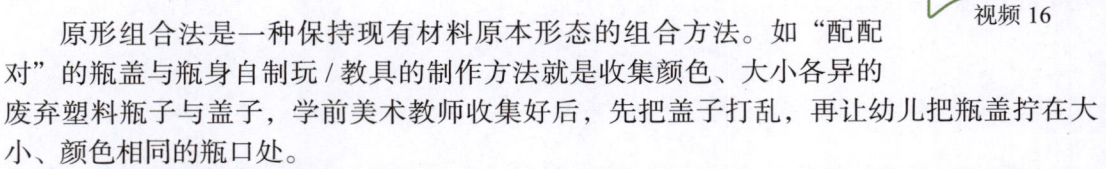

原形组合法是一种保持现有材料原本形态的组合方法。如"配配对"的瓶盖与瓶身自制玩/教具的制作方法就是收集颜色、大小各异的废弃塑料瓶子与盖子，学前美术教师收集好后，先把盖子打乱，再让幼儿把瓶盖拧在大小、颜色相同的瓶口处。

利用现有材料自身的形态进行联想，添加或减少一小部分，进行简单加工后完成一件玩/教具，这种方法比较简单，可以鼓励幼儿参与设计制作。例如，储蓄罐，利用废旧小箱子，在六个面中的一面上切割一个小洞，对外观进行适当装饰，这样一个简单的玩/教具储蓄罐就完成了。

局部变形法是在原材料的外形与材质的基础上，通过切割、撕剪、重组、粘贴等方式形成新的物体造型。例如，自制玩/教具"踩高跷"，将自然物毛竹截取高度为10cm的两小节，再在两边分别钻出两个对称的小孔，用粗绳穿过两侧小孔，然后固定，绳子长度能达到幼儿腹部即可。

分解改造法是通过对原材料的分解、缝制、粘贴等多种方式，完全改变了原材料本身的功能属性。例如，用各种大小不一的瓶盖组成一只可爱的猴子造型；用一些废旧材料，如塑料袋、花朵、叶子、口罩等裁剪缝制成一件洋娃娃的衣服。

（二）玩/教具设计制作案例

幼儿园自制玩/教具的主要目的是支持幼儿自主学习与自主游戏，并不是用来装饰与欣赏的"看具"或者完全偏向智力操作的学习工具。因此，在设计制作玩/教具时一定要多考虑其趣味性与可操作性，并坚持"以游戏为基本活动"的原则。

本节以幼儿园自制玩/教具的常用材料（自然材料与废旧材料）为例，分享一些实际教学中项目化的课程案例，讲解设计制作玩/教具的方法与要点。

《幼儿园教育指导纲要（试行）》明确指出，"要充分利用自然环境资源，扩展幼儿生活和学习的空间……教育活动内容的组织应充分考虑幼儿的学习特点和认知规律"。这些规定都遵循了幼儿教育的自然发展规律，要与大自然建立联系，以大自然为师，在让幼儿感悟生命的同时顺应幼儿身心发展规律。相关研究也证明，直接接触大自然可以改善幼儿的注意力缺陷、抑郁症、认知能力等。

自然材料属于低结构材料，具有自主化、多样化、一物多用的特点。其独特的造型、斑斓的色彩、芬芳的气味、多样的触觉，不仅激发了幼儿亲近自然的兴趣，也为幼儿的创作提供了更多的可能性。本土地域性的自然材料更能加深幼儿的文化认同感。

在制作玩/教具时，自然材料的使用应遵循以下原则：

第一，季节性。每个季节都有特定的自然材料产生，应合理利用季节材料，如春天的油菜花、秋天的枫叶等。

第二，地域性。我国国土面积广阔，因地貌结构差异，每个区域都有其独特的自然材料，应因地制宜地选择容易收集的材料，如山区的树干、果籽，海边的贝壳、海星，等等。

第三，安全性。严禁使用有毒、有害的自然材料，避免使用带有尖刺的材料，如仙人掌等。

1. 拓印

拓印是我国一项古老的传统技法，属于中国非物质文化遗产技艺。拓印是雕刻或石刻的表面的手工复制品，其方法是将一张纸紧紧覆盖在作品上，用黑色或彩色材料拓印。基于这样的制作原理，我们可以将表面具有丰富纹理图案的蔬菜、水果作为印章直接使用，利用按压的方式，形成压印图案，或者涂上颜料压印。

（1）利用整个物体进行制作

如图6-2、图6-3所示，玉米、包心菜表面都可以直接涂上水粉颜色进行压印，让幼儿换种视觉模式观察生活中常见物品的外貌特征细节，可以提高幼儿的局部观察能力。

图6-2　玉米拓印　　图6-3　包心菜拓印

（2）切割物体

有些蔬菜、水果表面光滑、纹理较弱或者造型怪异，不适合整个压印，但内部结构丰富有趣，可以通过切割的方式进行切面压印，如藕、杨桃、青菜的切面。一个物体的横切与竖切的图案也是千差万别的，通过不同的切法让幼儿全面认知物体。例如，梨的横切面图案中间是一个五角星，竖切面图案中间则是两个对称的小椭圆。

结合教学案例，我们可以将不同蔬菜、水果的切面拓印图案与蔬菜、水果照片放在同一个画面中，让幼儿玩"连连看"游戏，让幼儿亲自拓印学前美术教师事先准备好的蔬菜、水果并进行验证，最后让幼儿描述一种蔬菜、水果的外部特征和内部特征。

（3）雕刻物体

先选择硬度适合幼儿雕刻的蔬菜、水果，让幼儿先在切面处进行绘画，图案可以选择简单的几何形状，再用塑料刀等工具进行雕刻，最终完成一个印章。可以使用单色拓印，也可以使用套色拓印。所有的拓印图案都可以进行二次创作，利用画笔适当添加手绘图案，让拓印图案变成完整、有趣的创意作品。

结合教学案例，我们可以在美术教学活动中设计春天花卉的主题，让大班幼儿根据自己的生活经验和教学中的花卉图片在蔬菜、水果切面上雕刻花卉图案。以4~6人为一个小团队制作盆花，每个幼儿都压印自己的花卉印章，给自己或其他幼儿的花卉添加手绘的叶子、花秆、蜜蜂、花瓶等。因为每个幼儿对花的理解不一样，有些是真实的、有些是创意的、有些是想象的，所以完整作品的展示效果极富创意性与团队性。

树叶、花卉属于大自然中最为常见的材料，在幼儿园中，室外的植被、室内的小盆栽等都可以是幼儿游戏中的玩具。如何在教学、游戏中应用这些天然材料呢？在拓印时我们可以照搬蔬菜、水果的技法，如叶子压印可以应用在科学领域的课程中。利用水粉颜料压印的叶子经脉纹理比观察实物的效果更加清晰、直观，减少了颜色、大小的干扰，以此来认知不同叶子结构的科学知识效果较好。在材料属性上，树叶、花卉比较容易制作成干叶、干花。可以让幼儿通过亲自制作干叶、干花了解植物中水分的知识。再利用干叶、干花结合其他材料（如毛线、纸板、纽扣等）拼贴完成一幅与课程相关的作品，最后利用拓印技法，把一张白纸紧紧覆盖在拼贴作品上，再用蜡笔在白纸上进行按压涂画，最终形成拓印作品。

2. 组合造型

在幼儿园中，如果我们能合理利用蔬菜、水果的形状组成各种生动的、辨识度高的动物、生活物品造型，这对培养幼儿健康的饮食习惯、热爱生活、开发创造力都有极大的帮助。

（1）切割摆盘

根据蔬菜、水果本身的形状或者切割所需形状进行摆放组合，形成可爱、生动的动物、风景形象。

例如，下午的水果点心，学前美术教师可以把所有水果分成2~3组动物造型进行摆盘。幼儿午睡后看到水果变成生活中常见的动物形象肯定会非常惊喜。也可在水果认知课中，让幼儿对水果进行改造，拼成自己喜爱的造型。

（2）嫁接组合

可以使用牙签等工具把不同的蔬菜、水果进行插接，形成造型丰富的具象作品。使用牙签时一定要注意安全问题。

在大自然中，每一块石头的造型、色彩、纹理都别具一格。我们可以利用千姿百态的石头的造型联想与其相关或相似的具象物体造型进行绘画创作，提升石头的趣味性，激发幼儿的想象力。作画步骤：将石头洗干净，利用石头造型展开联想，可以在一块石头上绘画，也可以将几块石头组合成具象物体后再进行绘画。最好使用丙烯颜料，其保存时间、色彩鲜艳度、颜料覆盖率都优于水粉颜料。

例如，在海洋生物创想的艺术课程上，学前美术教师可以利用原生态的造型各异的石头让幼儿展开海洋生物的联想。让幼儿给石头上色，等颜料干后，再用马克笔进行装饰及添加眼睛、鱼鳞图案等。

我们可以根据季节特性合理利用自然材料，如秋冬天自然掉落的树枝、树叶。可以将长短不一的树枝作为数数字、比长短的游戏材料，如图6-4所示，也可以将树枝作为编织的框架物，还可以在粗细、长短不一的小树枝的不同部位涂上不同的颜色，做成锻炼手部肌肉与平衡力的游戏棒。在树叶上绘制相同的图案，做成幼儿学习相同图案的游戏材料，让幼儿在一堆颜色、造型、图案不一的树叶里，寻找相同的树叶再进行组合，变成一把把造型各异的雨伞，如图 6-5 所示。

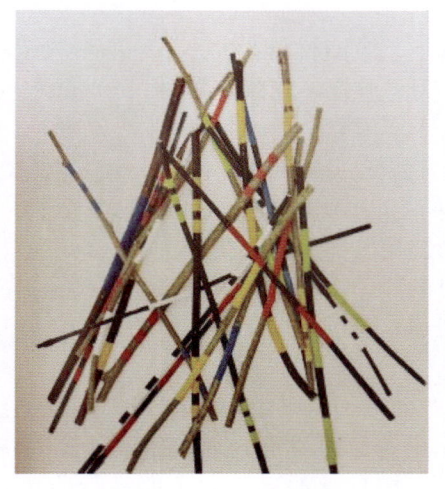

图 6-4　树枝游戏棒　　　　　　图 6-5　树叶雨伞

3. 废旧材料的改造

《幼儿园教育指导纲要（试行）》明确指出，"指导幼儿利用身边物品或废旧材料制作玩具、手工艺品等来美化自己的生活或开展其他的活动"。废旧材料的充分利用不仅节约资源、保护环境，对于幼儿逐渐形成可持续发展意识、态度、责任感也有一定的教育意义。废旧材料的改造有利于民间手工艺的传承，能促进幼儿潜能的发展，让幼儿在感知不同材质的物品时激发想象力与创造力。

废旧材料涉及多种材料，不同的材料有其自身的材料特性，适合制作不同造型和使用范围的玩/教具。

（1）金属类材料

金属类材料包括铁、铝、钢、铜等，如罐装的可乐罐、啤酒瓶盖、螺丝钉、螺母等，可以制作具有亮泽感与厚重感的作品。但因为其材料坚硬、易划伤人、安全性差，因此不适合让幼儿直接操作，适合教师制作、幼儿以观看为主的玩/教具使用。

（2）塑料类材料

塑料类材料包括各种软硬度的塑料制品，如塑料袋、塑料瓶、吸管、文件袋等，因其透明的属性，制作的作品具有一定的现代时尚感。不宜选择老化严重、易碎的塑料。

（3）纸质类材料

纸质类材料包括各种废旧的纸张、纸板、包装盒，如报纸、杂志、纸巾、纸杯等，因其材料较软，可塑性很强，是幼儿园中最常见的废旧材料，也非常适合让幼儿亲自操作。

（4）布类材料

布类材料包括各种纺织品，如棉布、麻布、纱布、不织布等。布类材料摸起来柔软、舒适，坚固性也好，适合制作幼儿宜操作的玩/教具。

（5）木质类材料

木质类材料一般选自经过二次加工的树木材料，如废旧的筷子、木片等。这类材料具有舒适、自然、牢固的特点，在幼儿园中也经常使用。

玩/教具的设计制作有两种方法：第一种，先有材料再设计，根据已有的材料进行构思设计；第二种，先构思设计，再收集适合的材料进行制作。这两种方法可以结合使用，在制作中根据现有情况随时进行改动。

以改造幼儿园中的废旧材料为例，方案如下。废旧材料：大小不一的塑料瓶、塑料瓶盖、一次性筷子、杂志。辅助工具：剪刀、小刀、胶枪、胶棒、颜料。

（1）原型组合法

用原型组合法制作小船最方便，制作简单，适合幼儿参与制作，但缺少一定的美观性。

第一步，用小刀在瓶子同一条线上打上小洞，小洞内能插入筷子或小棒子。第二步，去掉塑料瓶上的包装，用剪刀剪出一面三角形，用胶棒固定在筷子头上。第三步，为使瓶子能在水中保持平衡，可以在瓶子中装一定量的沙子或者水。第四步，将筷子插入瓶身的小洞处。这样一艘简单的小船就做好了，如图6-6所示。

（2）局部变形法

第一步，挑选两边扁平的塑料瓶，用小刀将瓶子扁平的一侧割开。第二步，用较硬的卡纸或杂志做成不同形状的船帆，用筷子黏合，再黏合在塑料瓶盖上。第三步，将做好的船帆固定在塑料瓶上。第四步，可以根据自己的审美对小船进行美化装饰，如图6-7所示。在这种制作方法中，切割这一步不适合幼儿操作，学前美术教师可以制作半成品的船，让幼儿参与船帆与装饰物的制作。

图6-6　塑料瓶小船

图6-7　组合帆船

（3）分解改造法

第一步，设计船的造型。第二步，挑选各种大小较一致的瓶盖，将瓶盖用胶棒并排黏合。第三步，用第二步中的方法，根据设计图制作不同层的瓶盖组合。第四步，用纸张制作船帆。第五步，用丙烯颜料和卡纸进行装饰，如图6-8所示。分解改造法制作难度较低，幼儿可以参与，但工

图6-8　瓶盖船

作量较大，学前美术教师可以以团队合作形式进行制作，可以以游船比赛活动丰富游戏环节。

我们每天都会制造各种纸盒垃圾，如药物的包装盒、快递盒、食品盒、购物袋等，我们该如何再次合理利用这些优质的废旧材料呢？

由于纸盒的大小、质地、厚度不同，在用废旧纸盒制作玩/教具前，要选择合适的纸盒材料。以纸盒迷宫为例，改造方案如下。

下面两种自制玩/教具"纸盒迷宫"的制作方法比较相似，一种适合大班幼儿，游戏难度较大，需要较好的手部控制力量；另一种适合小中班幼儿。

色彩纸盒迷宫如图 6-9 所示，其优点是色彩丰富，视觉审美性上更能吸引幼儿，采用木头小棒作为迷宫挡板，牢固性更强，使用期限更长。其缺点是玩/教具太大，不适合小中班幼儿长时间抓握；小洞太多，操作难度大，削弱了幼儿的成就感。单色纸盒迷宫如图 6-10 所示，具有大小适中、难度适中、制作相对简单、节约时间、操作成功性大的优点。其缺点是色彩单一、牢固性差。在这两种功能性、娱乐性、教育性都比较相似的玩/教具中，学前美术教师要根据教学目标、幼儿发展规律、时间安排等多种因素进行考量，选择最适合本班幼儿的一种。

图 6-9　色彩纸盒迷宫　　图 6-10　单色纸盒迷宫

制作方法（单色纸盒迷宫）：

步骤 1：选择 20cm×15cm 的平整纸板作为底板。

步骤 2：裁剪四条与底板长宽一致的纸板条，并黏合在底板的四周，切割掉对边两侧纸板条，仅可以让弹珠通过。

步骤 3：裁剪若干长短不一、高度一致的纸板条。用胶棒将纸板条黏合在纸板上，制作迷宫场景。

步骤 4：放入弹珠。幼儿利用手臂和手的力量操作纸板且上下左右移动，完成弹珠的迷宫穿越。

（三）项目化教学案例

为了让幼儿能真正学以致用，实操案例可以结合幼儿园实际需求，设计项目化的教学方式，如表 6-1 所示。星星幼儿园在 9 月迎来了新一届的幼儿，刚好 9 月又是星星幼儿园的环保月，园长决定组织一次"环保服装秀"。假如你作为他们的班主任，需要告知幼儿家长这次活动的要求。因此，你需要写一个详细的方案，制作以废旧材料为主的服装小样，拍照并以"图片＋文字"的形式发给家长，让家长与幼儿了解这次活动的要求，并根据你的小样与文字解说在家制作服装，到9月底以亲子活动的形式在校园展示。幼儿还可以制作自己的"小伙伴"一起带来走秀。最后奖励幼儿的礼物是你用自然材料制作的天然无污染礼物。

表 6-1 教学任务表

玩/教具的类型	制作材料	制作方法	形式	意义
环保服装	废旧材料	1. 设计玩/教具稿图：用画笔在纸张上进行绘画设计	家园合作、亲子互动	推进家园共育模式，促进和谐的亲子关系
"小伙伴"	综合材料（废旧物、自然物等）	2. 根据设计稿图收集所需综合材料（家长带着幼儿一起思考、收集） 3. 对材料进行清洗、消毒等卫生处理，保证材料的安全性 4. 对材料进行裁剪、组合、制作，完成核心造型	亲子互动	促进和谐的亲子关系，提高幼儿自主能力
礼物	自然材料	5. 对初步形成的玩/教具进行美化装饰	师幼互动	促进和谐、友善、民主的师幼关系

服装走秀活动的开展践行了"以游戏为基本活动"的学前教育方针，在游戏环境与游戏材料创设的过程中构建由幼儿、家长、教师、同伴等组成的玩/教具多元共同体。通过共同参与"环保服装"（图 6-11）、"环保礼物"（图 6-12）、"环保小伙伴"（图 6-13）玩/教具的制作以及走秀，结成以玩/教具为中心的和谐、平等、民主的师幼关系、同伴关系和亲子关系、家园关系，促进多元共同体成员的情感互动与合作交流。感受协同计划、探讨、探索、钻研、合作与分享的愉悦感与满足感，进而凸显幼儿在游戏环境创设和玩/教具制作过程中的主体地位。

(a)　　　　　　　　　　(b)　　　　　　　　　　(c)

图 6-11 "环保服装"

(a)   (b)

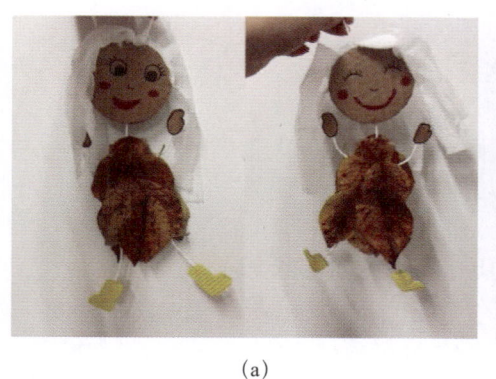

图 6-12 "环保礼物"

(a)   (b)

图 6-13 "环保小伙伴"

二、五大活动领域的玩/教具制作

随着人们对幼儿发展特点认识的深入和对幼儿保教目标的科学化，幼儿园自制玩具的作用不再仅限于发展幼儿的手部动作和手眼脑的协调能力，还扩展到健康、科学、社会、语言、艺术五大活动领域，使幼儿通过制作玩/教具的过程发展相应的能力。

（一）健康活动领域玩/教具的设计与制作

幼儿只有拥有了健康的体魄才能进行各项活动，因此，健康教育是基础。《幼儿园教育指导纲要（试行）》中，幼儿健康教育的目标如下：身体健康，在集体生活中情绪安定、愉快；生活、卫生习惯良好，有基本的生活自理能力；知道必要的安全保健常识，懂得保护自己；喜欢参加体育活动，动作协调、灵活。

幼儿园健康教育包括良好习惯教育、安全意识教育、体育活动教育。本节以相应的玩/教具作为案例进行分析。

1. 良好习惯教育——正确刷牙
材料准备：废旧的牙刷、纸箱、白色泡沫板、胶水、小刀、卡纸、绘画工具等。
制作步骤：
步骤1：将纸箱的一面割去一块大面，做成一个小孩张大嘴巴的模样。
步骤2：将白色泡沫板割成八个长方体作为牙齿，并黏合在去掉一面纸板的纸箱内。
步骤3：用卡纸剪成小孩的头发、脸的形状，并贴合在纸箱上。
步骤4：用绘画工具画小孩的眼睛与腮红。
操作说明：幼儿拿起牙刷，按照正确的刷牙方法给玩/教具"小孩"刷牙。

2. 安全意识教育——认识红绿灯
材料准备：纸板、钢丝、马克笔、小刀。
制作步骤：
步骤1：用小刀将纸板割成红绿灯的造型。
步骤2：从红绿灯造型的纸板上割掉三个对等的圆；在三个圆纸板周围割小一圈，可以放入红绿灯造型的圆空位处。
步骤3：用铁丝将三个圆纸板固定在红绿灯造型的纸板上，并且可以左右旋转。
步骤4：用马克笔涂上红色、黄色、绿色。
操作说明：学前美术教师可以在讲解交通规则时操作此玩/教具"红绿灯"，让幼儿理解相应的交通规则，并能组织游戏的形式，亲自体验交通规则。

3. 体育活动教育
幼儿体育活动类的玩/教具一般以发展幼儿体能、灵活动作协调为主，在运动的同时，幼儿也能学习遵守规则、拓展交际能力。具体项目有：走跑类的趣味风车、推车；跳跃类的袋鼠跳、跳格子；投掷类的投投乐、套圈圈；钻爬类的爬爬乐、爬山洞；平衡类的高跷、梅花桩；精细动作的穿鞋带、钮扣子；等等。

（二）语言活动领域玩/教具的设计与制作

语言是人与人之间交流、表达想法的重要工具，幼儿期是语言发展的重要时期。《幼儿园教育指导纲要（试行）》中，幼儿语言教育的目标如下：乐意与人交谈，讲话有礼貌；注意倾听对方讲话，能理解日常用语；能清楚地说出自己想说的事；喜欢听故事、看图书；能听懂普通话和会说普通话；等等。

幼儿园语言活动主要有儿童故事讲述、角色扮演、舞台剧表演、桌面情景剧等形式，在活动、游戏中培养幼儿的听觉、语言组织能力、语言表达能力。

面具在幼儿园中的使用率非常高，体育课、语言课、艺术课、区域游戏中都可以使用。造型可爱生动的动物面具不仅可以调动幼儿的参与兴趣，还能让幼儿对角色产生强烈的认同感，有效提高游戏的参与度。

材料不同，面具制作的方法也有所区别。材料一般可以选择织布、卡纸、纸箱、包装纸袋，如图6-14所示。具体的制作方法将在下一节中着重讲解。

表演服装设计制作。幼儿表演所用的服装应突出角色的显著特征。例如，《西游记》里唐僧的形象，可以把黄色卡纸剪成细长的条状，再将其贴在红色布上，当作袈裟。表演道具还可以搭配头饰、辅助装饰进行设计，使角色形象更加生动。

(a) (b) (c) (d)

图 6-14　面具作品

玩偶制作。使用袜子、手套、棉絮、纸盒、纸杯等制作适用于手部操作的角色玩偶，如手指偶、纸杯玩偶、袜子手偶等。

桌面情景场景制作。根据故事、动物的情景，通过立体的纸箱或桌面呈现场景，再配以具象的角色玩偶进行表演。场景制作有两种形式：一种是有背景板的场景，呈"L"形或环绕型；另一种是只有底面一面的场景。

（三）科学活动领域玩/教具的设计与制作

幼儿园科学活动领域学习的核心是激发探究欲望、体验探究过程。《幼儿园教育指导纲要（试行）》中，幼儿科学教育的目标如下：对周围的事物、现象感兴趣，有好奇心和求知欲；能运用各种感官，动手动脑，探究问题；能用适当的方式表达、交流探索的过程和结果；能从生活和游戏中感受事物的数量关系并体验数学的重要和有趣；爱护动植物，关心周围环境，亲近大自然，珍惜自然资源，有初步的环保意识。

学前美术教师设计制作科学活动领域的玩/教具一定要能引导幼儿进行直接感知、亲身体验、实际操作进行学习。科学探究类的玩/教具更偏向实操型，幼儿可以动手操作，在操作中探究、理解科学原理知识。

水的运动轨迹制作。材料准备：塑料瓶、胶棒、小水管、水。

制作步骤：

步骤1：保留塑料瓶带瓶口处的一截，无序地黏合在墙上或木板上。

步骤2：用软质的水管由上到下连接两个塑料瓶，可以无序地连接，但一定是由上至下，方便水的流动。

步骤3：在最下面一排的塑料瓶瓶口处摆放小脸盆，接水用。

操作说明：学前美术教师可以在讲解水的运动轨迹知识后，让幼儿操作这个玩/教具，并且猜测水最终会从哪里出来。幼儿将水管摆放在不同瓶子间，水流的轨迹也将完全不同。

科学探究类的玩/教具还有"传声筒"（图6-15）、"不倒翁"、"人的肺（吹气）"（图6-16）、"挤牛奶"（图6-17）等。

科学认知类的玩/教具偏观看型，配合学前美术教师的课程知识，让幼儿更清晰地了解知识原理，如"动力的原理"（图6-18）、"水的蒸发原理"、"蝴蝶的成长"（图6-19）、"四季"（图6-20）、"蔬菜"、"水果"等。

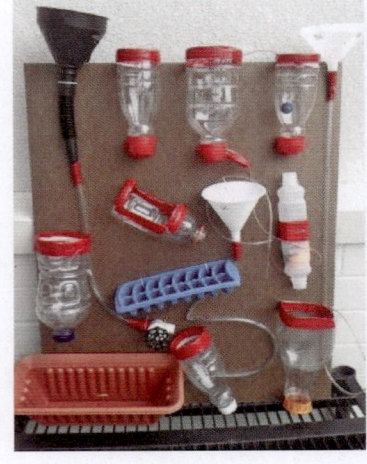

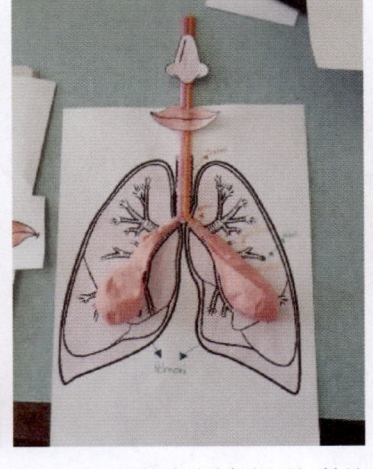

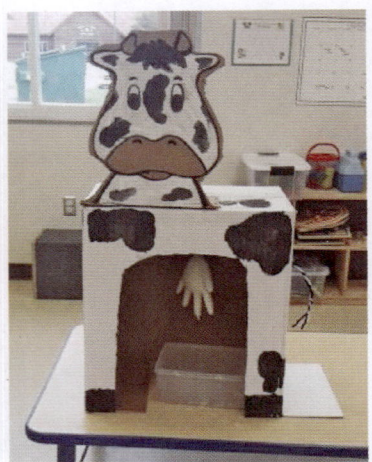

图 6-15 "传声筒"玩/教具　　图 6-16 "人的肺（吹气）"玩/教具　　图 6-17 "挤牛奶"玩/教具

图 6-18 "动力的原理"玩/教具　　图 6-19 "蝴蝶的成长"玩/教具　　图 6-20 "四季"玩/教具

科学数字类的玩/教具。认识数字、数字计算也是幼儿园科学领域的重要内容，常用的科学数字类的玩/教具有"数字配对""数字连连看"等，如图 6-21 所示。

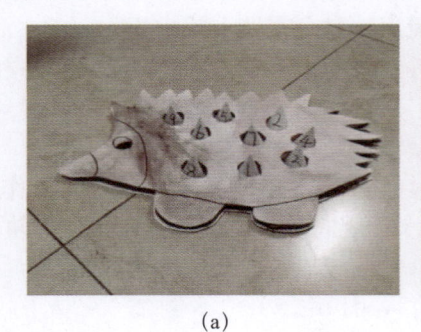

(a)　　　　　　　　　　　　(b)

图 6-21 科学数字类的玩/教具

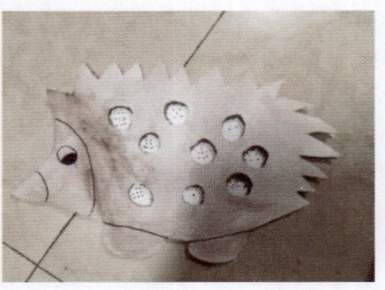

（四）社会活动领域玩/教具的设计与制作

幼儿园社会活动主要是营造幼儿创设促进幼儿社会化发展的环境，以发展幼儿的社会性为目标，增进幼儿的社会认知、社会情感，从而培养幼儿的社会行为。《幼儿园教育指导纲要（试行）》中，幼儿社会教育的目标如下：能主动地参与各项活动，有自信心；乐意与人交往，学习互助、合作和分享，有同情心；理解并遵守日常生活中基本的社会行为规则；能努力做好力所能及的事，不怕困难，有初步的责任感；爱父母长辈、老师和同伴，爱集体、爱家乡、爱祖国。

学前美术教师应从社会环境与社会行为规范、社会文化、人际交流三个方面进行玩/教具的设计制作。

1. 社会环境与社会行为规范

可以制作医院、社区、学校等公共场所的情景玩/教具。让幼儿通过场景的某一情节表演，更加直观地了解我们的生活环境与基本的社会行为规则。图6-22所示为"城市高架路"玩/教具。

2. 社会文化

可以以中国传统文化、本地文化等为切入点，利用本地特色材料制作有趣的玩/教具，如皮影戏、新年、川剧变脸、国宝熊猫等。

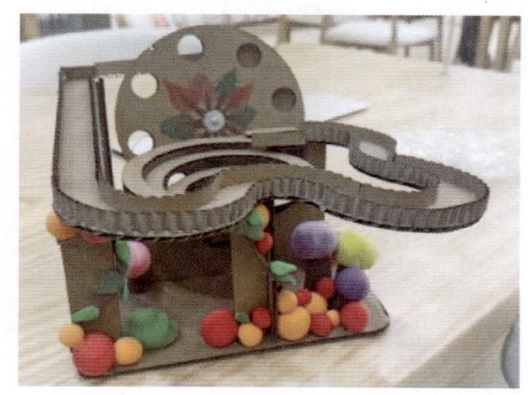

图6-22 "城市高架路"玩/教具

3. 人际交流

良好的人际交流可以让幼儿拥有愉悦的心情，营造舒适的学习氛围，也能触动幼儿的同情心，并乐于助人。例如，两人或多人合作的玩/教具，图6-23所示为"勇闯森林"玩/教具，需要两人为一组步调一致地移动；图6-24所示为"海盗船"玩/教具，需要两人各自操作一个方向盘进行旋转，让小球到达旗帜处。又如，对抗性自制玩/教具，图6-25所示为"海底总动员"玩/教具，图6-26所示为"谁跑得快"玩/教具，通过两人对抗的形式，谁得分高谁胜出。

图6-23 "勇闯森林"玩/教具　　图6-24 "海盗船"玩/教具

图 6-25 "海底总动员"玩/教具　　图 6-26 "谁跑得快"玩/教具

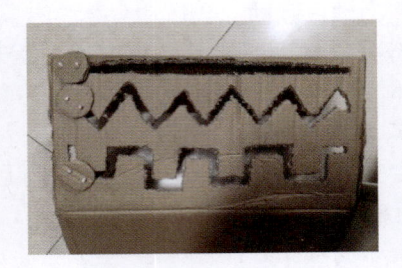

（五）艺术活动领域玩/教具的设计与制作

幼儿园艺术活动的开设目的在于提高幼儿对生活中美的感受力与欣赏力，并通过艺术的方式表达和交流情感，提高生活情趣。《幼儿园教育指导纲要（试行）》中，幼儿艺术教育的目标如下：能初步感受并喜爱环境、生活和艺术中的美；喜欢参加艺术活动，并能大胆地表现自己的情感和体验；能用自己喜欢的方式进行艺术表现。

幼儿园艺术活动主要包括美术活动、音乐活动，可以从以下两方面进行玩/教具的设计制作。

1. 美术活动

如图 6-27 所示，"奇妙的色彩花"玩/教具是将五颜六色的透明玻璃纸裁剪成花瓣形状，打洞后用两脚钉固定。可以将不同颜色的玻璃纸叠加，形成新的颜色。"蔬果榨汁机"玩/教具是通过此原理制作的升级版玩/教具，将抽象的颜色概念附加到具象的物体上，使幼儿更容易理解。图 6-28 所示为"大自然的画笔"玩/教具，选择大自然的花、草、树叶作为原材料，再将材料进行组合制作成小画笔，用新做的画笔进行绘画。

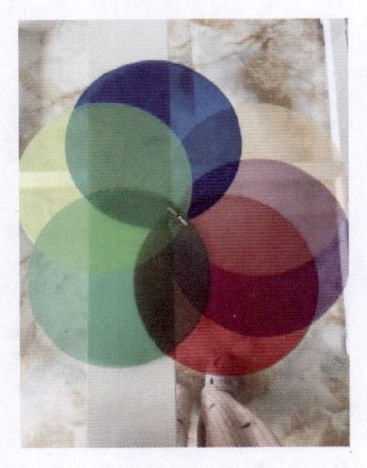

图 6-27 "奇妙的色彩花"玩/教具　　图 6-28 "大自然的画笔"玩/教具

2. 音乐活动

"敲打乐器"玩/教具利用物体敲打在玻璃、金属、陶瓷等材质上,以产生不同的声音组合。可以利用废弃的玻璃小瓶子、饮料罐等作为音乐器具,加入不同深度的水,由低到高排列;或者利用大的纸箱、奶粉罐、锅铲等制作敲打乐器,如图 6-29 所示。

(a) 玻璃小瓶子　　　　　　　(b) 饮料罐　　　　　　　(c) 纸箱、奶粉罐

图 6-29 "敲打乐器"玩/教具

第四节　传统民间艺术和非遗文化作品制作

2014 年教育部印发的《完善中华优秀传统文化教育指导纲要》中提出,要把中华优秀传统文化教育系统融入课程和教材体系。课程和教材是传承中华优秀传统文化的重要载体,懂得如何将中华优秀传统文化融入园本教材与课程是学前美术教师应具备的教学素养。在学前教育专业中,玩/教具是幼儿教育中重要的学习资源和学习方式,也是幼儿学习传统文化的重要来源。幼儿通过玩/教具的制作与操作了解相关的民间手工艺术,不仅提高了幼儿的动手能力和创造能力,更加深了幼儿对传统文化的理解,培养了幼儿的艺术素养。本节将详细讲解如何利用生活中的综合材料制作幼儿面具与皮影戏。

一、幼儿面具的设计制作

(一) 应用分析

幼儿园玩/教具面具的制作材料一般选用布类材料与纸类材料,布类材料比较柔软,适合幼儿佩戴,但制作时长会比纸类材料长;纸类材料一般选用不太厚的卡纸,不要太薄,否则容易损坏。纸类面具可以更加硬朗挺拔,纸类材料适合制作立体面具,也可用马克笔、水粉材料进行上色,增加其美观性。

面具一般以动物形象为主,一般在语言类领域的教学或活动中使用,可以让幼儿进行角色扮演。学前美术教师可在授课中将面具运用于课程的导入部分或讲故事的环节中,可增加课堂趣味性,吸引幼儿的注意力,提高幼儿对知识的吸收度。除语言活动课程外,面具还可以应用于体育活动中。学前美术教师可设置体育游戏对幼儿身体机能进行锻炼,如

121

老鹰捉小鸡的游戏，幼儿佩戴面具进行体育运动，情境代入感会更强，幼儿更能投入游戏，一边玩一边锻炼身体。

(a) (b)

图 6-30 羽毛面具

（二）纸类面具比较

平面面具用较厚的卡纸制作而成，如羽毛面具（图 6-30），在面具上用羽毛装饰，羽毛粘贴要注意长短有序及对称，也可使用真实的羽毛进行装饰。羽毛用软卡纸制作，有散开的质感，加以对比色的配色，视觉冲击力很强。

还可以利用团花剪纸的技巧制作面具，如图 6-31 所示，要注意在花朵的底部留出眼睛大小的位置。

立体面具是指三维立体面具，如图 6-32 所示。通过剪切、切折、围合的方法使平面的纸张立体起来，使面具能包裹住头部。

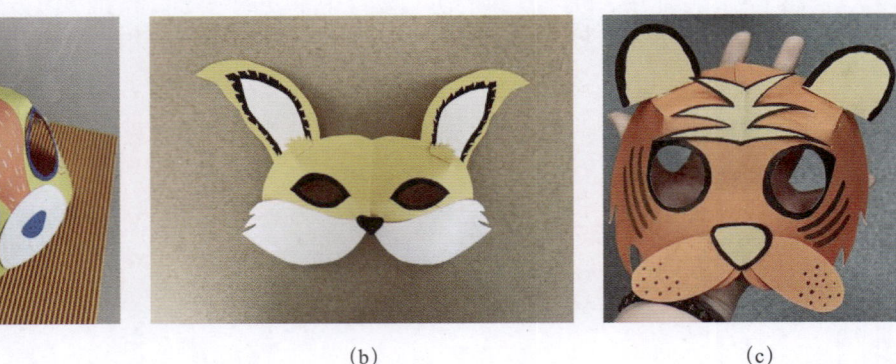

(a) (b)

图 6-31 团花剪纸面具

(a) (b) (c)

图 6-32 立体面具

（三）面具制作案例

1. 猫头鹰面具

猫头鹰面具制作步骤如图 6-33 所示。

步骤 1：找一张有一定厚度的卡纸，然后依照自己的面部大小，画出猫头鹰的形状。

步骤 2：沿着轮廓用刀刻出猫头鹰。如果猫头鹰画得不对称，可以先刻出一半猫头鹰，再沿着中线对折，沿着边缘线刻，这样猫头鹰看起来就会很对称。

步骤3：沿着颜色不一的线条进行切割，红色的是深割，就是直接割断，黄色的是浅割，用刀轻轻划一刀，注意不要划破纸张。浅割的目的是方便沿着割痕折叠，使面具立体起来。如果不浅割一下，用手折容易出现很多不规则纸痕，影响美观性。

步骤4：黏合深刻的部分，这样面具的基本结构就出来了。

步骤5：用自己喜欢的卡纸进行装饰。

步骤6：在面具的两旁用剪刀剪出两个小洞，用一根绳子穿起来，可以佩戴的面具就完成了。

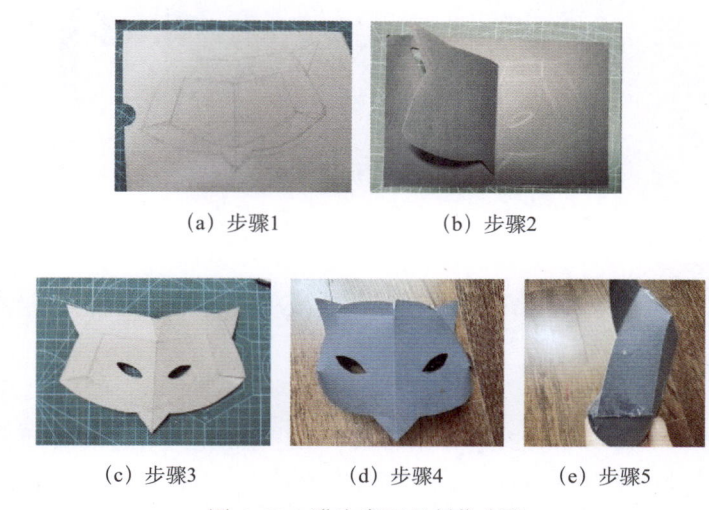

(a) 步骤1　　(b) 步骤2

(c) 步骤3　　(d) 步骤4　　(e) 步骤5

图 6-33　猫头鹰面具制作步骤

2. 狐狸面具

可以利用剪切、切折、围合的方法制作狐狸面具，如图 6-34 所示。这些方法也可以应用于动物的耳朵、鼻子等的制作，就可以使平面的物体变得立体。

(a)　　(b)

图 6-34　狐狸面具

3. 纸质头具

纸质头具如图 6-35 所示。

步骤1：将硬纸板剪成条状。

步骤2：根据自己头围的长度黏合起来，制成一个头圈。

步骤3：在头圈上加入十字形或米字形的框架，这样头具的主要构架就完成了。
步骤4：用综合材料装饰头具。

(a)　　　　　　　　　　　　　(b)

图6-35　纸质头具

二、幼儿皮影戏的设计制作

（一）皮影戏的概念

皮影戏，也叫"皮影""灯影戏""土影戏"，是用灯光照射兽皮或纸版雕刻成的人物剪影来表演故事的戏剧（图6-36），剧目、唱腔多同地方戏曲相互影响，由艺人一边操纵一边演唱，并配以音乐。皮影戏是我国民间工艺美术与戏曲巧妙结合而成的独特艺术品种，是中华民族艺术殿堂里不可或缺的一颗璀璨的明珠，也是我国出现最早的戏曲剧种之一。皮影戏中的平面偶人以及场面道具景物因使用的是民间艺人用手工刀雕彩绘的皮制品，故称为皮影。

(a)　　　　　　　　(b)　　　　　　　　(c)

图6-36　皮影戏

（二）幼儿皮影戏的制作

可以用一些简单的材料进行幼儿皮影戏制作。材料准备：幕布或宣纸；灯光可选用台灯、手电筒、手机灯光；剧场布置使用废旧纸箱；皮影偶选用卡纸、玻璃纸；辅助材料有小刀、胶水、剪刀、细棒、定缀物等。

制作步骤：

步骤1：剧本设计，制作一场皮影戏，需要先设计剧本，根据剧本内容制作皮影戏所需物品。

步骤2：纸箱剧场设计需要用到一个废旧纸箱或纸盖子，硬度要高一点，把底部的面裁剪掉，留1 cm左右的边，这样方便把宣纸贴上去，可在纸箱里用卡纸或布制作左右的舞台幕布，贴在纸箱的边缘处，增强舞台剧的氛围感。

步骤3：制作皮影偶，皮影偶的材料选用较厚的卡纸，利用小刀进行雕刻裁剪，特别是物体的细节镂空需要格外细致。需要制作肢体可以操作的皮影偶，这样在表演皮影戏时就会更生动。如兔子的制作，需要把兔身与四肢分开雕刻，留重合定缀的部分，因此，在大腿与身体漏洞的地方不要太靠边，以免操作时弄破。再用两脚钉把兔子装订在一起，这样兔腿就可前后驱动了。操纵杆可以用一次性筷子制作，也可用纸塑板切条做操纵杆，或者选用硬度相对较大的纸条制作，将硬纸条折一个小边，呈"L"形，然后将短边用胶水与皮影偶黏合起来，这样一个可随意操作的皮影偶就做好了。如果想要彩色的皮影戏，可以用玻璃纸替代卡纸进行制作。皮影戏中的背景可以提前雕刻好需要的图案，再贴在纸箱里。

步骤4：制作灯光效果。为了达到聚光的环境效果，可以在纸箱剧场两侧添加两块纸板。灯光可用台灯、手机灯等照射，建议用台灯，因为台灯比较稳，且光线充足。在表演操作时，可以将幕布倾斜5°，方便皮影偶贴合在幕布上。皮影偶靠近幕布，形象就小而清晰，远离幕布就大而模糊，可以按照剧本的需要调整距离。在表演皮影戏时还需要进行配音，这样皮影戏才更有趣味性。图6-37所示为皮影戏作品。

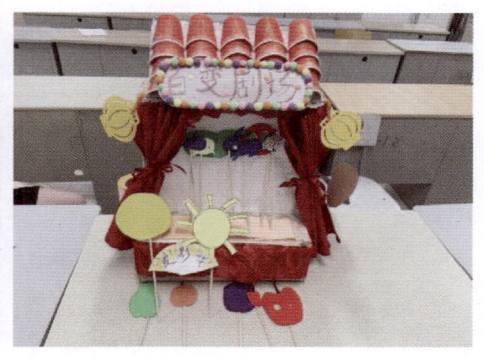

(a)　　　　　　　　　(b)　　　　　　　　　(c)

图6-37　皮影戏作品

想一想

1. 幼儿园为什么要自制玩/教具？自制玩/教具的目的是什么？

2. 在自制玩/教具时需要注意哪些方面？

3. 如果你是一名学前美术教师，你会将面具玩/教具应用在哪些课程中？说说你的创意和想法。

第七章 幼儿园环境创设

学习目标

知识目标： 了解幼儿园环境创设的概念、意义、种类，熟悉环境创设的原则。

能力目标： 根据幼儿身心发展规律与教育目标，创设符合要求的环境。

情感目标： 通过布置幼儿园的环境养成科学的幼儿教育理念。

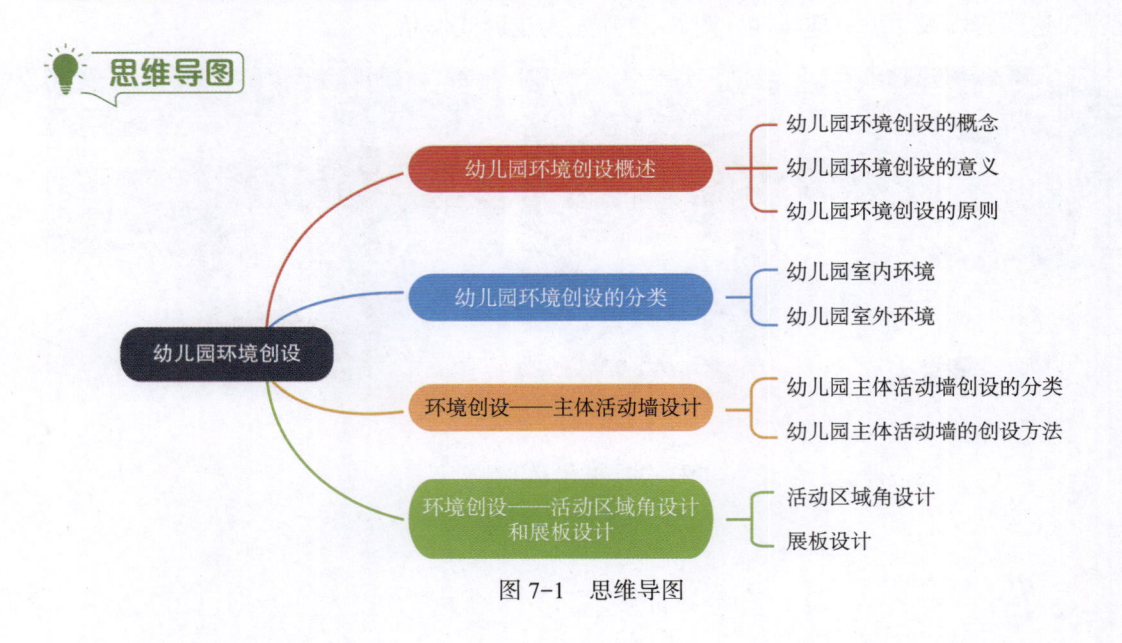

思维导图

- 幼儿园环境创设
  - 幼儿园环境创设概述
    - 幼儿园环境创设的概念
    - 幼儿园环境创设的意义
    - 幼儿园环境创设的原则
  - 幼儿园环境创设的分类
    - 幼儿园室内环境
    - 幼儿园室外环境
  - 环境创设——主体活动墙设计
    - 幼儿园主体活动墙创设的分类
    - 幼儿园主体活动墙的创设方法
  - 环境创设——活动区域角设计和展板设计
    - 活动区域角设计
    - 展板设计

图 7-1　思维导图

第一节 幼儿园环境创设概述

认识幼儿园环境创设的重要性，旨在通过创设丰富多样的学习环境，帮助幼儿在环境探索和互动中发展各方面能力。掌握环境创设的原则，为幼儿创造适合的环境。

一、幼儿园环境创设的概念

（一）幼儿园环境

广义的幼儿园环境包括幼儿园教育中必备的各种条件，除了包括幼儿园内的小环境（物质、精神层面），还包括与幼儿园教育相关的园外家庭、社会、自然的大环境。狭义的幼儿园环境是指在幼儿园中对幼儿身心发展有影响的物质因素和心理因素的总和，包括幼儿园的场地、设备、人文环境等。因此，幼儿园的环境是指由幼儿园的工作人员、幼儿、各种器材、设备条件、人际环境以及各种信息要素，通过一定的文化习俗、教育观念所组织、综合起来的一种教育的空间、范围和场所。

著名儿童教育家陈鹤琴强调，"幼儿教育要取得较大的效益，必须优化环境""幼儿与环境、社会相接触，开始渐渐地稍有知识、稍有能力了。他与环境和社会相接触的机会越多，他的知识越丰富，他的能力也越充分"。

幼儿园环境创设已成为教育工作者开展幼儿教育必不可少的手段。学前美术教师根据幼儿身心发展规律、特点以及幼儿园教育的要求，挖掘和利用幼儿园环境中的各项要素，引导幼儿与幼儿园环境进行积极的互动。因此，幼儿园的环境创设包括幼儿园空间环境、区域环境、主题环境和心理环境的创设。其中，根据活动区域，把幼儿园空间环境分为室内环境（教室、主题墙、走廊、门厅、楼梯等）与室外环境（户外活动场所、公共大厅等）。

（二）幼儿园环境创设

幼儿园环境创设是幼儿园课程体系中的重要构成部分，也是幼儿园课程体系中最具灵活性和潜在影响力的部分，对幼儿的身心发展与成长有着极其重要的影响。2001年教育部颁布的《幼儿园教育指导纲要（试行）》指出，"环境是重要的教育资源，应通过环境的创设和利用，有效地促进幼儿的发展"。2016年公布的《幼儿园工作规程》中也提到，"幼儿园应当将环境作为重要的教育资源……支持幼儿自主选择和主动学习，激发幼儿学习的兴趣与探究的愿望"。2022年教育部印发的《幼儿园保育教育质量评估指南》中将"环境创设"作为幼儿园保育教育质量评估的重要内容，"空间设施"和"玩具材料"两个关键指标共同构成"环境创设"的标准评估。

根据性质与作用的不同，环境分为自然环境和社会环境。自然环境是指构成自然世界的物体，如空气、土壤、水、植物、动物等，这些物体直接或间接影响人类的身心发展。

社会环境是指人类在自然环境的基础上创造和积累的物质文化、精神文化和社会关系的总和，如人所处的政治、经济、文化背景，以及家庭、学校、社会实践环境等。因此，环境是直接或间接影响个体发展的全部外在因素，包括先天环境和后天环境；以人为中心，围绕自我的事物，包括外部环境和内部环境。

二、幼儿园环境创设的意义

幼儿园的环境布置是学前美术教师根据教育目标及幼儿身心发展规律精心设计的，它对幼儿的认知发展、社会性发展、情绪情感发展和审美发展有重要的作用。

幼儿的认知发展包括感知力、观察力、手眼脑协调能力、社交能力等的发展。幼儿通过直接接触物质，对其进行感知、观察和操作，在实践中认识物体与自身的关系，在提出问题、分析问题、解决问题的过程中，获得各个方面认知能力的提高。例如，通过用绘画的形式记录植物的生长阶段，每天细致地观察植物的变化，以提高感知力与观察力。记录的过程也可锻炼手眼脑的协调，刻画每个阶段的植物。通过绘画形式与同伴进行交流沟通，通过共同有趣的话题慢慢提高社交能力。

幼儿园环境教育作为一门隐形课程，是幼儿成长阶段中的一本无声教科书。幼儿在幼儿园会潜移默化地进行思考、联想、解构、重组、创造，幼儿园的环境对幼儿的行为产生暗示与指导的作用。良好的环境创设可以培养幼儿的信任感与责任感，如布局合理的区域角，可以减少幼儿的压力和破坏性行为；美工区与建构区合理区分，可避免幼儿之间混乱、争吵的行为；各活动区的投放材料种类丰富且数量充足，可以减少幼儿之间的抢夺行为；各个区域材料摆放有序，幼儿不会因找不到材料而烦恼不安。

良好的环境创设可以培养幼儿的独立能力与决策能力。活动区域合理有序的布置与区域划分可以帮助幼儿独立做出选择；教室内有趣、可爱的主题墙布置或者室外一些幼儿作品的陈列都能吸引幼儿的注意；幼儿园环境创设中，高度合理的展示或者桌椅都能给幼儿独立做事提供帮助。

幼儿的情绪、情感非常容易受到环境的影响，营造一个如家庭一样温馨、可爱的幼儿园环境，可以增强幼儿的归属感、幸福感以及对环境的所有感。在幼儿园中摆放一些生动、可操作的物体。物体的造型是卡通、可爱的，色彩搭配鲜艳活泼，材料质地柔软舒适，容易让幼儿产生不同的情感体验与情感升华。良好的物质环境可以带给幼儿良好的心理环境，让幼儿更加安全、自信、积极地探索整个幼儿园。

幼儿对环境非常敏感，温馨的幼儿园环境可以激发幼儿感受美、体验美、创造美的灵感，激发幼儿的学习欲望与兴趣。学前美术教师应该注重环境创设中的审美价值，充分利用环境带给幼儿的视觉效果来实现教育目的。幼儿对于美的接受与陶冶，也会提高幼儿自身的审美素养。

三、幼儿园环境创设的原则

幼儿园环境创设的原则是必须遵循幼儿的身心发展规律，尊重幼儿的独立人格，以幼儿的兴趣为出发点，最大限度地发挥幼儿园环境创设的教育意义。

（一）安全性原则

安全性作为首要原则，必须保证幼儿园的环境从材料到内容都对幼儿的身体、心理没有任何危害，使幼儿处于健康、舒适的状态。在材料的选择上尽量避免有毒有害的物品，选择外形柔和、无尖锐边角的物品；选择一些自然材料（石头、树叶等）与生活废旧材料，使幼儿从小养成保护环境、勤俭节约的好习惯。在内容的选择上，要符合幼儿园的指导要求，根据不同年龄段的幼儿设计制作适合他们的环境布置。在沟通上要尊重、爱护、欣赏幼儿的人格与权利，为幼儿创造和谐友爱的师生、同伴关系和安全的精神环境。

（二）教育性原则

幼儿园环境创设要遵循教育性原则。在创设幼儿园环境时，要使环境创设的知识目标和幼儿园教育目标一致，充分发挥环境作为"第三位老师"的教育功能。在布置中要做到知识任务的宣传性与普及性；在作品的展示中要做到展示性与交流性；在主题墙或者公共区域的布置中要做到提示性与引导性，如一些提示图案、符号的提醒。

（三）适宜性原则

幼儿园环境创设要遵循适宜性原则，符合幼儿的年龄特征与身心健康发展需要，与幼儿发展水平、兴趣爱好、个性特征等匹配，促进幼儿的全面发展。第一，创设的环境应该与幼儿的年龄特点相适宜。例如，小班新生入学，可以在教室墙上贴上每个幼儿的家庭照，并摆放幼儿熟悉的玩具（从幼儿家中带来）。第二，创设的环境应该与幼儿发展水平相适宜。幼儿的发展具有阶段性，环境的创设要随着幼儿的发展而实时更新，不能一成不变。第三，创设的环境应该与幼儿的个体需要相适宜。由于每个幼儿发展的速度、方向、水平不同，生长环境也不尽相同，因此不同的幼儿在智力、能力、兴趣、性格等方面存在个体差异，要根据幼儿的个体差异布置合适的环境，如有些幼儿不喜欢社交，学前美术教师可以布置私密空间较强的区域；有些幼儿精细动作稍显落后，学前美术教师可以在区域角放置剪纸、超轻黏土等手工材料。第四，创设的环境应该与幼儿开展的活动相适宜。在特定的节日活动中，可以创设相适应的环境。例如，国庆节时，幼儿园可以在整个园区进行庆祝国庆节的环境布置，以红色调为主。幼儿园通常也会利用本土优势资源结合自身办园理念，开展一系列的教育活动，因此环境创设也要符合这些特需的活动。重点突出，才更能让幼儿融入其中。

（四）参与性原则

在环境创设的过程中，学前美术教师应引导幼儿主动参与，遵循参与性原则。幼儿与环境相互作用、相互影响。幼儿园环境的教育性不仅蕴含在环境中，还蕴含在幼儿园环境创设的过程中。幼儿在操作中必然经历思考、动手实操、解决问题的过程，这样既可以激发幼儿的想象力与创造力，又可以提高幼儿的自信与动手能力。因此，学前美术教师要成为幼儿参与环境创设的支持者、合作者、引导者。

(五)艺术性原则

幼儿园环境创设要遵循艺术性原则。根据幼儿的审美特点设计具有吸引力与感染力的环境布置,在日常生活中培养幼儿感受美、表现美、创造美的能力。可以在物体的外形、色彩、氛围上进行设计。如设计卡通、可爱的动物形象,色彩选择活泼、温馨的色调,营造温馨的氛围。环境创设不仅需要艺术性,还要保持环境的趣味性。物体形象需要具有童趣,不能过于成人化,还需要结合幼儿日常生活经验,设计幼儿常见的物体,运用多种材料进行表现,呈现新的质感,以提高幼儿的创造力。

(六)经济性原则

幼儿园环境创设要遵循经济性原则。以幼儿园实际财力、人力、物力为基础,尽量做到因地制宜、勤俭办园。多用废旧与自然材料,前期的环境布置材料还可以再次利用或者一物多用。结合本地区、本园所、本班级的特点和实际需要,就地取材、废物利用,让家长、幼儿、园方三者共同参与制作。

第二节 幼儿园环境创设的分类

一、幼儿园室内环境

幼儿园室内环境是幼儿教育环境中的主要组成部分,主要指幼儿园主体建筑的内部环境,包括公共室内环境(门厅、走廊、楼梯)、主体活动墙。

(一)公共室内环境

门厅是幼儿园访客、幼儿每日活动的必经之路,也是幼儿园对外展示、接待的重要窗口,因此,门厅的环境创设要符合幼儿园整体的风格,在凸显幼儿园特点的基础上,还要做到美观、实用、安全。门厅尺度要根据幼儿园的规模与主体建筑风格进行合理设置。不同区域的路标要清晰明确,设计不宜复杂,避免人流拥堵。利用公告栏、校园发展、办学理念等栏目展示园内各种信息,色彩和谐并符合幼儿喜好。门厅因为场地区域大且空旷,可以摆放能彰显本幼儿园特色、荣誉的展示物,配合一些尺寸较大的装饰物或者幼儿的团队作业,不仅可以起到一定的引领作用,也可以让门厅在视觉上变得更加丰富。

走廊是幼儿园内连接各个活动室与楼梯的通道,不仅可以扩大幼儿从教室到公共区域的活动空间,还有助于各个班级之间的交流与联系。因此,走廊具有通行、展示、沟通、学习、装饰与美化的功能。如何合理、有效地布置走廊以增加环境的教育性与幼儿之间的合作性，是教育工作者需要着重思考的问题。走廊一定要保持其通行的功能性，保持畅通，不能设计、制作过于复杂、体型较大的装饰物与展示物，其高度与宽度不能遮挡幼儿的视线。必要的分岔口需要贴上路标。走廊是公共区域，因此可在采光性较好、道路较宽的位置展示幼儿的作品、班级特色课程成果、植物角等，根据时节、教育内容进行随机的变化调整，也可以在过道的天花板悬挂物品、走廊墙面粘贴作品等进行配合，但切忌设计得太满，要注意安全。

楼梯也是幼儿园重要的交通路线，虽然通行是其主要功能，但也可以设计制作一些微观作品进行装饰，增加楼梯上下空间的趣味性。楼梯不像走廊那么平坦，有台阶、转角、扶手等部分，因此在确保楼梯各个部分之间衔接功能的前提下，可以在楼梯的台阶上粘贴上下走动的小脚丫卡通贴纸，传达上下楼梯要靠边走的信息。在楼梯转角处，利用层高较高的墙面和空间展示幼儿项目化的作品，学前美术教师制作的装饰画、艺术品等，如果转厅空间较大，还可以布置小型的区域角。

幼儿园的班级活动主要由集体教育区域与分组活动区域组成，再加上生活区。作为班级主要的活动空间，首先要确保明亮、通风，并有充足的阳光。要合理区分集体教育区与活动区的空间，集体教育区面积大小需要根据幼儿人数多少合理制定，要靠近卫生间、饮水区，便于幼儿如厕、洗手、喝水等。活动区应该根据不同的活动做到动静搭配、开闭结合。

（二）主体活动墙

主体活动墙是教室最为重要的环境创设部分，其设计一定要满足幼儿身心全面发展的需求，根据幼儿年龄特点、节日需求、季节时节、教育活动需要，由幼儿与学前美术教师合作完成。主体活动墙一般可以分为主题墙、侧面墙、墙面元素三大部分。主题墙一般是教室中最大、最显眼的墙面，用来展示幼儿主要活动、课程的照片、作品，呈现幼儿园的教育观。在侧墙面一般设有健康栏、出勤栏、心情栏等。墙面元素一般以协调、增强活动教室趣味性、美观性为主。详细设计、制作方法将在下一节中着重讲解。

区域角环境创设是幼儿园室内环境创设的主要组成部分，主要包括美工区、建构区、角色扮演区、科学区、图书区。

美工区是幼儿园开展艺术活动的重要区域，也是幼儿感受美、表达美、创造美的核心区域。该区域应该靠近水源（方便清洗）且采光好，如窗户附近。幼儿根据美工区投放的材料自由地进行实践与探索活动，不仅可以锻炼幼儿手部肌肉精细动作、手眼脑协调能力，也可以在活动中释放幼儿的天性。

建构区旨在培养幼儿的主动设计、动手探究、反复尝试的主动操作能力，提高幼儿解决问题的信心。幼儿在游戏操作中不仅可以提高自己的想象力与创造力，还可以与同伴建立良好的合作关系，在沟通讨论中提高社交技能。该区域需要较大的空间，占地面积应为其他区域的1.5倍。还需要较充裕的储藏空间，因为该区域的玩具较多，活动结束后也需要引导幼儿养成良好的收纳习惯。

角色扮演区是幼儿根据兴趣与需要，借助服装道具通过模仿、想象开展角色游戏的场所，其扮演的角色体现了幼儿的生活经验。常见的角色扮演区有娃娃之家、餐厅、医院、理发店、超市等，需要根据不同的场所在盒子中投放相应的材料或一些开放性的材料。另外，角色扮演区不能过于狭窄，需要有一个宽敞的中庭。此区域不宜与图书区相邻。

科学区是幼儿通过观察、实验、测量、分类、交流等形式对自然界进行探索的场所。科学区是培养幼儿科学素养的重要途径，也是科学教育的一种补充形式。科学区需要选择光线较好的区域，方便观察探究。如果有条件，可以延伸至户外场地，靠近水源，区域内需要投放丰富的材料，区域入口最好为开放式，方便幼儿来回走动、记录实验结果。

图书区是学前美术教师根据3～6岁幼儿语言教育活动目标，有目的地创设的适合幼儿的阅读环境，旨在让幼儿在书的海洋里流连忘返，在阅读中感受语言美，在良好的文化氛围中形成能静下心、认真阅读的好习惯与良好人格。图书区应该选择光线充足、温暖的区域。可以放一些软垫、毛毯、小沙发或帐篷，色彩选择上宜淡雅大方，不宜太鲜艳。图书的选择范围可以广一些，以绘本形式为主。

二、幼儿园室外环境

幼儿园室外环境是指幼儿园房舍以外的场地，由幼儿园大门、园所景观、各类户外游戏场所构成。很长一段时间以来，室外环境都没有被人们视为学习环境，因为它看起来不像是一个"正式"的学习情境。但是，社会科学、人类学、民俗学、教育和环境心理学、社会地理学的相关调查研究发现，游戏场所是了解儿童本质和人类发展的良好场地。室外环境创设应作为幼儿园环境创设不可分割的重要部分。

（一）公共室外环境

幼儿园大门是幼儿、园内工作者及园外人员进入幼儿园的入口，它不仅起到监管作用，还起到对外展示作用。大门前不宜停车，须保持与主道的连接；为了安全，大门需要是镂空式的设计，一般选择铁栏杆设计，方便保安人员兼顾园内与园外的安全。园门的设计要大方且凸显幼儿园的特色，色彩需要与园舍房屋颜色合理搭配。园门周围的围墙分为外墙与内墙，外墙的设计宜简洁大方，具有艺术性；内墙应尽可能地体现其功能性，如绘画大面积的图案作为装饰，根据园内教育目标每半年或每一年更换一次主题，以此吸引幼儿，并让幼儿时刻保持对幼儿园的新鲜感。

园所景观是指除室外游戏场所及其设施外，园舍建筑间可以让幼儿自由游戏、学习、休息的空间，该空间可以种植植被进行绿化。合理、美观的绿化布置可以为幼儿提供舒适健康的活动环境，幼儿在此进行游戏活动，既能促进幼儿的身心健康，又能令幼儿保持愉悦的心情。让幼儿亲近大自然，培养幼儿热爱大自然、热爱生活的情操，符合自然教育观念。选择的植被需要确保无毒无害，样式尽量多一些，高低错落有致；道路可以是平坦的水泥地，铺满小石子、鹅卵石的小道或有上下坡的小桥等，给幼儿不一样的环境体验。

（二）户外游戏场所

户外游戏场所是幼儿开展户外活动的重要场所。户外活动不仅有助于幼儿身体协调性、社会感知力等多方面的发展，还有助于提高幼儿的自然感知力。幼儿园户外游戏场所的设计应与教学理念相结合，为幼儿提供一个安全、有趣和具有教育性的环境，让幼儿可以在游戏中学习和成长。根据《幼儿园工作规程》的规定，以及幼儿园户外游戏场所的不同功能，可以将户外游戏场所分为种植区、饲养区、玩沙区、玩水区、体育活动操场。

首先，户外游戏场地可以根据幼儿园的条件和幼儿的需求进行适当的调整和设计。其次，一些基本的设施，如 30 m 跑道、沙水池、草地、坡地、钻爬洞等，可以规划户外活动空间和游戏路线。再次，安全问题是设计时必须考虑的重要方面。虽然不能过分追求安全而限制幼儿的探索和挑战，但仍需确保景观材料无毒无害、无污染，并且地面应采用柔性、有弹性的材料以防幼儿摔伤。同时，也要考虑到场地的功能能否满足幼儿的发展需要。最后，绿化在户外景观设计中也是非常重要的，应选择无毒无害、无刺的花草树木，品种多样，四季不同，给幼儿带来更多的感受。幼儿园户外游戏场所应该是一个能够满足幼儿运动、探索、学习和社交需求的场所。

第三节　环境创设——主体活动墙设计

幼儿园主体活动墙创设是指在创设幼儿园园内外环境的过程中所使用的一切具有美观性与教育性的墙面装饰，如主题墙、公共展示墙、走廊装饰墙等。

视频 19

一、幼儿园主体活动墙创设的分类

（一）按性质划分

主体活动墙创设按性质可分为装饰性墙饰、教育性墙饰和展示性墙饰。装饰性墙饰以美化幼儿园园内外环境为目标。装饰性墙面数量不宜太多，使用面积不宜太大，材料选择不宜太丰富。学前美术教师应该在不同的墙面选择不同的表现形式。教育性墙饰以教育为主要目标，潜移默化地提高幼儿的认知能力。目前，幼儿园主体活动墙创设主要为教育性墙饰，作为园本的隐形教材，将幼儿带入与教学活动相一致的教学环境中，不仅能丰富幼儿的知识面，还能陶冶幼儿的情操，培养幼儿的审美素养。例如，"认识秋天"的墙面设计，将秋天的温度、天气、植物状态等以图画的形式展示。知识类教育墙饰内容非常丰富，学前美术教师可以结合教育活动目标选择合适的创设，因为教育目标会及时更新，所以其更新周期也较短，如自然科学知识等。欣赏类教育墙饰可以选择优秀的童话故事、以动植物为主的卡通墙饰、传统文化的代表之一"窗花"、亲子活动照片等。此类墙饰需要在视觉形式上具有美育的作用。展示性墙饰以呈现学前美术教师以及幼儿活动成果为目标，以提高幼儿参与的积极性与自信心。展示性墙饰分为陈列式、拼贴式、悬挂式。

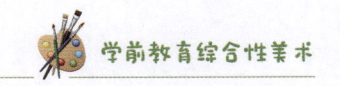

（二）按空间、功能划分

室外墙面设计主要是主体建筑、围墙的墙面设计。室内墙面设计包括教室墙面设计，走廊、楼梯墙面设计，以及悬挂物与吊顶设计。

教育主题活动墙饰主要包括根据课程设计与实施过程设计主题墙饰及根据幼儿的兴趣探究过程设计主题墙饰。根据课程设计与实施过程设计主题墙饰指以课程设计的总体目标为方向，在主题墙上设计符合教育总目标的辅助环境展示。主题墙一般包括每一阶段活动的成果、幼儿在活动中遇到的困难与解决策略、家长与学前美术教师提供的帮助这三部分内容。根据幼儿的兴趣探究过程设计主题墙饰的主题活动来源于幼儿的兴趣与生活经验，学前美术教师与幼儿在操作中互相沟通、互相支持、互相鼓励，学前美术教师需要用幼儿的眼光看待问题。墙面的内容要力图与幼儿的实际教学活动相呼应，把每个幼儿喜欢的重点展示在墙面上。

幼儿园教室的生活区主要包括厕所、洗手间、寝室、餐厅，因此，生活区的墙饰要注重隐性教育。以生活为切入点，把教育内容设计到生活区的墙面上。例如，"怎么洗手"的墙面设计，将幼儿洗手的步骤通过可爱的动物形象展示出来，幼儿每天看到这样直观的图片，自然就学会正确洗手了。

互动性墙饰主要是在幼儿之间、师生之间、家园之间传递信息的墙饰，实现学前美术教师与幼儿、幼儿与幼儿、家长与学前美术教师之间的沟通与合作，主要包括师幼互动性墙饰（心情墙）、家园互动性墙饰（家园联系栏）。

二、幼儿园主体活动墙的创设方法

（一）设计思路与制作方法

设计思路包括前期的选取题材、确定主题、构图布局、表现方法等。

具备教育性与艺术性的主体活动墙必须符合幼儿心理发展需求。学前美术教师需要根据教育目标从性质、功能等方面确定适合的主题。如果是平面的区域，可以确定表现形式与材料，选择丙烯颜料、综合拼贴、纸浮雕等形式，颜色需要与教室原本色调相符。如果是具有一定起伏空间的墙面，可以适当添加三维装置物品，物品大小需要把控，粘在墙上的牢固度要多注意，以免掉落发生危险。

构图上要力求饱满、概括，可根据需要灵活选择水平线构图、倾斜构图或 S 线构图。水平线构图稳定、开阔，注意物体间的距离、疏密关系，体现层次感，应符合幼儿的视觉感受。倾斜构图将画面主体形象置于一条斜线上，充满运动感。此构图适合表现游戏、舞蹈等动感的画面。S 线构图具有强烈的运动方向感，能营造出优美且富于变化的艺术效果。此构图要注意形象协调、大小穿插。

形象设计上要富有童趣、个性，这类艺术形象深受幼儿的喜爱。进行拟人化处理，通过绘画给无生命物体添加五官，以赋予其生命。形象的夸张或简化处理可以改变物体形象，如胖的更胖、小的更小等。为形象添加适宜的场景可以让对象更加生动可爱，丰富幼儿的生活经验认知。

鲜艳、明快的色彩更符合幼儿的发展规律与情感。色彩不宜太多，应与画面主体物和教室风格相吻合。

（二）主墙面、侧墙面、墙面元素

根据教室的结构，教室可以分为主题墙、侧面墙、墙面元素。

主墙面指教室里面积较大、墙面较整齐的墙体，也可以根据教室的具体情况把采光、地理位置较好的墙体作为主墙面。主墙面是最吸引幼儿注意，也是幼儿最喜欢的墙面，所以主墙面的装饰要突出主题、富有寓意、构图饱满均衡、形象可爱、色彩协调。例如，"你好春天"（图7-2）和"在秋天"（图7-3）墙面应用综合材料进行拼贴，具有凹凸的触摸质感，色彩鲜艳，物体形象生动，属于科学自然知识的主题；"兔年"（图7-4）规划了多个副标题内容，如"年夜饭""贴窗花""年事知多少"等，内容、形式丰富，构图饱满，色彩鲜亮，以大红色为主，配以一点冷色，色彩和谐。

图7-2 "你好春天"主墙面　　图7-3 "在秋天"主墙面　　图7-4 "兔年"主墙面

侧墙面是指除主墙面之外一些较小或位置较偏的墙面，在进行布置时，以创设互动墙饰为主，如幼儿的照片、作品、想法等。"预防秋季传染病"（图7-5）就是幼儿为预防生病必须学会的知识；与幼儿一日生活环节相关的内容都可以用绘画或综合材料设计在侧墙面上，如"值日生"（图7-6），但一定要注意不同内容不要混在一起，可以用不同风格设计或卡纸区别开。

图7-5 "预防秋季传染病"侧墙面　　图7-6 "值日生"侧墙面

墙面元素丰富，如墙面上的管道、门窗、消火栓等，结合设计隐藏在墙饰中。门上的玻璃可以粘贴用柔软的无纺布制作成的蜗牛、糖果，消火栓可以用丙烯颜料绘画各种动态的宇航员，水管上可以绘画与之相适配的动物形象，等等，这些创意都可以吸引幼儿的注意，开发他们的想象力。

（三）案例讲解

如果由于场地原因无法制作一比一大小的墙面环创，则可以利用废旧纸箱制作一个缩小比例的幼儿园教室，以团队形式进行制作。纸箱的黏合需要使用胶枪更为牢固。把箱子里的2~3个面当成幼儿园的主墙面、侧墙面、墙顶。在确定的主题下，结合主题设计利用无毒无害的综合材料对三面"墙"进行装饰。在制作时需要注意"墙"面内容的疏密之分、色彩色调的统一、形象的可爱，内容呈现要兼具教育性和美观性。如图7-7至图7-9所示，"秋天落叶"的环创作品是利用废纸板、吹塑板、卡纸、自然材料综合制作而成的；"探秘秋天"还有悬挂式的叶瓶子；"车子叭叭叭"呈现交通规则的主题内容，墙面设计制作丰富有趣。

图7-7 "秋天落叶"墙面　　　　　　图7-8 "探秘秋天"墙面

(a)　　　　　　　　　　　　　(b)

图7-9 "车子叭叭叭"墙面

第四节　环境创设——活动区域角设计和展板设计

一个富有创意、充满趣味且功能齐全的活动区域角，不仅能激发幼儿的学习兴趣，还能促进幼儿全面发展。活动区域角和展板作为环境创设的重要组成部分，起到了传递信息、美化空间的作用。学前美术教师应掌握活动区域角与展板设计的核心技能，为未来的教育实践打下坚实基础。

视频 20

一、活动区域角设计

（一）设计原则

活动区域角的设计需要考虑空间位置的区域性与合理性，以及各区域的相互作用与影响。动、静区域要分开，如角色区不宜与操作区相邻而置，动、静反差太大，操作区会受到影响。表演区可与角色扮演的美食区放在一起。要从整体区域考虑教室的设施和区域布置的关系，遵循科学性与整体性。由于图书区、美工区等学习、活动区域都需要有良好的光线，所以这些区域都适合安排在靠窗的位置。自然角的各种植物需要进行光合作用与通风，因此需要放在有窗户及光源的位置。在布置过程中要全面考虑安全性，水电要分开，以免发生意外。所有玩具柜都不能高过幼儿的视线高度，方便学前美术教师纵观全局，照看到每一个幼儿。

（二）案例分析

幼儿园美工区的设置与摆放环境示例如图 7-10 所示。美工区需要靠近光源，区域光线良好，利于保护幼儿的视力。因为需要用到颜料，所以美工区还应靠近水源，环境色彩布置亮丽，墙上、窗边等都陈列、张贴着幼儿的作品，也有中国特色的扎染作品悬挂在教

(a)　　　　　　　　　　(b)

图 7-10　美工区的设置与摆放环境示例

(c) (d)

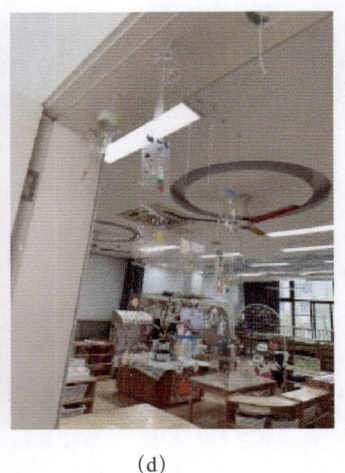

图 7-10 美工区的设置与摆放环境示例（续）

室中，色彩素雅；窗边悬挂的透明彩绘作品与背景装饰相统一，在阳光的照射下也更加炫彩美丽。桌子高度都适合幼儿身高，舒适自然。要想设计、布置一个适合幼儿活动的区域，除布置该区域的必需品外，还需要考虑整体设计符合幼儿的审美，如色彩搭配是否和谐、材料是否具有肌理触摸感、形象是否卡通等。

根据设计原则可以在一个纸箱里模拟制作一个区域角。利用区域空间与墙面的关系布置整个区域，思考和构建的内容包括空间布置需要放置哪些物品、怎么摆放、设计几个入口、入口处是否有指示牌；整体区域采用什么色调；墙面的布置是运用拼贴还是墙绘；是摆放幼儿作品还是学前美术教师制作的作品；制作桌椅需要用什么材料。设计制作这一完整的区域环创作品需要先设计草图，罗列所需材料，选择适合的材料制作幼儿园实物的替代物，比如，桌椅、图书可用吹塑板、硬纸板制作，窗帘、帐篷可用无纺布、蕾丝布制作，一些辅助物品如果实、小拖鞋等可用超轻黏土制作，装饰品可用卡纸、废旧材料制作，再进行合理的摆放。先不要黏合，因为有时摆放位置可能不合适，等所有物品摆放好后，再用胶水黏合，如图 7-11 所示。

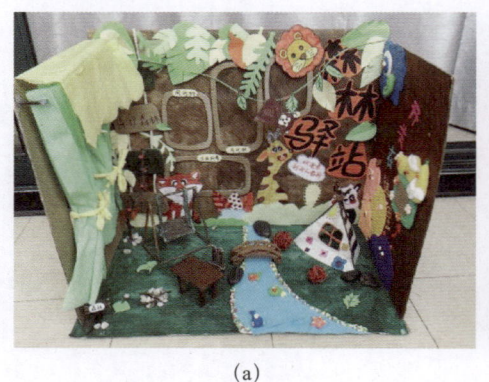

(a) (b)

图 7-11 区域角设计作品

（三）学生作品欣赏

图 7-12 所示为活动区域的环创作品。图 7-12（a）是一个自然角区域，呈现了秋天丰收的果实，色彩是橘黄色调，符合主题色彩。用超轻黏土制作可爱的果实，因为物体比较小，制作过程必须非常仔细，这可以锻炼幼儿的耐心和细致程度。四周的墙上贴上与秋季相呼应的果实绘画，入口处还有用树干制作的一个小围栏，用于区域空间的划分。

图 7-12（b）是一个图书区，有两层，各种制作精美的小图书，有可爱的封面，图书区色彩温和，适合阅读。兔子形状的小椅子使用超轻黏土制作而成，造型可爱，符合幼儿的审美特点。二楼区域还有用棉絮制作的悬挂装饰物品"云朵"，非常温馨。

(a) 自然角区域　　　　　　　　(b) 图书区

图 7-12　活动区域的环创作品

图 7-13（a）是美工区环创作品。美工区的墙面开了两扇窗户，制作了水池，符合美工区的区域布置特点。墙面上用水粉颜料直接上色，斑驳的颜色很像现实中幼儿园美工区的涂鸦墙，还有一面墙是作品展示区，布置合理。图 7-13（b）是读书角环创作品。该作品的特色在于创设了一个氛围感很强的天空墙面，色调温馨，让人感觉非常舒服。

(a) 美工区环创作品　　　　　　　　(b) 读书角环创作品

图 7-13　学生作品

二、展板设计

（一）幼儿园室外环境欣赏

室外公共活动空间环创需要配合幼儿园活动或节日，对室外公共活动空间进行统一布置，美化环境并增加幼儿园活动或节日的氛围。例如，幼儿园的大厅、大门入口的位置比较重要，可布置完整度高、制作精美、比较大型的装置组合。也可在幼儿园教室外的墙面、操场等处的一些小物品上进行点缀、装饰，如石头彩绘、户外钢丝门帘装饰等。

视频21

幼儿园的大厅、大门入口处中心公共区域的环创布置。图7-14所示为幼儿园展板展示，展板主要有主题展板、介绍展板。在主题展板中有主标题的字体设计和符合主题的插图，主题展板是幼儿园活动主题的窗口，也是集体拍照的地方，所以要非常显眼，色彩要亮丽，要具有丰富的空间层次感，一般使用丙烯颜料进行调色涂抹。

(a)　　　　(b)　　　　(c)

(d)　　　　(e)

图7-14　幼儿园展板展示

介绍展板主要展示画展的具体信息，可以根据空间需要随时移动位置。介绍展板也可以放在大门的入口处，家长带着幼儿一进来就可知道画展信息，并随着指引牌进入展厅。幼儿园常用的展板有开学季、毕业季、祖国、季节等各类活动的迎接展板，在不同活动或节日中使用。展板通常放在大厅或大门入口处等公共区域，整体展板有前后、高低等丰富的空间层次，也有和幼儿互动的区域，供拍照打卡。

（二）案例实做

因为幼儿园的环境创设要经常改动，所以不可能全部购买成品，这就需要学前美术教师自己制作，以便节约成本。在制作主题展板时，通常会使用大型的、较厚的白色泡沫板作为底板，根据主题内容设计合适的图形。底板需要用锋利的小刀进行切割，切割的边缘要光滑，应用纸艺的雕刻手法进行物体形象的雕刻。为了美观，主展板尽量不要使用方方正正的形状，要选用高低错落、能表现前后空间层次感的展板。在展板上雕刻、镂空或者粘贴有高低层次的图形或点缀装饰，这样才能在整体的块面中体现细节感。用几块不同色调的板进行叠加，选择其中一块进行雕刻，这样可以透出后面的颜色。此外，因为泡沫板较厚，建议不要雕刻过于精细的细节，否则容易断裂。如果断裂，可用胶枪进行黏合，然后再用丙烯颜料进行调色上色。因为泡沫板是塑料材质，所以需要上至少两层颜色，有些要上三层颜色，等前一次上的色彻底干了再叠加上色，这样颜色才能平整，不会出现拉丝状。主题展板适合远观，需要注意色彩搭配，宜选用鲜艳的颜色，如图 7-15 所示。

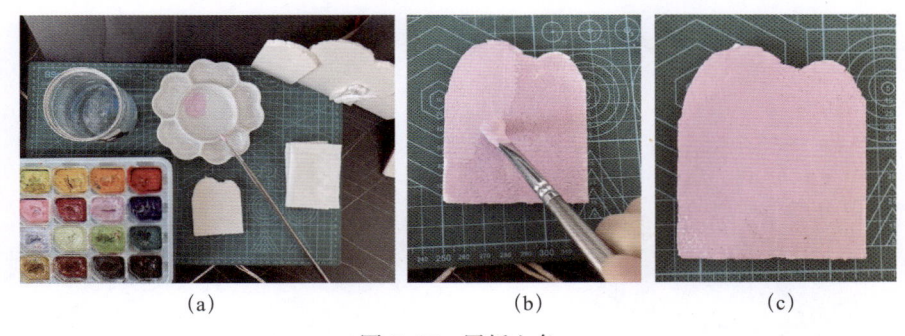

(a)　　　　　　(b)　　　　　　(c)

图 7-15　展板上色

签到展板、迎接展板、介绍展板的体积不宜太大，最好可以放在木质的画架上，这样可以随时移动，摆在合适的位置。小展板的配色要和主题展板匹配，形状一般以方形为主，容易摆放。这类展板可用厚度较薄的泡沫板制作，配以综合材料装饰。这类展板起到说明的作用，文字信息要清楚，展板最好有凹凸的空间层次，这样视觉上会更博人眼球。展板可以使用各种形状，如圆形、大树形状或不规则形状。材料可选择自然材料（如树叶、花朵）或废旧材料，以增加丰富性。颜色的搭配与主题展板相协调，可以选用同类色、对比色的组合，如图 7-16 所示。

(a)　　　　　　(b)　　　　　　(c)

图 7-16　展板摆放

141

(三)学生作品欣赏

由于受到场地和时间限制,幼儿通常选择制作缩小版的主题展板,可以利用三角画架原理制作一个三角支撑架放在展板后进行支撑,如图7-17、图7-18所示。

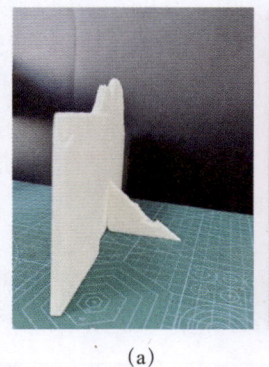

(a)   (b)

图7-17 三角支撑架

(a)   (b)

图7-18 带有三角支撑架的作品

如图7-19所示,三张作品的展板组合都具有前后的空间层次,展板高低、大小也都不一致,可以在视觉上形成错落感,各个元素都符合主题性表达。图7-19(a)是动物主题,造型可爱,色彩非常时尚,左右两边的冷色与展板的大红色形成平衡感,特别是展板上均匀的颜色,使展板具有重量感,不轻浮。图7-19(b)是汽车造型主题的拍照区,非

(a) 动物主题   (b) 汽车造型主题   (c) 蓝色气球主题

图7-19 展板组合作品

常可爱，不足之处是迎接展板的尺寸太大。图7-19（c）是蓝色气球主题，整体色调稳重，主题展板的蓝色均匀渐变，效果较好，飘浮的气球使整个设计寓意深刻。

想一想

1. 幼儿园环境创设需要遵循的原则有哪些？

2. 简述幼儿园主题墙设计制作的方法。

3. 联系实际案例，浅谈你最喜欢幼儿园哪个区域的布置，原因是什么。

第八章

学前融合美术教育课程的设计、调整与组织

学习目标

知识目标： 知道融合美术教育的价值，了解融合美术教育课程设计、调整与组织的方法。

能力目标： 能够针对特需幼儿的特点，运用不同的方法，开展适合特需幼儿的融合美术教育。

情感目标： 认同融合美术教育的价值，愿意积极开展融合美术教育课程。

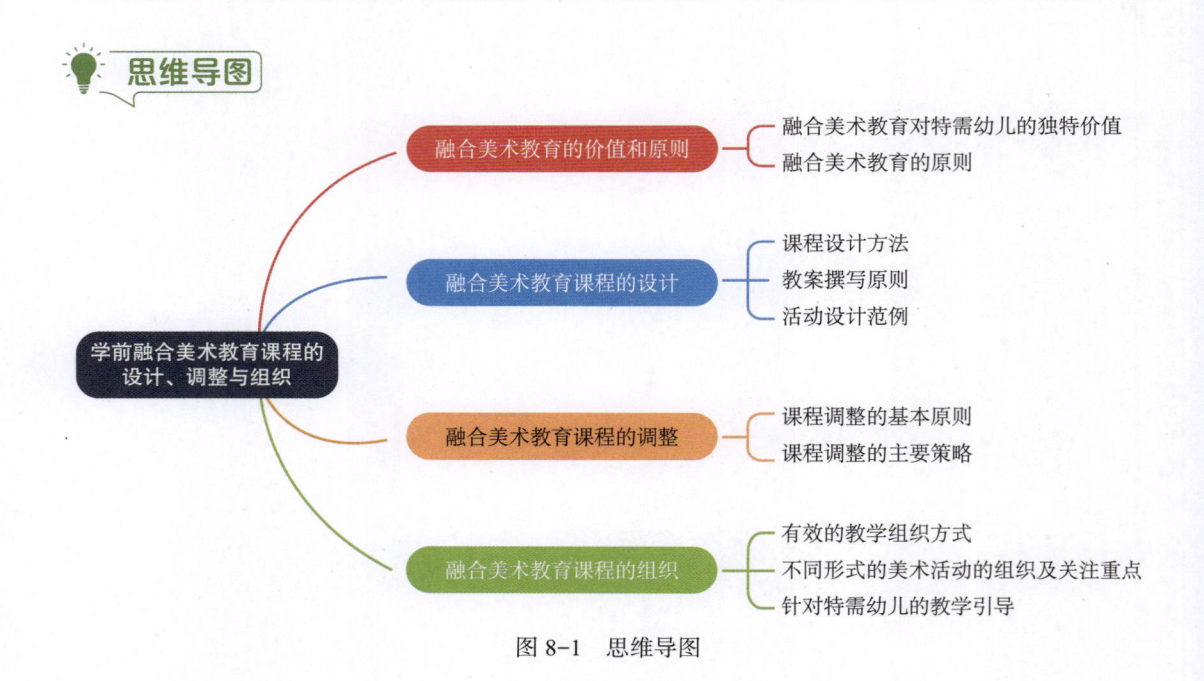

思维导图

- 学前融合美术教育课程的设计、调整与组织
  - 融合美术教育的价值和原则
    - 融合美术教育对特需幼儿的独特价值
    - 融合美术教育的原则
  - 融合美术教育课程的设计
    - 课程设计方法
    - 教案撰写原则
    - 活动设计范例
  - 融合美术教育课程的调整
    - 课程调整的基本原则
    - 课程调整的主要策略
  - 融合美术教育课程的组织
    - 有效的教学组织方式
    - 不同形式的美术活动的组织及关注重点
    - 针对特需幼儿的教学引导

图 8-1　思维导图

第一节 融合美术教育的价值和原则

融合教育的发展对教育理念、价值观念、教育内容、学习方法和教师教育等方面提出了新的挑战。学前美术教育也是如此，要充分考虑到普通幼儿园、托幼机构或普通班级中的特殊教育需要幼儿的情况，为他们提供相应的支持，设计并开展融合美术教育课程。

特殊教育需要幼儿也称特需幼儿，是指在身心发展、学习或生活中与普通幼儿有明显差异（表现在智力、感官、情绪、肢体、行为或言语等方面）且需要给予特殊服务的幼儿。他们的发展水平可能低于普通幼儿，也可能高于普通幼儿。特需幼儿还包括在某一时期的某一方面需要短期或长期特殊服务的非残疾幼儿，如学习困难幼儿、行为问题幼儿、言语障碍幼儿、情感障碍幼儿等。

对特需幼儿开展融合美术教育，不能单纯地局限于对其生理缺陷的补偿，而要在一定补偿的基础上，积极地开发特需幼儿的潜能。每一位学前美术教师都应有意识地利用身边的材料，抓住每一次机会，开展适宜性的美术教育。

一、融合美术教育对特需幼儿的独特价值

结合特需幼儿的身心特点及教育需要，对其开展融合美术教育，有以下四方面的独特价值。

（一）有助于增加对特需幼儿的认识

美术创作的操作性强，特需幼儿容易投入其中，学前美术教师可以根据特需幼儿创作的过程及结果，进一步观察、分析和了解特需幼儿，通过作品了解特需幼儿的发展情况、人格特征、情感特征或潜意识内容。

视频22

（二）能够发展特需幼儿的基本能力

以视觉表现来欣赏和创作美术，可充分调动与发展特需幼儿的感知觉，促进其感觉统合。同时，创作的过程涉及对材料的认识和操作，可以锻炼特需幼儿的动手能力、手眼协调能力，促进动作发展。而在融合美术教育的过程中，特需幼儿更容易放松、降低抵抗，有利于更好地与学前美术教师或同伴建立联系，同伴之间可以取长补短、互相学习、互相促进。

（三）有助于消解特需幼儿的不良行为

融合美术教育具有非语言沟通的特质，适用对象比较广。不擅长表达的言语障碍幼儿、智力障碍幼儿、孤独症谱系障碍幼儿都可以接受综合性美术教育。而美术作为一种可以表达和处理情绪的方式，尤其可以调控愤怒、恐惧、焦虑等不良情绪，并且能被社会接受，不伤害自己和他人。

145

（四）能够进一步开发特需幼儿的潜能

在融合美术教育过程中，部分特需幼儿会展示出某些优势和特长。幼儿美术教育可以进一步激发这些特需幼儿的潜能，甚至加大特需幼儿融入社会的可能性。例如，七岁的英国女童 Iris Grace 是一名孤独症画家，她在三岁时就展示出了极高的艺术天赋，画作可以卖到 3000 英镑，并出版了自己的画册（图 8-2）；患有轻度语言障碍与智力障碍的山下清被称为"日本梵高"，其画作（图 8-3）被认为是日本至今无人能超越的巅峰之作。

图 8-2　Iris Grace 的作品《水之舞》　　　　图 8-3　山下清的作品

融合美术教育可以合并介入特殊教育的许多领域，特需幼儿失调的感觉统合、社交障碍、情感缺失、认知理解、行为问题等，都有融合美术教育介入的空间，融合美术教育可以服务于特需幼儿成长教育的各个阶段。

二、融合美术教育的原则

融合美术教育课程是融合美术教育理念的实践载体，渗透了融合美术教育的基本精神和原则。

（一）课程应面向所有幼儿

一方面，课程应能够满足所有幼儿体验与学习的需求，幼儿能够从中获益，遵循"零拒绝"的原则；另一方面，课程应满足幼儿个性化发展需求，主张根据幼儿的学习特点和学习能力进行差异化调整，反对"一刀切"式的教育。

（二）课程体现幼儿的差异性

"每个儿童都有其独一无二的个人特点、兴趣、能力和学习需要"，因此，课程的设计和课程方案的实施、评价应充分考虑到这些特点与需要的广泛差异，以确保适用于所有幼儿。通过在教学中提供灵活的教学材料、技术和策略，为每个幼儿，特别是普通教育环境中的特需幼儿，提供更多的学习机会，满足他们的受教育需求。这也体现了课程的实施是一个动态的推进过程，能够通过提供个性化的教育与支持，理解、关注并回应所有学习者的多样性。

（三）课程实施强调合作与参与

课程实施需要幼儿园与学前美术教师的合作、学前美术教师之间的合作以及普通幼儿与特需幼儿的合作。幼儿园提供各种资源、设备与支持性服务，为学前美术教师实施教学提供便利。学前美术教师之间通过合作，为幼儿提供更有弹性、更丰富的课程内容和呈现方式，采取更多变、更有针对性的教学组织形式，等等。幼儿之间可以利用各自的长处互相帮助、互相学习、互相合作。

（四）课程为每个幼儿提供学习的机会

重视课堂中课程的形式、内容与实施策略，确保有特殊教育需求的特需幼儿能够充分、平等地参与课程活动。在课程设计中，通过提供多样化的内容呈现、表达方式和参与方式为每个幼儿提供学习的机会，并改变课程评价的方式，衡量幼儿的整体价值和潜能，而非简单地估量幼儿能够做到什么程度。

第二节　融合美术教育课程的设计

融合美术教育课程的设计是指在普通教育环境中，教学以普通幼儿的美术课程为主，针对特需幼儿的特点，进行适性化调整，制定既符合普教教育目标，又能使特需幼儿充分融入和参与的教学设计，使普特融合的教育效果达到最大化。

一、课程设计方法

课程设计通常包括六个方面：一是解决"为什么学"的问题，即学习需要分析；二是确定"学什么"，即教学内容的分析；三是明确学习目标；四是解决"如何学"的问题，即教学策略的制定；五是教学资源的选用，即教学媒体的选择和编制；六是教学设计成果的评价。

融合美术教育课程的设计必须以普通教育教学内容为前提，鼓励学前美术教师设计出既符合幼儿身心发展特点又遵循教学设计原则的优质教学内容。

（一）制定教学目标

学前美术教师根据幼儿的发展特点与学习情况制定教学目标。教学目标是弹性的，学前美术教师在教学过程中应根据幼儿的反应及时调整与更改教学目标。教学结果的反馈，能够为学前美术教师日后设立教学目标起到反思性的作用。

（二）明确幼儿的能力

明确幼儿的能力是学前美术教师进行教学设计的前提。学前美术教师应全方面了解幼儿，这样有助于教学计划的制订。明确幼儿的能力主要包括幼儿的原有认知水平、优势能力、学习动机、学习偏好等。

（三）选择教学策略

选择教学策略是教学设计的必要环节。教学策略影响学前美术教师的教学效果，对课堂起到关键的作用。学前美术教师要了解幼儿的特质与兴趣，根据教学内容，兼顾所有幼儿，选择适合幼儿发展的教学策略。教学策略涉及学前美术教师的教学方法、教学工具以及对突发事件的应急处理措施。为了使特需幼儿更好地参与到活动中，常见的教学策略包括目标/任务分解、视觉支持、强化、多重范例、串联、提示及消退等。

（四）评价教学结果

评价教学结果有助于学前美术教师提高教学质量，可以从幼儿学习与教师教学两方面进行评价。教师教学评价方式应多元化，以对应幼儿的多样性及差异性，同时在教学评价过程中也要注意评价的科学性和客观性。

二、教案撰写原则

撰写教案有助于学前美术教师明确教学目标、审视教学流程、把握教学过程，以达到最佳的教育效果。

（一）教学目标个别化

在融合教育环境中，教育对象以普通幼儿为主，选用的教材也是统一教材，因此，教学目标可以参照教材制定。但是，对于特需幼儿而言，则需要先对其能力进行评估，教学目标依据个别差异来制定，如表8-1所示。

表8-1 活动案例

中班手工活动——美丽的蝴蝶	
普通幼儿的教学目标： 1. 欣赏蝴蝶的美丽，感受春天的气息 2. 用对折剪的方法表现蝴蝶对称的特点，并进行装饰	特需幼儿的教学目标： 1. 能说出蝴蝶很美，知道春天来了 2. 在老师的帮助下折叠蝴蝶的翅膀，并给翅膀上色

（二）教学内容层次化

采用多层次教学技巧，因材施教。学习应是多样化、兴趣化的，让不同资质的幼儿做不同的事，各展所长，充分开发幼儿的潜能。应在适宜的活动中，让特需幼儿与普通幼儿共同分享成果。学前美术教师的教材、教具只有准备得充足，且具有创造力与灵活性，才能实现高品质、多层次的教学。

（三）教学策略灵活化

教学策略的设计取决于教师的教学基本功。教学策略直接影响教学效果的呈现。面对受教育对象的复杂性，学前美术教师在设计和实施教学策略时应以灵活为基本原则。在教学内容选取、教学环节衔接等方面要充分考虑受教育对象的身心发展和学习特点，善于应用信息化技术和工具，激发幼儿的学习兴趣，进而提高幼儿的学习效果。

（四）时间分配合理化

学前美术教师在设计教案时，应根据教学内容，选定策略对时间进行合理化分配。教学过程通常包含导入环节、新授环节、巩固练习环节、总结提升环节等。导入环节要言简意赅，充分激发幼儿的兴趣、唤醒幼儿的潜能；新授环节要讲清楚知识点、技能点，启发幼儿，丰富幼儿的技能和经验；巩固练习环节的任务及要求要分层次，以匹配不同能力水平的幼儿，并通过巩固练习增强幼儿的自信心；总结提升环节中，学前美术教师与幼儿对活动进行心得分享、总结，以便有所提升。学前美术教师在合理分配课堂时间前，要充分了解幼儿，了解教学内容的重难点，这样才能更好地对课堂时间有所把控，管理好教学进度和教学过程。

（五）教学工具专业化

随着科学技术的迅速发展，学前美术教师可以在教学过程中更多地借助相关工具、辅具进行教学。教学工具可以辅助学前美术教师呈现教学内容，也能够让幼儿更容易理解教学内容，实现教学目标。教学工具的选取，必须考虑其适用性。学前美术教师应该根据教学内容选用适合的教学工具，使教学呈现多样化，激发幼儿的学习兴趣。

（六）评价内容多元化

对异质性高的幼儿，评估标准不同，评估方式自然各异。对于普通幼儿的评价，学前美术教师可以参照《3～6岁儿童学习与发展指南》，而特需幼儿的评价则以个别化教育计划为主，活动参与过程中的态度、情感也应作为评价内容。幼儿间或小组间的互评也是值得采用的方式，通过参与评价的过程，幼儿获得更多反思与提升的机会。

（七）教学反思整体化

教学反思有助于学前美术教师审视教学过程，提升教学质量。教学反思不仅包括在教学后的反思，还包括教学前和教学过程中的反思。

学前美术教师在教学前的反思主要通过教案呈现，其中包括学前美术教师对教学目标、教学重难点的把握，对教学步骤的合理安排以及对各种课堂状况的应对措施。学前美术教师在教学前的反思应该将重点放在幼儿的身心发展特点与教材准备这两方面，将幼儿的身心发展特点和教学水平与教学内容建立联系。

教学过程中的反思主要指学前美术教师在授课过程中对幼儿的行为表现进行及时的反思。教学过程中的反思是对学前美术教师教学能力的一种考验。当幼儿在课堂中因学前美术教师个人、教学内容以及外界因素而表现异常时，学前美术教师应该及时进行反思，并进行教学调整。

教学后的反思是学前美术教师对课堂中师与师、师与幼、幼与幼之间的表现进行整体性的反思，如表 8-2 所示。学前美术教师可以通过自评、他评两种方式来全面认识课堂中所呈现的优缺点。学前美术教师应该以教育理论为导向，运用相关教育原理，丰富教学方法，并不断加深对幼儿的了解，以此来提升自身素质。

三、活动设计范例

表 8-2　美术活动案例

中班美术活动——我是抽象小画家	
普通幼儿的教学目标： 1. 感受毕加索艺术作品中夸张、变形的创作手法 2. 尝试用线条、色块对人物脸型、五官大胆变形，进行想象与创作	特需幼儿的教学目标： 1. 有尝试绘画的意愿 2. 能初步欣赏夸张的作品
活动准备： 1. 物质准备：毕加索人像作品若干、白纸、画笔 2. 经验准备：幼儿玩过照镜子和照哈哈镜的游戏	

预设环节	普通儿童	特需儿童
一、做鬼脸 幼儿进行游戏，通过相互做鬼脸来观察五官变形的特征 老师：小朋友们，今天我们来玩个游戏，大家可以尽情做鬼脸，并注意观察小伙伴的五官发生了什么变化 二、变形的艺术世界 1. 展示毕加索人像画作若干 老师：小朋友们，刚刚做鬼脸的时候有没有发现自己的五官变化很奇妙？现在请小朋友们来看一下这位画家画的人像，讲一讲这些作品带给你的感受 2. 幼儿自由表达，进一步感知变形的艺术世界 3. 老师总结 三、神奇的变脸 1. 幼儿使用白纸自由创作变形的脸 老师：请你们大胆变化颜色，用线条、图形画一画变形的脸 2. 老师巡回指导 四、最漂亮的脸 1. 将幼儿作品粘贴在黑板上 老师：你觉得你的画中哪些地方最特别？请你讲给其他小朋友听一听 2. 幼儿相互观赏及介绍自己的画作	通过欣赏毕加索的作品，使幼儿进一步感知夸张、变形的艺术手法 引导幼儿在创作中尽可能运用夸张的手法展开变形脸创作	通过做鬼脸的游戏，吸引幼儿的注意力，让幼儿喜欢上这个活动，愿意参与 参与到绘画中来，喜欢绘画

续表

中班美术活动——我是抽象小画家
教学总结： 开始时用做鬼脸游戏进行导入，特需幼儿非常喜欢，很兴奋；但也影响到了后面的欣赏环节，特需幼儿一直不能安静下来，于是老师及时转移特需幼儿的注意力，引导特需幼儿去欣赏艺术作品。在绘画环节，如果特需幼儿不是特别感兴趣，则教师可以拉着幼儿的手，一起进行艺术创作的教学策略。在老师的引导下，特需幼儿有了一丝兴趣，拿着画笔开始画圈圈。最后，特需幼儿完成了一幅很抽象的作品，值得肯定和表扬

第三节　融合美术教育课程的调整

课程调整是建立在对特需幼儿能力的评估基础之上的，需要学前美术教师、家长和相关专业人员在评估幼儿能力的基础上，共同讨论特需幼儿的教育需求和目标，以此决定是否需要对特需幼儿的课程进行调整。

课程调整的流程：审视普通教育课程的课程目标→标出幼儿达到目标所需要的重要知识、技能和能力→评估特需幼儿的能力状况（已掌握哪些技能或能力、缺乏哪些技能或能力）→以普通教育课程为参考，根据评估结果，进行课程调整（是否保留、调整或改变教学目标、教学内容以及降低课程难度等）。

一、课程调整的基本原则

学前美术教师在进行课程调整时应该遵循以下基本原则。

（一）坚持"最小调整，最大融合"的调整策略

"最小调整，最大融合"，即大多数特需幼儿都可以使用普通幼儿使用的课程内容与教学方法或者是经过少许修改的普通幼儿使用的课程内容与教学方法，只有极少数特需幼儿需要单独设计的、与普通幼儿使用的课程内容与教学方法完全不同的替代性课程内容与教学方法。课程调整的目的是尽量让所有幼儿参加同样的课程与教学活动，而不是让特需幼儿被隔离或特殊化，并尽量让他们独立完成任务，只有在必要的时候才改变课程内容与教学方法。

（二）选择最符合幼儿需求的调整策略

课程调整的关键在于能够适合特需幼儿的年龄和能力水平，满足他们独特的需求。与幼儿的年龄相符合，需要学前美术教师在选择课程内容时兼顾特需幼儿心理年龄和生理年龄的特点，可考虑适当降低难度，将课程改编成与特需幼儿相适宜的主题和内容。与幼儿的能力相符合，即要求学前美术教师在了解幼儿的教育需求及优劣势的基础上制定课程内

容。学前美术教师只有了解了幼儿的能力，才能确定课程内容、教学顺序及教学方法等。

（三）在幼儿的"最近发展区"内提供框架支持

课程调整要与幼儿的能力相符合，在课程调整中最为关键的就是在幼儿"最近发展区"内设计、调整课程目标和内容。心理学家维果茨基认为，学生有两种能力水平：一种是现有水平；另一种是可能的发展水平，也就是潜能。教学应着眼于幼儿的"最近发展区"，为幼儿提供难度适宜的内容，调动幼儿的积极性，并提供支持，使其能够发挥潜能，进而向下一阶段发展。

二、课程调整的主要策略

针对课程调整策略主要包括课程目标、课程内容、课程准备、课程组织四个方面。

（一）课程目标的调整

1. 调整达成目标的行为或动作

虽然特需幼儿的教学目标与普通幼儿是一致的，但可以根据特需幼儿的特点，在如何达成目标的行为或动作上作出相应的调整。学前美术教师应选择最适合特需幼儿的方式来表现其学习结果，即为幼儿提供多样化的展示自己所学知识的方式。例如：

普通课程的目标：能正确使用剪刀剪出方形、圆形、三角形及组合形体，并拼贴成画。

调整后的课程目标：能够用撕纸的方式撕出简单的图形，并拼贴成画。

2. 调整目标达成的情境

学前美术教师应提前思考特需儿童实现目标的时间、地点、环境状况以及需要提供哪些材料或协助。在此种情况下，学前美术教师应通过为特需幼儿提供必要的辅助或设置特别的情境，帮助他们更容易地实现目标。例如：

普通课程的目标：能有目的地安排画面，表现一定的情节。

调整后的课程目标：在学前美术教师的引导下，能围绕主题安排画面，表现一定的情节。

3. 调整目标达成的程度

课程目标达成的程度可以从独立完成的程度、完成的熟练程度等方面来考察。独立完成的程度是根据教学的提示量来拟定评价标准的，如果幼儿不需要提示就能够完成教学任务，就是独立完成；如果幼儿需要提示，则按照提示量的多少，从少到多，从口头提示、视觉提示、示范提示再到身体提示来考察。完成的熟练程度是指目标行为表现的熟练程度和稳定程度。

4. 调整涉及的学习内容

调整涉及的学习内容是指根据幼儿的能力和需求降低内容的难度，使概念或技能更加简单化，也可以直接删除部分对于幼儿来说过难的内容，从而制定更有针对性、更易实现的目标。

（二）课程内容的调整

课程内容的调整主要涉及修正、精简、添加（加深、加广）、替换、补充等方面，其中修正、精简、添加和替换是调整原有的课程，补充则是外加式的课程调整。

（1）修正。在原有课程的基础上，改变其呈现方式，包括形式、结构和呈现步骤。例如，学前美术教师在活动导入时，增加图片、实物等材料，以利于幼儿理解和吸收。

（2）精简。减少课程内容的分量，或降低其难度和层次。例如，删除不符合幼儿需要或让幼儿有困难的课程内容。

（3）添加。针对超常幼儿，可以增加课程内容的深度和广度。

（4）替换。在不改变原有课程内容的基础上，另外设计特殊化课程，如技能训练，以满足特殊需求。

（5）补充。对课程内容进行强化或扩展以满足学生的特殊需要。需要补充的不仅仅是课程内容，还包括能够促进幼儿更好地参与课程学习所必需的技能，以及促进幼儿全面发展。

（三）课程准备的调整

课堂的主要组成要素是教师与学生，教学过程除了"教"与"学"，还包含一项容易忽略的要素，即环境创设与材料准备。教学环境既是显性因子，也是隐性因子，可以直接影响教学效果，或在潜移默化中发挥教育的作用。幼儿园本身是高度结构化的环境，幼儿在规律的节奏中学习，生活动线的规划安排直接影响学习效率，不可忽视。

1. 构建安全适宜的环境

大多数特需幼儿对环境较为敏感，只有当特需幼儿感到舒适并愿意参与活动时，教育目标才能得以实现。因此，安全、实用、舒适、整洁的环境是开展教育的前提条件。学前美术教师可以从色彩、材质、家具等方面进行课程准备。

第一，整体空间应明亮干净、大小适中（不要太大）。空间的色调应选用能够使人放松、平静的色彩，以淡蓝、奶杏色或其他安静柔和的色调为宜，有助于引导幼儿保持平静的情绪和展现适当的行为。内部家具、陈列以软中性的色彩为宜，如象牙色、鹅黄色、米白色、浅摩卡色等高级灰色系。这类颜色在室内空间中不仅能够很好地搭配运用，同时也能减少视觉刺激量。在资源教室中，由于面积较小，色彩不宜过于丰富。在集体教室中，由于人数多、空间大，色调应以冷色系为主、暖色系为辅，使整个空间看上去宽敞而不乏温馨。墙面上可以适当进行一些装饰，如布置一些能给人以舒适感的绘画作品等，如图8-4所示。

(a)　　　　　　　　　(b)

图8-4　环境布置参考

第二，空间内应设置无障碍设施设备，并且进行功能分区，遵循开放性、多样性、可识别性的原则，可设置动、静两个区域，即学习区和活动区，以及两个区域之间的过渡区。活动区可设计区角空间，幼儿可根据自己的需求选择玩具进行游戏，或者根据兴趣爱好创造属于自己的空间，自由、无拘束地活动。学习区用于必要的、基础的美术教育教学活动，桌椅摆放不必拘泥于整齐排列，可以让幼儿自行挑选熟悉或喜欢的位置。如图8-5所示，区域附近应考虑有容易获得水源、足够大的空间，以便既满足个人的创作需要，也方便存储并摆放各种材料和美术作品，同时也适宜开展讨论和互动。

在动、静两个区域之间，适当的过渡空间也是非常有必要的。过渡区可以堆放帐篷、绒毯、抱枕等舒适的物件，不仅与动、静两个区域相呼应，也有助于确保区域循环转换间的紧密性，避免环境突然转变而引起特需幼儿不适。整个空间若呈开放状态，则会使特需幼儿感到自由、轻松、无拘束，如图8-6所示。

图 8-5 空间设施

2. 所需材料的特殊性

幼儿美术教育过程中所需的工具材料是重要的物质媒介，它的种类非常丰富，可以是各种纸，各种材质的布、颜料、笔、纽扣、扭扭棒、黏土、沙土、树叶、花朵、贝壳等一切可以利用的材料，也可以是毛刷、橡皮、剪刀、印花机、画架等丰富的美术工具，如图8-7所示。

每种工具材料都有其特性，学前美术教师应根据特需幼儿的生理、心理特征为其提供所需的工具材料。例如，油画棒等干性材料比较好拿取且易控制，对脑损伤、智力低下或身体残疾的幼儿较为适合，而水粉、水彩等湿性材料则对水分的控制要求更高，对于特需幼儿来说可能有难度，甚至会引发情绪问题。黏土则具有安抚情绪的功能，特需幼儿通过触摸能够切实感受到物体的真实感，从而产生安全感。画纸的大小、颜色对特需幼儿也会产生一定的影响，例如，对于注意力缺陷或狂躁症幼儿来说，尺寸过大的画纸就不太适合，因为过大的范围可能引起其注意力分散和更多的活动行为。对于色弱或感知觉方面存

图 8-6 过渡区域的小帐篷　　　　　　图 8-7 工具材料

在缺陷的幼儿来说，黑色的画纸更加合适，因为黑色的画纸有利于提高物象的清晰度和某些图形的细节表达。

由此可见，幼儿美术教育所需的材料必须与幼儿的兴趣和需要相符，任何粗细、大小、色彩的不同都有可能带来不一样的效果。另外，现在也有很多工具在设计时考虑了不同类型特需幼儿的需要，如图 8-8 所示的辅助剪刀、握笔器等，学前美术教师在准备材料时，也可以进行更细致的考量。

图 8-8　辅助工具

当然，在尊重特需幼儿特点和需求的基础上，学前美术教师也要根据实际情况，有意识地引导特需幼儿认识及尝试不同的美术材料，并发现他们配合、模仿或感兴趣的部分，以便组织更多的美术活动，促进特需幼儿的认知能力、想象及创造能力、动手操作能力等的提升。当特需幼儿对材料有了一定的熟悉度之后，学前美术教师也可引导他们选取材料，鼓励他们使用手中的材料，逐步接受其他不同的创作，并将所学运用于实际生活中，尽可能地去适应环境的变化，培养、恢复其社会性行为。

总之，每一次选择、每一次变化，都要根据特需幼儿的实际情况进行，要着眼于特需幼儿的"最近发展区"，坚持"小步子，多循环，螺旋上升"的规律和原则，切忌揠苗助长，选择不切合特需幼儿实际能力的材料。

（四）课程组织的调整

在调整课程组织的过程中，学前美术教师可以通过环境支持、材料调整、简化活动、利用幼儿的喜好、使用特殊设备、成人支持、同伴支持、隐性支持等策略，提高特需幼儿的活动参与度，如表 8-3 所示。

表 8-3　课程组织的调整策略

调整类型	定义	举例
环境支持	改变物理环境、社交环境和时空环境来促进特需幼儿参与、互动与学习	如果特需幼儿很难与相邻的同伴互动，学前美术教师可以使用有趣的、具有吸引力的材料并设计具有合作性的小组游戏，如一起画壁画等，使特需幼儿参与进来
材料调整	调整活动材料，以便特需幼儿尽可能地独立参与。例如，调整材料的摆放位置，把材料调整得更大或更明亮，等等	如果特需幼儿很难手握记号笔或画笔，学前美术教师可以在记号笔和画笔上缠上几层泡沫塑料，使特需幼儿更好抓握 如果特需幼儿对制作拼贴画或其他用纸的活动表现出极低兴趣，学前美术教师可以在拼贴画操作盘中增加其他材料，如胶带或闪光纸等

155

续表

调整类型	定义	举例
简化活动	将任务分解成几个小步骤或减少任务的数量来简化任务	如果特需幼儿在进行手工制作时遇到困难，很难完成，学前美术教师可以把活动分成几个小步骤，清楚地描述每一个步骤，把每一个步骤画下来。 如果幼儿很难参与有多个步骤的手工活动，学前美术教师可以根据特需幼儿的情况准备手工作品，让部分特需幼儿完成整个手工作品，让部分特需幼儿拿着半成品完成接下来的步骤
利用幼儿的喜好	如果特需幼儿没有充分参与，可以寻找并利用特需幼儿的个人喜好引导其参与	如果特需幼儿很少参加美术活动，学前美术教师可以尝试将特需幼儿喜欢的元素设计进美术活动中
使用特殊设备	使用特殊设备使特需幼儿能够参与活动，或者提高特需幼儿参与度	如果特需幼儿手部力量不够大，无法使用剪刀进行裁剪，学前美术教师可以为其提供环形剪刀或其他改装过的只需较少力气的剪刀
成人支持	成人介入辅助特需幼儿参与与学习，包括示范、加入、表扬和鼓励	如果特需幼儿不用任何工具，只是敲击、戳橡皮泥，学前美术教师可以用一个最简单的工具，如滚筒积木，给特需幼儿示范（注意循序渐进）
同伴支持	引导同伴帮助特需幼儿完成任务	如果特需幼儿无法独立完成任务，那么他在参与的过程中就很容易放弃。学前美术教师可以为其寻找一个善于表达的同伴，给他们一个需要合作才能完成的任务
隐性支持	在活动中安排自然会发生的事情，如调整顺序等	如果特需幼儿不太会表达，难以介绍自己的作品，学前美术教师可以先请其他表达能力强的幼儿说完，再让特需幼儿说，以给其示范

第四节　融合美术教育课程的组织

教学组织形式应以幼儿为前提，根据幼儿的数量、能力、学习特点等进行调整，其目的是通过有效的教学组织，让所有幼儿参与到学习与互动中，促使其能力获得最大限度的提升。随着时代、政策、观念等相关因素的发展，新的教学组织形式不断涌现。在实际课堂中，这些教学组织形式并非相互排斥，而是需要学前美术教师根据幼儿的学习情况及身心发展特点来选择合适的教学组织形式。

一、有效的教学组织形式

（一）集体教学

集体教学是最传统的教学组织形式，也是最普遍的教学组织形式。这种形式对同质性较高的班级是高效的，但是对于异质性较高的班级，如融合班级，则应注意个别幼儿的特质和差异性。集体教学的优点是幼儿可以在互动中相互观摩、模仿，学前美术教师可尽量安排能力较强的幼儿带头学习、回答、示范，但也应注意要把表现机会公平地给予每个幼儿，在了解每个幼儿特点的基础上，力求扬长避短。

集体教学可以在教室、美术专用活动室中开展，也可以在户外开展。在亲近自然、充分利用社会资源的过程中，释放幼儿的天性，既能扩展幼儿的生活范围，又能进行跨学科教学。学前美术教师选择户外环境时既要考虑幼儿的身心发展特点、环境的适用性，又要考虑活动的可行性。具体场地的选择、活动的设计以及应急事件的处理方案如表8-4所示。安全是户外教学的第一原则，学前美术教师要做到因地制宜，既展现教学的丰富性，也增加普通幼儿与特需幼儿之间的互动。

表8-4　户外美术活动教学案例

小班户外美术活动——KO小怪兽
无锡市羊尖镇廊下幼儿园　浦晓艳

活动目标
1. 通过剪、撕、拧等操作来改变报纸的形状，大胆进行画面添加，施展幼儿的动手能力
2. 尝试运用多种材料喷洒颜料，丰富背景，感受画面的融合之美，体验户外美术创作的乐趣

活动准备
1. 将画有小怪兽的背景纸粘贴在各种盒子上，并将盒子分散在场地四周
2. 轮胎、喷水枪（装有颜料）、泥块、喷壶（装有颜料）、报纸、黑色颜料、胶水、剪刀等材料
3. 幼儿穿好雨衣、雨鞋

活动过程
1. 出示怪兽，欣赏不同的艺术形象
老师："孩子们，星球大战后，跑出来好多小怪兽，这些小怪兽都是什么样子的呢？"
老师："刚才有小朋友说有的小怪兽长着许多脚，有的小怪兽的眼睛长到了触角上，有的小怪兽的身体是方方的……小怪兽和我们人类一点都不一样。"
老师："这些长相奇怪的小怪兽经常跑出来给人类捣乱，我们该怎么办呢？"
2. 大胆想象，进行画面添置
老师："刚才你们说可以用绳子来捆住小怪兽，有的说做一个笼子关住小怪兽，还有的说造一间牢固的房子，让小怪兽走不出来。这些办法真好！我们这儿有报纸，怎样用它变成绳子、笼子和房子来困住小怪兽呢？"
请幼儿说说想到的办法并进行演示。
老师："孩子们，你们的想法非常棒！现在你们赶快行动起来，困住这些小怪兽吧，可以几个小朋友合作一起完成。"
幼儿用报纸按照自己的想法制作绳子、笼子、房子等多种困住小怪兽的工具，发展幼儿的想象力以及撕、剪、拧、粘贴的动手能力。
3. 喷洒颜料，感受画面与颜料融合之美
老师："孩子们，你们为小怪兽做了绳子、笼子和房子，小怪兽暂时被你们困住了。可是，它们还是会想办法逃出来的，我们来想一个更好的办法，让小怪兽永远也逃不出来。"
老师："快来看看为你们准备的秘密武器，都有些什么呀？"（出示喷水枪、泥块、喷壶等）
老师："你们觉得这些武器可以怎样使用呢？"
老师："对了，可以用枪射它们，可以用泥块扔它们，可以用喷壶喷它们，这些武器都藏在轮胎里，你们找到以后找一个隐蔽的位置来打败小怪兽。提醒你们，这里面都是子弹，不能打到小朋友哦。"
幼儿运用多种方法在画面上喷洒颜料，完成作品的背景，同时用泥块蘸了黑色颜料投掷，点缀画面。
4. 欣赏作品，体验画面的神奇效果
老师："你们真勇敢，把小怪兽打败了，我们来看看小怪兽有了什么变化吧！"（幼儿自由表达自己看到的画面）
老师："现在，小怪兽被你们困住了，再也不能出来捣乱了，我们去庆祝一下吧！"

案例来源：《早期教育》杂志。

（二）小组教学

合作需要先分组，可按能力、兴趣、专长来分，具体需要根据教学内容决定，既可以特质较为一致的幼儿为一组，也可以特质不同的幼儿为一组。分组后，每一位幼儿都应有事可做，且能够收获完成任务的成就感。小组教学模式体现的是合作，幼儿通过共同努力完成活动任务，同组的幼儿相互帮助，不同组别间互相观摩、学习。例如，在小组合作完成"花团锦簇"创作时，有的幼儿进行背景的绘制，有的幼儿制作不同的花，还有的幼儿利用不同的材料，采用粘贴的手法进行花朵的装饰，等等。

（三）个别化教学

个别化教学是为特需幼儿的特殊需要、兴趣、能力和学习方式而设计的教学方法。个别化教学并非独自学习，而是当同一教材、同一教法不能应对班级中幼儿的差异时，为顾及个别幼儿可能遇到的困难，学前美术教师在教学过程中设计不同的教学计划。个别化教学与个别教学不同，个别教学仅是一种"一对一"的教学实施形态，它可能是个别化教学，也可能不是个别化教学，可以是抽离，也可以是加时，关键在于其是否符合幼儿的需要。

（四）结对教学

由于班额过大、对特需幼儿身心发展及需求不了解等原因，常常导致学前美术教师出现无助感、消极等负面情绪，应用助学伙伴能够避免学前美术教师陷入低质量教学的循环。助学伙伴是幼儿在生活和学习中相互帮助的伙伴。在融合教学中，学前美术教师应推广助学伙伴的形式，帮助特需幼儿与普通幼儿形成流动式的"一对一"好伙伴。普通幼儿帮助特需幼儿遵守制度，如上课期间不能随便走动、不能随意操作美术用具等。在帮助特需幼儿的同时，普通幼儿也会逐渐形成乐于助人及包容的品格。助学伙伴不仅有助于学前美术教师管理班级，而且有助于幼儿之间形成融洽的氛围。

（五）资源教室

资源教室是由隔离走向完全融合的一种过渡性教学组织形式，为特需幼儿和学前美术教师提供教学辅助与咨询。根据性质与功能，资源教室可以分为部分时间资源教室、专门类型资源教室以及支持性资源教室。目前，大多数学校的做法是将特需幼儿从班集体环境转到单独的场域（资源教室）进行补救性教学。

二、不同形式的美术活动的组织及关注重点

（一）涂鸦

涂鸦是一种不预先构思的涂画行为，是人在自然状态下随意涂抹出视觉痕迹的一种自由描画活动。学前美术教师可以通过机体运动让幼儿发现运动痕迹，从而产生涂鸦的兴趣。当涂鸦的点、线或一些符号产生，幼儿逐渐赋予其象征性意义时，涂鸦便有了更多解

读的空间。涂鸦形式多样，如个体涂鸦、互动涂鸦、团体涂鸦等。

幼儿的美术创作通常始于涂鸦，并经历以下几个阶段：幼儿开始画画时，能在无意识的状态下画一些线条（图8-9）。这时他们会把笔捏在手中，不经过眼睛的参与，仅靠手臂来回摆动画出一些偶然的线条，有时还将线条涂抹在纸张之外。这说明幼儿在神经系统的作用下，已经产生了肌肉活动，虽然这种活动有时还不能受到很好的控制。

图8-9 幼儿涂鸦作品

通过不断地涂鸦，幼儿逐渐掌握了控制手部、臂部动作的能力，肌肉运动逐渐熟练。接着，视觉的控制就参与到涂鸦活动中来了。从这时起，幼儿将会有意识地上下、左右或弯曲地画线条，并从中获得很大的成就感。这种成就感往往会促使幼儿变换自己的动作，经过不断地尝试，某些动作可能使幼儿偶然画出圆圈或其他几何图形，这说明幼儿已建立了手眼动作间的协调。

当幼儿发现自己的动作能受视觉的控制时，他们的动作就会始终跟随着自己的眼睛。而视觉和肌肉感觉协调作用获得的信息反馈给大脑，大脑就会总结涂鸦活动的结果，并重复画一些偶发形成的图案或符号，这便是幼儿美术活动中思维和创造力的萌芽，如图8-10所示。在此阶段，学前美术教师可以适当调整幼儿不正确的握笔姿势，以促进他们的动作能力由粗大的四肢动作向精细动作转变。

无意识地画线条 → 有意识地上下、左右或弯曲地画线条 → 画出圆圈或其他几何图形

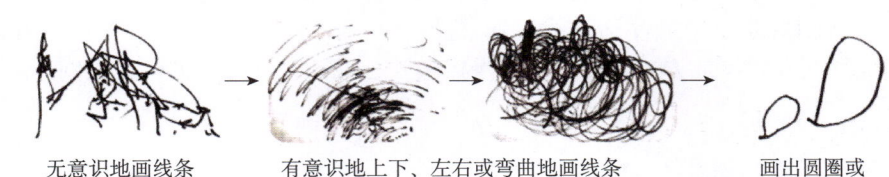

图8-10 幼儿涂鸦的发展变化

特需幼儿尤其需要对粗大动作的控制和对感知觉的应用，学前美术教师除给予适当的鼓励和肯定外，不应对画的内容和形式有任何主观评价或建议。学前美术教师可以从幼儿涂鸦所用线条的力度和流畅度看出幼儿的生理发展状况及性格趋向。生理健康的幼儿能画出更粗犷有力的线条，体弱多病的幼儿画出的线条较纤细无力；果断流畅的线条暗示幼儿的性格较固执或有决策力，而柔弱和断断续续的线条则往往说明幼儿胆怯和不自信。

幼儿涂鸦阶段持续的时间较长，普通幼儿需2~3年，特需幼儿所需要的时间更长一些。如果幼儿涂鸦时能随手画出一些图形或符号（图8-11），如圆圈、长条等，有时甚至能用简单的重复、叠加、对称等手段对这些图形或符号进行组合，则说明幼儿的涂鸦不再是无意识的肌肉活动，他们的感知觉和记忆水平发展到了新的

图8-11 幼儿涂鸦线条

高度。很多幼儿会在这个阶段出现自言自语的现象，语言能力较差的幼儿则会模仿一些声音，以表示把画的符号或图形的组合与生活中的某一物体联系在了一起。这时，学前美术教师要及时肯定和启发幼儿对画面进行思考，如"这是什么""你画的是一个小动物吗"，以发展幼儿的语言能力，鼓励幼儿进行新的想象、思考等。

（二）绘画

绘画是幼儿自主掌控、表达需求和展现自我世界的图像语言，包括命题绘画、互动绘画、自然绘画等。与涂鸦不同的是，绘画的图像信息更具有画者赋予的象征性内容。

幼儿绘画呈现的多维特征，不仅可以为学前美术教师了解幼儿心理状态提供表征依据，还会显现出每个幼儿独特的思维特点和气质特征，是幼儿美术教育中重要的媒介形式。例如，患有孤独症的幼儿可能会对绘画比较敏感，他们的绘画作品中往往反映出某些情绪、冲突或愿望，展示出其内心更深层次的动机；一些肢体残疾或有缺陷的幼儿，他们与普通幼儿在思想上和表达上没什么不同，但由于身体缺陷而存在自卑心理，有时候会有情绪管理失调，绘画可以帮助他们表达情绪，让他们学会控制自己的情绪、培养自信心，找到自我存在的价值。

在引导幼儿进行绘画时，学前美术教师可以提供给幼儿白纸和绘画工具，让幼儿把内心所想通过纸和笔表达出来。若特需幼儿不配合，可以适当设置情境，比如，放些轻柔的音乐或有声读物，根据故事的内容引导他们进行创作。有些幼儿实在画不出，也可以给他们一个轮廓，让他们进行填色或添补，再根据他们画出的内容及使用的颜色来了解他们的内心世界。绘画工具不局限于纸、笔，手指或自然物都可以成为绘画工具。

绘画教育与引导是一个循序渐进的过程，需要学前美术教师充分关注并提供相应的支持，也可以使用互动绘画的方式，引导幼儿慢慢敞开心扉，直到可以进行自主创作。

（三）拼贴

拼贴在法语里是"涂胶水"的意思，拼贴在20世纪初被毕加索和布拉克引进美术领域，对20世纪的美术产生了极大的影响。其特点是适用于不同年龄、不同健康状况、不同文化背景的人群，即使是低龄儿童或重度残障儿童也可以找到适合的素材，借助教育者代为剪裁，自己用胶棒粘贴，完成拼贴作品。它无须特定的场所、贵重的仪器设备，具有方便、易操作、有实效的优点。

普通的拼贴制作很简单，主要是素材的选择，即选择何种素材进行拼贴，如何组织展现拼贴能够显现出创作者的意图。开始拼贴前需要预备不同的素材，如纸张类的报纸、杂志、说明书、广告册、明信片、旧书、照片等，以及综合材料类的颜料、细绳、碎布、羽毛、珠子、贝壳、面纸、树叶等，还需要准备底板，尺寸通常是16开或A4纸大小的画纸，木板、泡沫托盘、塑料盘、瓷砖等也可以用作底板。剪刀、胶水或胶棒、画棒等用具也是必不可少的材料。学前美术教师可以根据各个年龄段幼儿的需要准备不同的素材。

当各类素材准备齐全后，若幼儿还是茫然无措、无从下手，学前美术教师可以不断地引导，切入情境。在创作过程中，各种素材能给幼儿提供刺激和信息。开始时，幼儿可能只是排列，没有任何目的性；经过一段时间的尝试探索后，幼儿可以有选择性地排序、摆放，再到有针对性地选择图片、自主分类、构图并粘贴，如图8-12、图8-13所示。循序渐进，从而提高幼儿的注意力、思维能力和表达自我需求的能力。

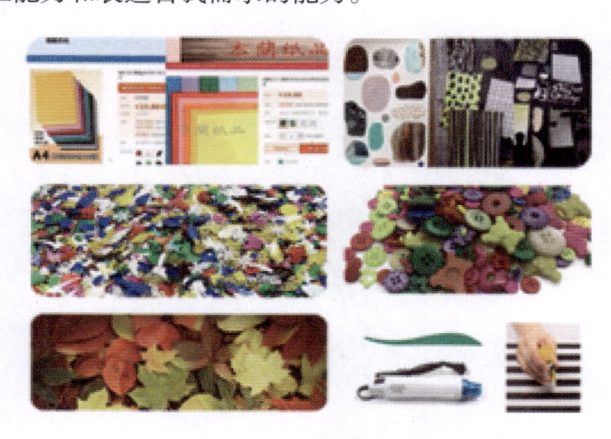

图 8-12　拼贴作品　　　　　　　图 8-13　综合材料类素材

（四）黏土

借助不同性能的黏土进行游戏或创造性表达，对幼儿有重要的意义和价值。黏土具有黏性、可塑性、亲和性、可修复性等特点，通过利用黏土的特性，学前美术教师可以帮助幼儿从触觉开始，尝试和感受表现。尤其对于感官系统存在缺陷的特需幼儿，他们的耐心和手眼协调能力通常较差，如果给他们不太好控制的美术工具，如水彩颜料等，他们很快就会产生厌恶和急躁心理。黏土是一种摸起来很舒服也很好控制的材料，在特需幼儿出现狂躁情绪时，他们可以拿黏土进行发泄。在撕碎黏土和整合黏土的过程中产生新的想法，创作出新的造型，安抚他们的情绪。黏土创作能够有效地帮助特需幼儿减少攻击性行为或减少不良情绪的发生，从而更好地帮助他们融入周围的环境。图 8-14 所示为黏土造型作品。

图 8-14　黏土造型作品

（五）综合制作

综合制作是一种以手工材料为媒介进行美术创作的美术活动。幼儿进行塑形或手工物品的形象创作时，在制作、黏合、描绘等操作过程中，幼儿的控制能力得以训练，调节幼儿的情绪，协助幼儿进行表达和自我认识。

综合制作的内容非常广泛，有人物类、器物类和随意制作类三大类，如图 8-15 所示。

它的特点是通过制作过程中的合作培养幼儿的合作意识，并通过作品开展更多的交流，如进行情景表演、问答等，它融合了绘画、游戏、手工制作等多种表现形式，是一种没有固定模式的综合表现法。

图 8-15　综合制作作品

综合制作技术采用的形式多种多样，素材也不固定，基本上是就地取材。归纳起来有两类：一类是选用现成的各类模具，再在模具上进行彩绘、粘贴或加工，完成整个塑形创作的彩绘类，如彩绘面具等；另一类是直接选择素材随机制作，或者采用缝补、添加填充物等手工方式进行塑形创作的塑形类，如袜子娃娃等。

三、针对特需幼儿的教学引导

（一）模仿

模仿是幼儿成长过程中最重要的一个行为。幼儿常常通过模仿进行学习。学前美术教师可以在幼儿美术教育过程中先观察特需幼儿，不进行干预，然后再通过模仿特需幼儿绘画创作的形式拉近与他们的距离，保持亲切感，找到共识。学前美术教师甚至可以与特需幼儿用一样的颜色，画一样的内容，描述同样的故事，让特需幼儿觉得他们的认知是相同的，促使特需幼儿与学前美术教师产生心灵上的碰撞。

（二）非语言交谈

弗洛伊德曾说："没有人能隐藏秘密，假如他的嘴唇不能说话，他可以用指尖说话。"这种技巧适用于一些没有任何思路和绘画能力的幼儿。学前美术教师可以通过面部表情、肢体动作等非语言性交谈方式，在纸上画出一条线或一个点，然后让特需幼儿自己选择颜色，利用图画进行互动，直到特需幼儿主动去绘画。

（三）鼓励联想

鼓励联想的技巧适用于没有太多创造能力，或者没有接受过绘画和手工启发的特需幼儿。学前美术教师可以鼓励特需幼儿进行随意涂鸦，并将作品进行摆放，引导特需幼儿根据自己的画作讲述每幅图片的故事，并进行记录。学前美术教师也可以通过一定的语言提示，引出情节，引导特需幼儿随意画。许多特需幼儿虽然没有进行过绘画启发，但是有时随意乱画也许能带来意想不到的收获。学前美术教师要根据特需幼儿的作品给予鼓励，一起分享成果，以增强特需幼儿的自信心。

（四）指导性涂鸦或绘画

对于有一定绘画基础但缺乏自信的特需幼儿来说，指导性涂鸦或指导性绘画更为适用。学前美术教师可以指导特需幼儿根据一些特定的要求、特定的图画或具体的色彩和内容进行创作，如小兔在跳、小鸟在飞、花儿开了等。学前美术教师也可以通过互动和特需幼儿沟通想法，给予特需幼儿引导，或是展示类似的绘画或手工作品，给特需幼儿以启示，来激发其创作。有时学前美术教师甚至可以与特需幼儿共同完成作品，让特需幼儿可以按部就班、充满自信且没有任何负担地创作。操作熟练之后，特需幼儿再慢慢脱离指导，独立创作。

（五）鼓励特需幼儿讲述自己的作品

对特需幼儿进行美术教育时，学前美术教师既要对特需幼儿创作的作品表现出浓厚的兴趣，同时也要鼓励他们对自己的作品进行讲述，形成教育活动的闭环。这样做主要有两个目的：一是帮助特需幼儿利用作品和语言将其思想、情感和世界观外化；二是更好地理解特需幼儿的思想、情感及其对周围世界和环境的认识和看法。在分享阶段，有些特需幼儿会自发讲述自己的作品，但有些特需幼儿可能会因害羞、年龄太小或语言障碍等原因不愿意或无法讲述，还有些特需幼儿需要学前美术教师通过提问来启发和引导。

在启发特需幼儿讲述自己的作品时，一般不问他们为什么要画或创作某个形象，而是问一些范围较宽泛的开放性问题，如"你的画里有什么故事"；也可以简单明了地直接询问作品表现的内容，如人物的性别、年龄和特点、已发生或将要发生的活动等；还可以问能够帮助特需幼儿将情感投射到作品形象上的问题，如"这幅画里的人或动物的感受如何"；或是问能够帮助特需幼儿把自己与所表现的故事联系起来的问题，如"如果你也在这个故事中，你会是谁呢"；等等。

提问时，学前美术教师要尽量站在"不知道"的立场上，这样可以有效激发特需幼儿的讲述欲望。同时，也要遵循"不强迫"的原则，不强迫特需幼儿讲述自己的作品，一切以尊重特需幼儿的意愿为前提。

（六）游戏式开展综合性活动

特需幼儿的美术教育既包括美术活动，也包括美术游戏。幼儿的艺术本身就是一种自发的、带有游戏性质的自由活动。没有一个幼儿不喜欢游戏，对于特需幼儿来说，有时他们会把游戏活动与艺术活动融为一体,作为学前美术教师,不必强行划分出是游戏活动还是艺术活动。实际上,只要各种美术活动素材能够被特需幼儿有效运用,并且特需幼儿能够从中有所收获,起到一定的教育或康复作用,就不必纠结活动的形式,任何形式都应该加以重视。

一般而言,大部分特需幼儿都会被游戏素材或艺术素材吸引,但一些受困扰程度或障碍程度非常严重的特需幼儿,往往难以或无法对普通游戏素材产生兴趣。例如,智障幼儿由于其退缩性,可能对这些看似平常的素材感到恐惧和害怕;孤独症或精神病患儿由于他们执着于某一特定的对象和行为,可能对所有的刺激物无动于衷。对于这些特需幼儿,应该先鼓励他们体验熟悉的、令其感到愉快的素材,再逐渐引导他们进行下一步探索或创作。例如,鼓励特需幼儿先玩自来水,再玩有颜色的水,再到指画,最后用画笔和颜料作画;介绍黏土时,鼓励特需幼儿先在沙箱里玩沙,让其习惯沙子带来的干燥感觉,再鼓励他们在沙里挖洞或把手埋在沙里,并用杯子和漏斗玩干沙和湿沙、制作沙蛋糕等;为了便于特需幼儿理解、接受和掌握水果的绘画技巧,学前美术教师可以先组织特需幼儿观察水果、触摸水果、品尝水果,最后再尝试画水果,这样既能使他们掌握画水果的方法和技巧,又能引导他们讲出各种水果的颜色、形状和味道,从而使其观察力、记忆力以及语言表达能力都得到提高。

在特需幼儿进行探究活动时,学前美术教师应适时运用引导语,使幼儿注意自己随意的身体运动所引发的结果。不论特需幼儿是否真正理解这些话的含义,学前美术教师都应向特需幼儿传达自己对其探究活动的关注和支持。总之,特需幼儿在运用美术素材之前都需要游戏性的、综合性的、多感官参与的活动作为准备。当然,游戏活动的最终目的是使特需幼儿能自由运用美术素材制作作品,获得创作的自豪感。

以上几种技巧能够帮助学前美术教师与特需幼儿建立较好的信任关系,帮助特需幼儿建立良好的自信心和成就感,让特需幼儿通过自己的作品重新认知自己,提高认知能力、绘画能力和情感表达能力,实现幼儿美术教育的目标。

想一想

1. 如何设计适宜特需幼儿的美术活动?适宜特需幼儿的教学策略有哪些?

2. 可以从哪些方面对美术活动进行调整?尝试撰写针对特需幼儿的课程目标。

3. 不同的教学组织方式各有什么利弊?尝试在活动中对特需幼儿进行引导。

第九章 学前幼儿绘画心理治疗

学习目标

知识目标： 理解幼儿绘画心理治疗的定义和基本原理。

能力目标： 能够运用幼儿绘画心理治疗的基本原理和方法。

情感目标： 培养对幼儿绘画心理治疗工作的热爱和兴趣。

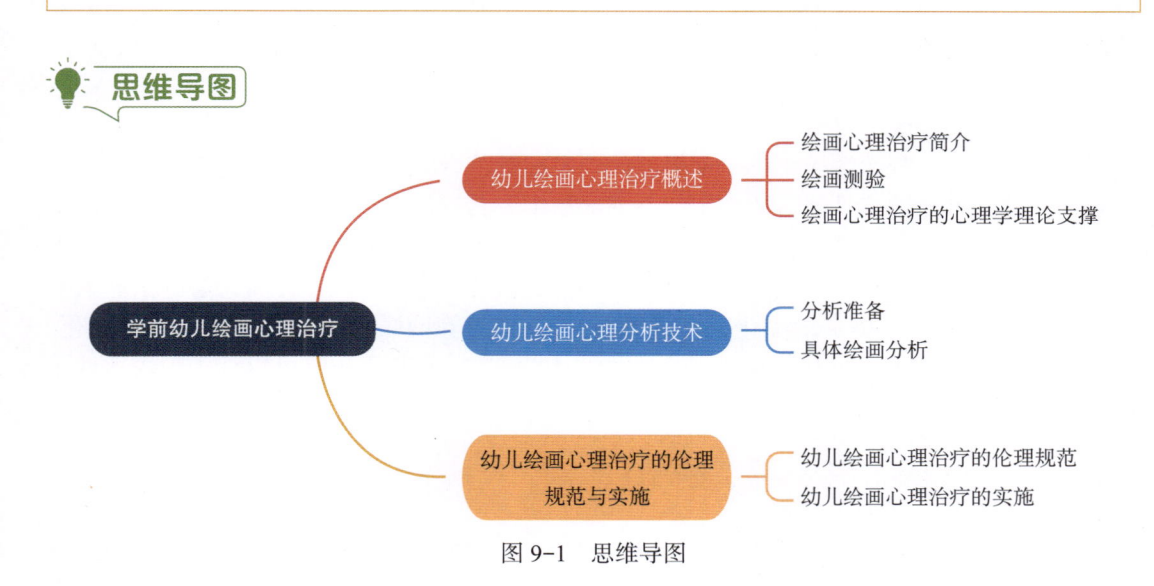

思维导图

学前幼儿绘画心理治疗
- 幼儿绘画心理治疗概述
  - 绘画心理治疗简介
  - 绘画测验
  - 绘画心理治疗的心理学理论支撑
- 幼儿绘画心理分析技术
  - 分析准备
  - 具体绘画分析
- 幼儿绘画心理治疗的伦理规范与实施
  - 幼儿绘画心理治疗的伦理规范
  - 幼儿绘画心理治疗的实施

图 9-1　思维导图

第一节 幼儿绘画心理治疗概述

幼儿绘画心理治疗是指通过绘画的方式帮助幼儿表达情感、开发创造力，并达到心理治疗的目的。在绘画过程中，幼儿通过绘画工具将潜意识里压抑的感情与冲突呈现出来，从而达到释放负能量、解压、宣泄情绪、调整情绪和心态的目的。

一、绘画心理治疗简介

（一）绘画心理治疗的内涵

绘画心理治疗是指以绘画为媒介，表达心中的焦虑、忧郁、孤寂或害怕等复杂情绪，一旦通过绘画呈现出来，情绪就会获得很大的释放。画者进行创作的同时也会与内在进行交互对话，对话内容会显露出内在未解决的难题；绘画的创造性也会带来治愈力量，绘画创作、绘画作品本身将绘画作品用言语表达出来，对绘画作品的心理分析，都能产生得天独厚的心理治疗效果。

绘画心理治疗是表达性艺术治疗的一种。表达性艺术治疗是一门非言语治疗技术。通过非口语的沟通技巧，处理当事人情绪上的困扰，释放压抑的情感，重新接纳和整合外界刺激，达到心理治疗的目的。非言语的沟通，即用内在意象进行沟通和表达，包括感受、知觉等。

绘画治疗的起源可以追溯到史前时代的壁画。人类出于对自然现象的畏惧与恐慌，在岩洞中留下壁画以表达敬畏之心。到了近代，心理学蓬勃发展，因艺术具有表达、符号象征和创作等元素而被越来越多地应用到心理治疗中。弗洛伊德、荣格等心理学家都曾用绘画的方式来记录梦境和进行分析。日本京都大学名誉教授、国际箱庭疗法学会副会长山中康裕首次用"表现疗法"取代"艺术疗法"。他认为，"艺术疗法"这个概念容易引起人们的错觉——人们容易将事物美化，与"美丽""漂亮"等词联系在一起，这样容易泛化。他认为，不论是"艺术疗法"还是"表达性艺术疗法"，究其实质都可以称为"表达性艺术治疗"。

（二）绘画心理治疗的神经基础

为什么绘画可以帮助人走出情绪泥沼，得到一定的心理评估和治疗效果呢？这可能与人类大脑的优势功能有关。人类大脑分为左脑和右脑。左脑的优势功能是主管逻辑、推理、演算、判断，存储的是知识、经验等机械记忆。右脑的优势功能是主管形象感知、直觉判断、空间定位、情感表达等，直接处理图像信息，存储的是情感和情景记忆。沉痛的创伤记忆深深地印刻在右脑。左脑其实是力不从心的。美国心理学家 Ley 说："用左脑的钥匙打不开右脑的锁。"因为左脑逻辑和语言表达出来的情感都是对自身情感的"猜测"。而通过右脑觉知情感，承认其存在，不加评判，允许其呈现，才能快速而准确地宣泄、排解情感。绘画心理治疗就是提供了这样一种途径，通过使内在意象呈现而被我们觉知，通过绘画过程中的内在对话，而非有逻辑的语言对话，不断使情绪情感得到自由释放，从而达到表征心理和心理治疗的效果。

二、绘画测验

（一）绘画测验概述

目前，比较常见的绘画测验形式有画人测验、房树人测验、家庭动态绘画、画树测验、自由联想绘画等，虽然形式不同，但都是通过解读绘画过程和绘画作品对测验者的心理及情绪进行分析和干预。

早期，画人测验作为一项智力测验的方法被尝试使用，如伯特让幼儿画一个全身人像，根据所画人物的分析对幼儿智力发展进行测验，但他得出的结论并不理想。与阅读能力、数学能力或书写技能等测验相比，画人测验的结果和幼儿智力之间的关联度很低。与此同时，古德伊诺夫发展了画人测验的年龄常模，把绘画与幼儿的心理年龄而不是生理年龄联系起来，提出了绘画可以作为智力测验手段的一种假设，发展出了绘画测验工具，被称为"画人测验"。古德伊诺夫的评价指标包括人物形象的细节数量、身体各部分比例的正确性、线条流畅性、动作协调性等，通过综合评价来确定幼儿的智力发展水平。他还发现画人测验不仅可以揭示幼儿智力的高低，还揭示了幼儿的人格特点，这种观点也被后人广泛研究验证。研究者认为，幼儿的人物画可以提供有关幼儿自身的重要信息，以及幼儿对他人的知觉。因此，除了使用画人测验评价智力水平以外，许多研究者开始把幼儿画作为测量幼儿发展和幼儿人格特征的一种方法。

（二）绘画投射

20世纪40年代，绘画作为一项心理表征手段，被大部分人认可。绘画提供了一种手段，可以让幼儿表达出语言难以准确表达的信息，投射出人的心理状态，因此，大量的绘画投射测验也被开发出来，如巴克的房树人测验。他认为，"房子"能反映家庭或家庭成员的相关信息和问题，"树"能表现幼儿的心理发展和他们对环境的感受，研究者可以通过分析幼儿是否画房子、树、人，以及画出的细节、比例、透视、颜色，对画作进行分析。还有马考文的画人测验，是基于精神分析理论的假设，假设幼儿所画的人与本人的冲动、焦虑、冲突以及补偿的特点密切相关。从某种意义上来说，画出的这个人就代表了其本人，而画纸就代表了环境，画面上所呈现的人以及其他细节有一定的象征意义。

绘画的象征意义在精神分析理论中得到了长足的探索。作为精神分析的鼻祖，弗洛伊德认为，艺术作品分析是理解人类心理的一条途径。荣格则更为强调表象的普遍性意义，重视艺术作品所表现的心理内容。荣格鼓励精神分裂症患者绘画，认为外部形象和心理内容之间的联系非常重要，通过象征物进行幻想，是人的内心世界在经历心理创伤时试图寻求自我安慰的一种方式。

温尼科特认为，幼儿绘画可以作为一种交流手段，这种技术可以激发幼儿进行内心和情感的交流，也可以让幼儿根据所画内容讲故事，在这里绘画是帮助幼儿表达自己的工具，所以绘画本身并不具有投射的目的，而是更加关注幼儿在交流中的意义，心理分析也是凭借咨询师的感觉来判断幼儿绘画的意义，而不是根据画中的一些特征或细节来确定意义。温尼科特的方法实际上是一种游戏治疗的方法，可以对了解幼儿及其作品起到辅助作用。绘画可以帮助咨询师与幼儿建立联系，从而帮助咨询师解释幼儿的心理与行为，为幼儿的成长和恢复提供支持。精神分析流派则从不同视角开发了绘画心理治疗的用途及分析的路径，并丰富了绘画心理治疗的理论内涵。

　　罗恩菲尔德认为，幼儿的智力发展与创造力有着紧密的联系。他继承并发展了巴克的研究，提出了绘画发展的阶段学说，认为幼儿绘画涂色以及建构的过程，是幼儿把环境中多种多样的元素整合成一个有意义的整体的复杂过程。在选择解释和改造这些元素的过程中，幼儿呈现给我们的不仅仅是一幅图画，还是自己的一部分。

　　关于绘画测验，也有人持不同意见，并在临床上指出对幼儿绘画的解释存在一定的问题。比如，如果对绘画的图形符号作准确的一对一解释，那么就会限制对幼儿绘画的理解能力。同时，大多数对幼儿绘画投射测验结果的分析都带有很强的精神分析色彩，有简单化的倾向。

　　此外，绘画投射测验的信度和效度受到了质疑。大多数测验和研究已经很久没有进行修订，且忽略了文化、性别、社会阶层及其他因素的影响。古德伊诺夫在有关幼儿人物画的研究中警告过，将幼儿绘画作为诊断病理学特征的根据时，必须注意使用绘画进行诊断本身所具有的局限性。因为凭借对幼儿绘画的分析来诊断心理问题并没有得到过实证的证实，也不应该作为诊断的手段。

　　尽管在幼儿绘画的分析工作中存在各种各样的问题，但由于幼儿绘画是在幼儿语言表达能力不强、防御性较高的情况下对幼儿进行理解的一种有效媒介，因此在幼儿心理评估和心理治疗中有着不可否认的重要作用。

三、绘画心理治疗的心理学理论支撑

（一）心理投射的作用

　　投射是指个体根据其内心需要和情绪的主观指向，将自己的心理行为特征转移到外部，如转移到他人或客体身上的现象。心理投射是了解人心理不同层面的一种方式，也是一种主体感受客体化的方式。

　　精神分析理论强调无意识，认为人的心理内容大多是无法通过自我的直接经验认识到的。非结构化的绘画治疗不涉及具体情境，因此可以降低人的防御，从而将个体隐藏在无意识中的冲突、动机、防御、欲望等暴露和投射出来，反映出其思想、态度、愿望、情绪等内容。借助绘画者内在无意识的对话、咨询师经验和对象征的解读，实现绘画者情绪的释放和对其无意识心理世界的探索。

（二）象征的意义

　　象征是指用具体事物或形象来表现某些抽象意义或其他事物，而象征物是指能代表"其他事物"的语言符号，可以是一般的物质，也可以是人类复杂的情感和心理现实。绘画治疗就是运用绘画的图形符号来象征某些心理特征和潜意识冲突。

象征的来源有三个：一是贯穿于生活中，文字、语言、称呼等形成的固定的、永久的联想；二是事物之间的内在关系，包括集体潜意识，比如身处黑暗、阴冷的地方，与恐惧、焦虑有重要的关系；三是个人的经验情感同某些事物形成了联结，每个人对某个事物都有属于自己的解释，具有个体特异性，比如，某人小时候经常被人用棍子打，看到棍子就感到恐惧，而其他人则不会有这样的情绪反应。

通过对绘画作品中对象征意义的解读，也可以了解幼儿的心理内容，挖掘幼儿的无意识世界和早期经历对他的影响。

（三）完形的作用

格式塔心理学认为，完形并不是客体本身的性质，而是个体的主观知觉进行积极组织或建构所组成的经验中的整体。在绘画作品中，一幅作品中各个因素之间的相互联系，不是简单的模仿或组合，如果已有的各部分或各元素之间的关系适当且平衡，那么再添哪怕一笔都是失败的作品。绘画治疗的完形取向强调用画作来呈现画者人格的完整性和统一性，让画者用语言对画作进行描述、联系、解释和说明，从而帮助画者体验当下，意识到言语与非言语、行为与情绪之间的差异，鼓励画者探索和完善自身。

第二节　幼儿绘画心理分析技术

幼儿绘画心理分析技术主要关注幼儿的绘画表达与其心理发展之间的关联。这些技术包括对幼儿画作的观察与解读，以了解幼儿的情绪、性格特点及人际关系等重要信息。

一、分析准备

（一）提问

在初次观察一幅画时，必须先弄清楚幼儿在绘画时的发展状态，了解幼儿的个性，考虑他有哪些独特的经历，以及他现在的生活状况。基于这样的前提，才能开始对一幅幼儿绘画作品展开谨慎的分析和解释。

因此，在对幼儿绘画作品进行分析之前，需要提以下几个中心问题。

（1）这幅画向我传达一种什么样的感受？

（2）这幅画有什么特点？

（3）这幅画的中心是什么？

（4）这幅画还缺少什么？

（5）从这幅画中可以发现哪些隐藏的含义？

（6）画面上物体的大小、形状和运动的方向是怎样的？

（7）这幅画中是否存在不同的视角、省略、明暗色调的表现法、弧形、圆圈、下画线、笔迹、透明处、反面、歪曲的图形等？

（8）这幅画中有哪些内容一再被重复？

（二）幼儿绘画分析的关键要素

画面整体分析。观察画面的构图、图形位置、大小比例以及细节描绘等方面。通过综合分析这些要素，可以得出关于幼儿心理状态的整体印象。

色彩寓意。不同的颜色和色彩搭配通常代表着不同的心理寓意。例如，暖色调可能代表温暖的情感或积极的态度，而冷色调则可能反映出冷漠或消极的情感。

投射分析。根据弗洛伊德的投射理论，幼儿在绘画过程中会不自觉地将自己的愿望、情绪和态度投射到作品中。因此，通过分析他们的画，可以洞察他们的内心世界。

认知与情绪发展。幼儿在不同年龄阶段所展现的绘画技能和风格反映了他们的认知和情感发展的不同水平。例如，较小的幼儿可能只会涂鸦，而较大的幼儿则能够画出具象的人物和物体。

二、具体绘画分析

（一）幼儿绘画行为分析

为更好地理解幼儿绘画作品的意义，需要把它放到各种背景之中去考虑，而非局限于画作本身。比如，幼儿的发展阶段、幼儿对绘画的兴趣、幼儿的思想知觉和感情投入、外在环境和材料对幼儿的影响、幼儿和咨询师之间的治疗关系以及幼儿对绘画过程的尊重程度等，都会影响幼儿的绘画内容。结合多重背景综合考虑，可以使我们从多角度看待幼儿绘画行为，能够帮助我们完整地、不带偏见地理解幼儿，减少对幼儿绘画作品的误解。对幼儿绘画行为的分析就是置幼儿于其背景中，对画作之外的信息进行收集的过程。克莱默对幼儿绘画过程中的五种类型进行了区分。①初级涂鸦型：涂鸦、涂抹、探索绘画材料的物理性质，这些活动不会产生有象征意义的图形，但幼儿体验了积极的、自我和谐的情绪。②情绪发泄型：通过倒出、泼洒颜料，敲打材料，发出声音，失去控制的破坏行为来发泄情绪。③循规蹈矩型：刻板地临摹、描画轮廓、画作没有新意，但符合一般规范的绘画作品，表现出防御性。④以画代言型：通过画图代替言语与人进行交流，绘画成为战胜防御的手段。⑤艺术表达型：画出具有完整意义的美术作品，成功地表现自我和实现与人交流。

了解这些绘画过程中出现的行为，有助于我们理解不同行为背后的意义。例如，以下行为要结合背景针对其产生的原因、影响进行综合分析和干预。

1. 幼儿不愿意绘画，甚至抵触绘画

外部原因可能是绘画材料本身的问题，如颜料太干、画笔断了、材料选择太少等，削弱了幼儿绘画的积极性。应该注意为幼儿提供丰富、充足且高质量的绘画材料，激发他们主动使用的欲望。也可能是因为幼儿感觉到在绘画中没有安全感，或缺乏自信心，有威胁和焦虑情绪产生。这样的抵触情绪体现出他们较强的心理防御，也反映了他们在真实生活情境中的行为模式。面对这样的幼儿，需要设计一些热身活动，如卡通画、补充涂鸦、画思维泡泡等，目的是激发他们的绘画兴趣。也可以放弃绘画，选择其他形式，如黏土手工制作等。

2. 幼儿对不同绘画材料的反应不同

对待各种各样的绘画材料，幼儿所表现出的不同反应也能反映幼儿的个性特征。例如，幼儿是如何选择材料的，遭受过暴力伤害的幼儿使用绘画材料时常保持持续的警觉和恐惧，害怕以前经历过的创伤再次出现。当一个受过暴力伤害的幼儿不小心摔了盛满颜料的容器时，他会表现出非常害怕权威人物的反应。颜料洒了是不经意的事件，但可以引起幼儿对暴力事件的记忆，引发焦虑、恐惧情绪。

3. 幼儿选择绘画材料的类型和使用绘画材料的方式不同

幼儿选择绘画材料的类型和使用绘画材料的方式，也能说明他们的个性特征、情感类型和情感强度。比如，有些幼儿喜欢在画手指画时把颜料擦在自己的衣服上，弄得满身都是颜料；有些幼儿则尽量避免颜料、绘画和手指画；有些幼儿喜欢尝试所有的材料，探究每种材料的用途；有的幼儿可以用相同的材料画上几个星期。

幼儿绘画时的反应也各不相同，有些幼儿喜欢把所有材料都抢到手，拒绝分享；有些只选择一两种蜡笔或铅笔，不再要求更多；有些幼儿精力充沛、好奇心强，从一种材料用到另一种材料，也完成不了绘画作品；还有些幼儿总是慢条斯理，仅是人物脸上的一小部分就要花费很长时间。

（二）幼儿绘画形式分析

一幅绘画作品的形式在一定程度上与绘画者的心理状况是相通的。例如，颜色、阴影、构图、线条等，与绘画者当时的心理状态有一定的联系。此外，反复刻画的某些部位也反映了绘画者的心理状况。在掌握幼儿背景信息并了解其绘画过程的基础上，了解幼儿绘画的形式及其意义，在一定程度上能够帮助我们更好地理解幼儿当时的心理状态。作品的形式主要包括线条的长短、轻重、方向、质感，构图的画面大小、画面位置以及画面的阴影、颜色等。

1. 线条特征与个性特点

关于线条特征，作者根据个人经验作如下解释：又细又浅的线条或经常使用尺子，代表胆小怕事、没有自信；又浓又重的线条表示活泼好动、精力十足；深浅适中的线条表示循规蹈矩、有分寸；线条朝上表示对未知的好奇；线条朝下表示对物质的追求；线条离心和向心代表内倾和外倾；曲线代表温和、敏感；大量描绘的水平线代表内心的冲突；细小的点或圈代表细腻、谨慎。

2. 画面中的形象大小

画面中的形象大小常被认为具有情感意义。几乎所有的绘画投射测验的研究者都认为画面中人物形象的大小具有突出的意义，与个体的自尊或适应能力有关。这些观点认为，幼儿通过绘画象征性地表达自己，当幼儿画一个人物形象时，幼儿会画出反映自己情感的一个自我形象，一个比较小的人物形象与幼儿的自尊感较低有关。整幅作品的画面很小，可能与其自我评价较低、不适应环境、自我抑制、拘谨腼腆、缺乏安全感、情绪低落有关。在画中把自己画小可以减少威胁，有时幼儿把人物画得很小，就是想把自己藏起来，不让自己的世界被他人侵入。

3. 绘画的颜色

绘画的颜色通常被认为与情感有着密切的联系。但当我们思考幼儿绘画的颜色时，要综合考虑幼儿每个发展阶段绘画颜色的意义是不同的。在 4 岁以前，幼儿选择颜色是无意识的，常常抓起最近的画笔来画。之后虽然有一些幼儿可以把事物的颜色与他们知道的环境中的颜色联系起来，但使用颜色仍然具有主观性和随机性，这就让我们很难确定颜色的使用是有特定意义的，还是仅仅只是一种尝试。9 岁以上的儿童更加倾向于用事物本来的颜色来绘画，具有现实主义的特点。结合众多研究者的研究结论，对于幼儿绘画作品，对于经验主义的颜色分析需要更加谨慎。

4. 画作的空间结构

画作的空间结构被认为与个性特点相关。在一张空白的纸上，上为天，下为地，上半部分代表高的目标，下半部分代表依靠。靠近上半部分作画，表示绘画者容易空想、幻想，有高目标；靠近下半部分作画，说明绘画者缺乏安全感，较为依赖他人。左半部分与被动、回忆过去、创伤有关；右半部分与生存的能动性、活泼、行动力有关，指向未来；中间与现实有关，是自我的代表。

（三）幼儿绘画主题分析

目前，应用较广的绘画形式中，房子、树、人物是比较常见的绘画主题。下面结合这三类主题阐述如何对绘画中的元素进行分析。

1. 房子的分析

房子能体现幼儿的人格与个性，房子的象征意义包括避难所、对家庭的热爱、对外界的开放等，房子被视为一种具有保护性感觉的表达。房子是与自己家人一同居住的住所，因此会涉及较多的情绪、情感内容。

屋顶作为房子最上面的部分，代表具有智力、思考、记忆能力的大脑。圆屋顶被视为在母体里的胎儿阶段的象征，与母亲连接在一起，被母亲包容，尚未创造出自己的位置；方形屋顶是保护界限与稳定的象征；三角形屋顶则是介于父亲、母亲与孩子之间三向沟通的象征，代表着早期一起居住的重要心理体验。

城堡一样的房子象征着避难所。如果房子外表丑陋、面目可憎，那么绘画者极有可能把自己的家看作牢笼，并向往自由。无论哪个阶段，如果房子没有门窗，或是用很多栅栏与外界隔开，都是受挫的表现。

窗户让居住者能够看到外面，也能够让外面的人看到里面。窗帘增加房屋内部的安全感与亲密感。窗户告诉我们某事正在发生，当窗户是明亮的时候，比较容易看到里面正在发生的事情。窗户上的横梁使窗户更加牢靠，并且防止外力入侵。圆形窗户通常像眼睛，有时是因为幼儿还不能画出方形，但当圆形与方形的窗户一起出现的时候，圆形窗户就意味着"灵魂之窗"。

房子周围的环境可以体现幼儿的外在世界是如何被感知的，是白天还是晚上，是晴天还是下雨天？从房子周围的环境我们可以看到，是否有玩耍的地方，是否有通向房子的道路，道路连接了屋内和屋外的世界。

2. 树的分析

树从树苗长成参天大树的过程与人的成长过程非常相近。因此，借助对树的分析可以看出绘画者人格的某些特性。

树干反映成长和发展中的能量和生命力。树的成长高度往往是自己的化身，当幼儿感受到创伤体验时，可能会在树干中画上异常之处，或者是伤疤，根据伤疤所处的位置可以对受到创伤时的年龄进行大致判断。树干的粗细代表生命力的旺盛程度，过细的树干往往代表在成长过程中缺乏支持，粗大的树干代表旺盛的生命力，树干越往上越细，最后收入一点，往往代表生命力的衰减。

树根和生命的起源一样，是幼儿在早期感受到力量支撑与安全的表现，与母爱有关。人从四五岁开始，能够在绘画中画出树根。树根裸露，提示着关注过去，需要通过过去的经验来解决现在的问题。树根向左侧膨胀，暗示着压抑自己的情感，有恋母情结；树根向右侧膨胀，暗示着在人际关系中谨慎小心、不信任他人、不合群，或者表示关注未来；树根分别向左、右两侧膨胀，暗示着习惯压抑自己。

树叶是生命力的象征。树叶浓密代表生命力旺盛，有活力，能量大。树叶稀少代表活力不够，能量低。没有树叶代表生命力严重不足，有衰竭感、失落空虚感。树叶的类型也与人的性格特点有关。大的树叶代表有依赖感，不愿意独立，容易相处。小小的针叶代表缺乏滋养，尖锐或刻薄，不容易相处。手掌形的树叶代表富于同情心，愿意与人接触，对人热情。树叶掉落代表倾向于父母、家庭等的依恋。树冠和树枝匀称优美代表各方面发展平衡。树冠巨大代表有强烈的成就动机，有自豪感。小小的树冠代表有发展障碍的可能。

3. 人物的分析

幼儿的人物画通常会画自己和身边的人，分析时可以关注经常出现的共同点或出现的多余部分。人物画的特殊信号或情绪表露与性格之间不一定存在一一对应的关系，应该综合考虑全部作品的背景信息再确定其内在含义。年龄成熟度、当前的情绪状态及社会文化背景等，在理解人物画时也起着重要的作用。人物画中有以下一些特殊表现。

小眼睛代表性格内向，与大人有矛盾；双眼闭合代表自恋，可爱俏皮；大大的眼睛代表敌视和攻击性，好奇心强；没有眼睛代表不愿面对现实生活。

没有嘴巴代表缺乏爱，被限制，缺乏自主权，希望和大人顺畅交流，想无节制饮食。鲜红的嘴巴代表好斗的性格，也可能促进成长（青春期）。紧闭的嘴巴代表不满和失望，想与世隔离（7岁以后）。嘴边的小酒窝代表开朗、幻想、想象力和善良。牙齿是愤怒的象征。

鼻子与生殖器有关。没有鼻子常见于青春期，代表害怕性冲动表现出来；鼻子畸形或凸显代表对性发育阶段充满恐惧和好奇。

大大的耳朵或招风耳代表自我贬低心理，自尊心受损，可能是在幼儿园受挫了。

腿和脚是安全感的象征。

第三节　幼儿绘画心理治疗的伦理规范与实施

幼儿期是心理发展的关键时期，而绘画作为一种创造性的表达方式，对幼儿的心理发展有积极影响。幼儿绘画心理治疗需要关注幼儿的心理需求和特点，通过提供支持性环境、鼓励自由表达、培养观察力和想象力、鼓励团队合作以及给予积极反馈等方式，促进幼儿的心理发展。尊重幼儿的个性和创造力，让他们在绘画的世界中自由地探索和表达。

一、幼儿绘画心理治疗的伦理规范

（一）治疗权益

保密性是所有治疗关系的基础。与一般的心理治疗一样，幼儿绘画心理治疗也应该在治疗过程中考虑保密性问题。保密包括对治疗对象的信息进行保护，避免透露给治疗双方以外的人；对绘画作品进行保护、保存，绘画作品能否发表应该经过幼儿及其监护人的允许。此外，有一些作品虽然得到了作者同意，但其中如果包含太多个人信息，也不应发表。

关于幼儿在治疗过程中的绘画创作，其所有权应属于幼儿本人。对于正在参加治疗的幼儿，如果把绘画作品作为档案资料保存，也必须澄清这些作品归幼儿所有。关于作品内容的知情权，要视情况而定。例如，幼儿作品中展示出监护人的暴力伤害，出于保护幼儿的考虑，就要重新确定其监护人是否拥有对绘画作品信息的知情权和所有权。

（二）规则设置

在绘画心理治疗过程中需要遵守规则和设置，这有利于幼儿的成长。在建立关系之初，安全、受保护的自由空间是必要的，但仍需要一定的限制来保护幼儿免受内心冲动的不良影响。例如，在绘画过程中，不应涂抹他人或破坏物品；在与幼儿接触的过程中，应保护幼儿免受伤害，而对其行为作出一定的规范和限制；等等。这些设置包括：不允许幼儿破坏房间里的任何财产；不允许幼儿用身体攻击治疗师；不允许幼儿在见面时间以外停留过长的时间；不允许幼儿带走画具；不允许幼儿向窗外扔玩具或其他物品；等等。

规则设置能够保护幼儿、保护治疗师、帮助幼儿理解游戏与现实的边界、学会承担责任。规则应在合适的时机用合适的方式提出，并遵循以下三个原则：①在必要时传达限制；②一以贯之，不能例外；③耐心、坚定、冷静。传递限制的步骤：承认感受—传达限制—目标替换。例如，幼儿正在画画，并开始想往治疗师身上画。治疗师可以回应："我知道你想在我的衣服上画画，但我的衣服不是画画的地方，你可以画在纸上（指向纸张）。"

二、幼儿绘画心理治疗的实施

（一）实施内容

鼓励幼儿自由表达。在幼儿绘画的过程中，重要的是要鼓励他们自由表达自己的想法和感受。无论幼儿的绘画技巧如何，都应该尊重幼儿的创作，并试图理解他们作品中的含义。这样可以增强他们的自信心和创造力。

提供支持性环境。为幼儿提供一个安全、舒适、充满创意的绘画环境。这个环境应该有各种绘画材料，以便他们可以自由地探索和尝试。同时，也要给予幼儿足够的时间，让他们可以专注于自己的创作。

培养观察力和想象力。通过引导幼儿观察周围的事物，培养他们的观察力和想象力。可以让他们描述自己看到的事物，并尝试用绘画的方式表达出来。这样不仅可以提高他们的绘画技巧，还可以促进他们的心理发展。

鼓励团队合作。在绘画活动中，可以鼓励幼儿与他人合作，一起完成一幅作品。这样可以帮助他们培养团队合作精神和沟通能力，同时也可以促进他们的心理发展。

给予积极反馈。在幼儿完成绘画作品后，要给予他们积极的反馈和鼓励。这样可以增强他们的自信心和动力，同时也可以促进他们的心理发展。

（二）实施阶段

建立信任关系。治疗师需要通过与幼儿的互动，与幼儿建立起一种信任的关系。这需要治疗师以温暖、耐心和理解的态度对待幼儿，使他们感到安全和舒适。

了解幼儿的情况。治疗师需要了解幼儿的基本情况，包括他们的年龄、性格特点、家庭情况等。这些信息有助于治疗师更好地理解幼儿的心理状态和需求。

引入绘画治疗。治疗师可以向幼儿介绍绘画治疗的概念和方法，解释如何通过绘画来表达内心的情感和想法。治疗师需要鼓励幼儿绘画，并给予积极的反馈和支持。

观察和记录。在治疗过程中，治疗师需要仔细观察幼儿的绘画作品，记录他们的绘画过程和表达的情感。这些信息可以帮助治疗师更好地了解幼儿的心理状态和需求，以便制定更合适的治疗方案。

分析绘画作品。治疗师可以通过分析幼儿的绘画作品来了解他们的情绪状态、认知能力和行为特点。治疗师可以根据这些信息来制订有针对性的治疗计划，帮助幼儿解决心理问题。

与家长沟通。治疗师需要与家长保持密切的沟通，及时反馈幼儿的治疗进展和问题。治疗师和家长需要共同合作，为幼儿提供全方位的支持和帮助。

幼儿绘画心理治疗的实施需要治疗师和家长共同合作和努力，以帮助幼儿解决心理问题，促进他们健康成长。具体操作：根据所选用的绘画治疗形式准备所需工具（空白纸及画笔），选择合适的场地（安静舒适的封闭房间，有合适的桌椅）；采用适当的指导语引导幼儿绘画。房树人测验指导语："请用铅笔或者蜡笔，认真地画一座房屋，画任何结构的房屋都可以；认真地画一棵树，任何树都可以；认真地画一个人，注意不要画漫画人和火柴人，只要你认真地画就可以了。自己觉得画得不满意，可以用橡皮修改，时长没有特别限制，注意不要用尺子作画。"画人测验指导语："请用画笔画一个完整的人，不能是外星人或卡通人、火柴人，而是正常的人，绘画时间不作要求，但必须认真作画，画得不满意的地方可以涂改。"家庭动态绘画指导语："画出你家庭中的每个成员，包括你自己，正在做某件事或从事某个活动。"除此之外，还可以根据幼儿的特点使用更多有创意的作画形式，如手指画、指纹画、吹画、胶画、沙画、粉笔画等，以激发幼儿的绘画兴趣且进行主动创作和情绪释放为目的。在遇到幼儿对绘画本身有抵触行为时，应关注抵触行为背后的心理意义，根据情况选择合适的干预方法，包括放弃绘画心理治疗，选择幼儿更感兴趣的其他方式，如音乐治疗、舞动治疗、游戏治疗等。

想一想

1. 幼儿绘画分析因素有哪些？
2. 设计幼儿绘画心理治疗指导语。

参考文献

[1] 许凯. 幼儿教师自我效能感探析 [J]. 教育导刊（下半月），2005(6):20-22.
[2] 王大根. 美术教学论 [M]. 上海：华东师范大学出版社，2008.
[3] 张念芸. 学前儿童美术教育 [M]. 北京：北京师范大学出版社，1996.
[4] 周道生，陶晓春. 实用创造学 [M]. 南京：南京师范大学出版社，2000.
[5] 高云. 美术课程中图形创意教学对初中生创造性思维的培养研究 [J]. 教育现代化（电子版），2017.
[6] 韩文娟，邓猛. 融合教育课程调整的内涵及实施研究 [J]. 残疾人研究，2019(2):70-76.
[7] 盛永进. 随班就读课程的调整 [J]. 现代特殊教育，2013(6):31-33.
[8] 北京市教具科学研究所. 陈鹤琴教育文集 [M]. 北京：北京出版社，1983.
[9] 刘焱. 儿童游戏通论 [M]. 北京：北京师范大学出版社，2004.
[10] 刘翔海，王区区. 幼儿园玩/教具制作 [M]. 北京：高等教育出版社，2016.
[11] 刘焱. 全国幼儿园优秀自制玩/教具展评活动评审委员会报告 [J]. 教学仪器与实验，2007(12):4-6.
[12] 教育部基础教育司.《幼儿园教育指导刚要（试行）》解读 [M]. 南京：江苏教育出版社，2002.
[13] 程秀兰，李晓利. 幼儿教师自制玩/教具的价值与问题探析 [J]. 兰州教育学院学报，2012(7):159-160.
[14] 教育部. 幼儿园教育指导纲要（试行）[M]. 北京：首都师范大学出版社，2001.
[15] 中华人民共和国教育部. 幼儿园工作规程 [M]. 北京：北京师范大学出版社，2016.
[16] 顾明远. 教育大词典增订合编本 [M]. 上海：上海教育出版社，1998.
[17] 汝茵佳. 幼儿园环境创设 [M]. 北京：高等教育出版社，2006.
[18] 汤志民. 幼儿园环境创设指导与实例 [M]. 上海：华东师范大学出版社，2013.
[19] Bandura A. Self-efficacy: toward a unifying theory of behavioral change[J]. Psy-chology Review, 1977, 84(2): 191-215.
[20] Tschannen-Moran M, Hoy A W, Hoy W K. Teacher efficacy: Its meaning and measure[J]. Review of Educational Research, 1998, 68(2): 202-248.
[21] Isenberg J P, Jalongo M R. Creative Thinking and arts-based learning: preschool through fourth grade [M]. Upper Saddle River: Merrill, 1993.
[22] Sawyer K R. Introuction[M]//Sawyer K R, John-Steiner V, Moran S, Sternberg R J, Feldman D H, Nakamura J, & Csikszentmihalyi M (Eds). Creativity and development.

Oxford: Oxford University Press, 2003.

[23] Huizinga M, Dolan C V, van der Molen M W. Age-related change in executive function: Developmental trends and a latent variable analysis[J]. Neuropsychologia, 2006(44): 2017-2036.

[24] Harris P L, Donnelly K, Guzg R, Pitt-Watson R. Children's understanding of the distinction between real and apparent emotion[J].Child Development, 1989, 57: 895-909.

[25] Baron R M, Kenny D A. The moderator-mediator variable distinction in social psychological research: Conceptual, strategic, and statistical considerations[J]. Journal of Personality and Social Psychology, 1986, 51(6): 1173-1182.

[26] Sawyer K R. Introuction[M]//Sawyer KR, John-Steiner V, Moran S, Sternberg RJ, Feldman DH, Nakamura J, & Csikszentmihalyi M (Eds). Creativity and development. Oxford: Oxford University Press.

[27] Opertti R, Brady J, Duncombe L. Interregional discussions around inclusive curriculum and teachers in light of the 48th International Conference on Education[M]. Future Directions for Inclusive Teacher Education: An International Perspective, 2012.

[28] Han S S. The Integration of Museum Resources into the Development of Art Courses[M]. Science Publishing Group USA-Education Journal, 2020.